ZHONGGUO DUWEI
JIAOYU XUEPAI

中国杜威教育学派

王颖 ◎著

图书在版编目(CIP)数据

中国杜威教育学派/王颖著. --北京: 北京大学出版社, 2024. 8. --ISBN 978-7-301-35523-7

Ⅰ. G40-097.12

中国国家版本馆 CIP 数据核字第 2024SS6990 号

书　　名	中国杜威教育学派 ZHONGGUO DUWEI JIAOYU XUEPAI
著作责任者	王　颖　著
责任编辑	于　娜
标准书号	ISBN 978-7-301-35523-7
出版发行	北京大学出版社
地　　址	北京市海淀区成府路 205 号　100871
网　　址	http://www.pup.cn　　新浪微博：@北京大学出版社
微信公众号	通识书苑（微信号：sartspku）科学元典（微信号：kexueyuandian）
电子邮箱	编辑部 jyzx@pup.cn　　总编室 zpup@pup.cn
电　　话	邮购部 010-62752015　发行部 010-62750672　编辑部 010-62767857
印 刷 者	天津裕同印刷有限公司印刷
经 销 者	新华书店
	650 毫米 × 980 毫米　16 开本　15.5 印张　230 千字
	2024 年 8 月第 1 版　2024 年 8 月第 1 次印刷
定　　价	68.00 元

目　录

导 言

辛亥革命后，随着封建专制政体被推翻和民主共和国观念的逐步深入，中国传统教育不可避免地产生了动摇，出现了向现代化方向发展的需求。而各种政治势力轮番登场，频繁变更的政局，既客观地决定了中国教育难以自觉实现现代化，需要外力推动，又为这种外力的产生创造了条件。民国初年，世界各种思潮特别是宣传自由、民主和科学的思潮纷纷涌入中国，成为中国现代化的外在推动力，冲击了中国的政治文化甚至教育领域。“五四”时期，这种由西方而来的民主科学思潮成为中国社会主流思想，以民主科学为特征的现代化在中国产生。此时，提倡民主、科学的杜威实用主义教育思想进入中国，因其具有的开放性以及提供的广阔思考力，适应了中国教育求变、实现现代化的需要，在中国引起很大的反响。中国文化、知识、教育界掀起了研究实践杜威思想的热潮。

就中国思想文化教育界与杜威思想之关系而言，涉及面颇广，持续时间也较长。本书试图将论域稍作限制，注目于这样一个教育现象：“五四”时期，一批留学于美国哥伦比亚大学的中国杜威学生在杜威来华前后形成了杜威教育学派，他们在中国文化教育界大力宣传推广杜威实用主义教育思想，并力图建立美国式的现代教育体系。最初，中国杜威弟子主要借用与杜威之关系，借用杜威之名来阐述他们对传统教育的不满。后来，随着杜威在华讲学的广泛深入，以及美国实用主义教育学派代表人物孟禄（Paul Monroe）、帕克赫斯特（Helen Parkhurst）、克伯屈（William Heard Kilpatrick）等来华讲学的影响，他们不断深入研究杜威实用主义教育学说，并进行一定的现代教育实践，推动了中国现代教育发展。虽然以后因为政局不稳，也因为各自思想发展历程不同，出现了分野，但他们依然在不同方面对杜威实用主义教育思想进行了实践。鉴于这批人一直在理论上研究杜威实用主义教育思想、在实践中践行杜威的思想，他们与其师杜威及其实用主义教育思想的关系则成为本书研究的主题。

研究杜威与中国教育家的关系，我们将探讨几方面的问题：首先，对论题进行界定，讨论杜威中国弟子何以形成中国杜威教育学派；其次，以问题为中心阐述中国杜威教育学派的学术思想、主要代表人物思想及与杜威教育思想的关系；最后，以综述形式分析杜威及中国教育家实用主义教育思想在现代教育中的普遍性。具体而言，我们在论述中国杜威弟子教育思想时，抓住几个主要代表人物的思想，辨析和澄清他们的主要思想观点及其与杜威教育思想的关系，指出他们在哪些方面以及在何种程度上赞同、继承了杜威的观点，又在哪些方面以及何种程度上与杜威相异、发展杜威的思想，并推动中国现代教育的发展。

在研究中国教育家与杜威思想之关系时，我们可以有不同的切入层面。从思想来源来看，本书中的中国教育家曾在哥伦比亚大学留学，除受中国传统教育影响外，他们深受杜威实用主义教育思想的影响。郭秉文、胡适、蒋梦麟、陶行知、陈鹤琴、张伯苓等中国杜威弟子的留学经历可以反映出他们与杜威的关系。从文化教育的传播方面来看，杜威在美国以及在华对中国杜威弟子的影响以及中国杜威弟子对杜威思想的传播，两者之间有一定的社会发展需求以及文化相容性，探讨文化传播机制及成因，将阐述出两者的关系。从杜威实用主义思想发展方面来看，杜威中国弟子形成的教育学派作为实用主义思想的分支，在中国形成了一定的实用主义教育思想并开展了各种实用主义教育活动，对中国实用主义教育思潮的产生、发展及实践活动的研究，将明确中国杜威教育学派与杜威之关系。从现代教育角度来看，由郭秉文、胡适、蒋梦麟、陶行知、陈鹤琴、张伯苓等组成的中国杜威教育学派掌握并运用了杜威思想中与中国教育现代化发展相适应的思想，促进了中国教育现代化的发展,并且杜威在美国以及其他国家的影响也主要体现在现代教育思想方面。鉴于教育现代化发展的需求以及中国杜威教育学派与杜威对中国教育现代化的推动,本书主要从现代教育思想这一角度来探讨杜威中国弟子与杜威现代教育思想的关系以及他们对中国现代教育发展的作用。

在教育现代化的过程中,教育史学界普遍认为中国教育经历了一个从物质到制度再到精神层面的现代化发展的过程。五四运动后,民主科学精神被认为是现代化也是教育现代化的一个标志,但在民主科学之下,现代教育的具体内涵指哪些却有诸多疑义。作为现代教育的开创者,杜威曾在《经验与教育》中对与传统教育相对立的进步教育做了简要的说明:"以表现个性、培养个性,反对从上面的灌输;以自由活动,反对外部纪律;从经验中学习,反对从教科书和教师学习;以获得为达到直接需要和目的的各种技能和技巧,反对以训练的方法获得那种孤立的技能和技巧;以尽量利用现实生活中的各种机会,反对为或多或少遥远的未来做准备;以熟悉变动中的世界,反对固定不变的目标和教材。"①尽管杜威现代教育思想不等同于其进步教育思想,而他的这段论述也不能代表其全部的教育现代化思想,但他思想中的进步教育与现代教育有着基本的一致性与重合性。杜威这种有关进步主义教育的思想,长期以来也被教育史学界看作是现代主义教育思想。本书论述中国杜威教育学派与杜威思想关系时所指的现代教育就是杜威的现代教育思想。这一思想也是我们辨析杜威中国弟子思想的出发点。中国杜威教育学派不约而同地围绕杜威现代教育理论开展现代教育实践,并提出重视个性教育、鼓励自治、提倡教育与生活相联系等思想。

将郭秉文、胡适、蒋梦麟、陶行知、陈鹤琴、张伯苓等看作中国杜威教育学派,解析他们与杜威思想的关系,对我们研究现代教育发展具有多方面的意义。

从文化传播角度来看,中国杜威教育学派是推动杜威现代教育思

---

① 〔美〕杜威. 杜威教育论著选[M]. 赵祥麟,王承绪,编译. 上海:华东师范大学出版社,1981:347.

想在中国产生、发展的文化载体。中国现代教育发展的初始阶段，特别是中华人民共和国成立前，走的基本是美式道路。美国杜威教育思想对中国教育具有深刻的影响。中国近现代新学制改革，学校课程、教材、教学方法等都受到杜威的影响。杜威在现代中国教育中的位置如此重要，影响如此之大，与中国杜威弟子的推动有直接关系。正是凭借中国杜威教育学派这一载体，杜威教育思想的影响才变得更深远、更广阔。也正因为这一载体，学术界仍有许多一脉相承的思想，使得杜威思想至今仍在中国产生重要影响。不仅现在，将来中国也还会有欣赏、传播杜威思想的人，他们对杜威思想的传承、发扬，将指导中国的教育思想实践。因此，研究中国杜威教育学派将有助于探讨杜威现代教育思想在中国现代教育中的重要作用。

从历史作用来看，中国杜威教育学派影响了中国现代教育的发展。中国杜威教育学派领导制定的 1922 年学制，奠定了中国现代学制的基础；他们推行的白话文教学，开展的平民教育、乡村教育，推动了中国大众教育、普及教育的发展；他们的教育教学改革实验，开创了中国现代教育实验先河。中国杜威教育学派对现代教育的重要贡献，已成为中国教育现代化研究不可忽视的方面。

从当今教育教学改革的需要来看，中国杜威教育学派强调的生活教育、注重行动的教学做合一方法、培养良好的师生关系等，是现代中国教育教学的楷模。他们的教育教学活动一再被实验推广，他们的思想实践也一直被广为研究、传诵并被制度化，并成为历次中国教育改革与发展不可忽视的一个课题。

毋庸讳言，本书只是对中国近现代教育进行历史研究的一种尝试。在浩瀚的史海中，如何拓宽相关史料的覆盖面，如何把握现代教育家的思想实践，正确看待他们的改革实践、改革影响、改革效果，都是极不容易做到的，本书作为研究中的沧海一粟，希望能为中国现代教育的研究与发展尽微薄之力。

第一章　中国杜威教育学派概览

20世纪前半期是中国文化、教育异彩纷呈的时期。这一时期，"绝大多数知识分子走的是这样两条路：或者是在中国共产党领导下走与工农相结合的道路，参加革命斗争；或者是在反动政权下从事他们自称是'工业救国''科学救国''教育救国''卫生救国'的一类工作。……这样一类知识分子的大量出现，是五四运动以后的现象。这些知识分子一般都在当时感受过科学和民主的精神的影响，抱有资产阶级民主思想。他们所谓的'工业救国''科学救国'等等实际上也是对封建传统思想的一种否定。"①

也就是说，在五四运动之后，除一批马克思主义者的爱国救亡运动要得到肯定外，另一群从事文化、科学教育的工作者，也应该得到积极的评价，他们对中国现代教育的发展做出了不朽的贡献。而在这一时期，有一群可以说是在中国近现代教育建立中声名显赫、建功立业的知识分子，他们早年留学美国，深受欧美教育思潮、教育实验影响，回国后致力于用他国先进思想改造中国教育落后之面貌。这群人在哥伦比亚大学留学，受业于杜威，回国后宣传改造杜威以及实用主义教育思想，使之适用于中国。他们每个人在中国历史、教育史上都占有一席之地。同时，作为一个群体，他们对中国教育发挥了超越个人局限的整体合力作用。可以说，这一群体因每个人的影响而增加了群体的

---

① 中国社会科学院近代史研究所.纪念五四运动六十周年学术讨论会论文选(一)[M].北京：中国社会科学出版社，1980：282.

影响力,而每个人又因这一著名的群体发挥了更大作用,产生了更大的影响。这一群体是如此独特、影响如此广大,形成了独具特色的学派。

鉴于他们直接或间接师承于杜威,在学术上推崇杜威的实用主义教育思想,在理论实践中践行杜威的教育学说,我们将这群人组成的团体称为中国杜威教育学派。该学派包括郭秉文、胡适、蒋梦麟、陶行知、陈鹤琴、郑晓沧、李建勋、张伯苓等中国近现代著名的教育家。

对于这一称呼——中国杜威教育学派,目前国内尚无此说法。不仅如此,国内对这一群体进行的研究也不多,已有的研究大多集中在胡适、陶行知与杜威的关系上。实际上,胡适、陶行知是杜威中国弟子中最具影响力的人物,是我们研究最广泛的人。其他人如陈鹤琴、李建勋、张伯苓等,学术界多侧重研究他们的教育思想以及具体的办学经验,很少考虑他们与杜威思想的渊源。陈鹤琴、李建勋、张伯苓等在哥伦比亚大学进行了很长时间的访学研究。哥伦比亚大学以及杜威对他们的教育思想实践活动产生了深刻影响。他们先进的教育思想,如陈鹤琴的"活教育",李建勋的教育行政、教育调查,张伯苓的允公允能、学行合一、手脑并用思想等都受到杜威的影响。对中国杜威教育学派的其他人物如郭秉文、蒋梦麟等,因历史问题我们研究得更少。郭秉文、蒋梦麟直接受业于杜威,在民国教育领域内甚具影响力。郭秉文曾任国立东南大学校长,在位期间,引进了大量留美学生,并进行学术改革。蒋梦麟也曾任北京大学校长,曾在蔡元培离任北大校长后,几次接任北大校长职务,进行办学改革。郭秉文、蒋梦麟是教育界,特别是高等教育领域颇有建树的人物,但对这二人的教育思想,我们研究得并不多。此次,我们从学术史角度,对20世纪前半期出现的中国杜威教育学派与杜威的教育思想进行考察,在一定程度上也对这些以往我们研究得不够的教育家及他们的思想实践进行深入探讨。

一、学派形成的基本条件

中国杜威教育学派这一称呼,由于此前未有,我们不得不论证其成为学派的理由。

“学派”在《辞海》的界定是：一门学问中由于学说师承不同而形成的派别。

《现代汉语词典》的界定是：同一学科中由于学术、观点不同而形成的派别。

陈文林、邹甲申主编的《自然辩证法词典》对学派的界定是：一门学问中由于学术师承不同，由学术观点相同或基本相同的一批科学家所形成的派别。科学上不同学派的争论，可以促进科学的发展。

《剑桥国际英语词典》界定学派为：同一学科中与学术领导者具有相同或基本相同观点的人形成的学术群体（School：a group of painters，writers，thinkers，etc. whose work is similar，esp. similar to that of a particular leader）。

《牛津高阶英汉双解辞典》界定学派为：一批遵循相同的原则和方法，或者具有相似风格的人形成的群体（School：group of writers，thinkers，etc. sharing the same principles or methods，or of artists having a similar style）。

上述关于学派的解释虽然各不相同，但有几点共识：第一，每一学派都有自己的学术宗师；第二，具有共同的学术信念以及研究方法；第三，学派内存在着师承关系；第四，有一批高水平的研究成果。这四点是学派存在的标准。其中，尤以师承关系以及共同的学术观点为学派成立的基本条件。

从史学史上看，“学派”一词的产生基本上是近代西方的事情，现代意义的史学学派的形成也是较近的事，但是学派的研究却并不是最近发生，也并不仅存在西方。学派的研究与学派的产生并不同步，在学派一词出现前，史学界已有学派研究之实，只不过当时不称为学派研究，而用“学案”一类的词。鉴于资料有限，我们对西方学派的研究情况不甚清楚，因此也不能从西方学派研究中得到更多借鉴，但这种缺失并不影响我们的考察。对中国古代有关学案的研究，我们将得到借鉴的楷模。本书在考察中国杜威教育学派能否成立、成立的理由是什么时，即从中国学派形成的条件出发，考察中国杜威教育学派与杜威的师承关系以及这一派的核心思想，而在思考这些问题时，我们将眼光转向中国学案体裁的巨著《明儒学案》。

《明儒学案》是我国古代第一部完整的学术史著作，开创了史学上的学案体史书体裁。《明儒学案》学案体裁中的“学”指学术、学派，而“案”则谓考察、按据，是叙述学派源流及其学说内容、考按学术事件而加以论断的专门史学著述形式。在黄宗羲之前，宋代朱熹作《伊洛渊源录》，明代刘元卿作《诸儒学案》，明代冯从吾作《元儒考略》，明代周汝登作《圣学宗传》，明末清初孙奇逢作《理学宗传》，虽有学术史的萌芽，但只反映学派源流，撰写学者人物传记，不能反映各家各派的学术宗旨，也不能反映学案各代表人物的主要思想，这些作品仍然属于纪传体史书的范畴。《明儒学案》则把明代各派的学术渊源、学者传记和学术宗旨有机结合起来，构成一部系统完整的学术思想史巨著。也正是从《明儒学案》开始，中国开始有了真正意义上的学派研究。以后，许多学科特别是历史、哲学学科都依据黄宗羲对学案的研究，来阐述论者自己要研究的学派。我们对中国杜威教育学派加以研究，也基本秉承《明儒学案》的研究思路加以论证。

这里我们研究学案，并不是对其中的某一具体学派、具体思想进行研究，而是思考黄宗羲对《明儒学案》的思考、研究思路。他如何认为某些思想家的思想是一派，论述是一派后，他又论述了什么。黄宗羲在《明儒学案》中没有直接阐明研究学案应如何进行，但每个学案的背后反映了其研究理论、构想、框架。有鉴于此，我们需要透过《明儒学案》每个学案的内容研究，来挖掘其背后的论证、写作思路，以此为我们中国杜威教育学派写作提供一个有据可依的论证模式。

黄宗羲的《明儒学案》采取“一本而万殊”的学术史观，对明代理学思想的发展历史做了总结。全书首列《师说》，采选其师刘宗周对明代学术的评论，以示学术渊源。在《师说》中，黄宗羲列出每个学案的宗主人物。在阐述每个学案时，黄宗羲基本依照这样的体例进行。第一，在每个学案前面提出案序，略述该学派师承渊源、主要代表人物、学术宗旨等内容。第二，列学者小传，首列学派创始人作为案主，然后按照师承或地域罗列本派学者个案；小传之后摘录传主的主要学术著作或言论之精华，编成《语录》，间或撰有按语加以评论，力求全面客观地反映出每个学案的学术风貌。如以《崇仁学案》为例，完整的学案包括：① 在初始的《师说》中列出案主吴与弼，指出吴与弼为明代朱学之大宗，其“至于学之之道，大要在涵养性情，而以克己安贫为实地”①；② 在之后的《崇仁学案》案一复列吴与弼思想及有关著述，接着在《崇仁学案》案一、案二、案三、案四分析中，分列各代表人物——胡居仁、娄谅、谢复、郑伉等的思想。在论述每位代表人物的思想时，体例为：列出吴与弼与他们的师承关系；各代表人物的学术宗旨及与吴与弼思想的关系；选列代表人物的主要学术著作或言论精华。

在这些论述中，黄宗羲最着重、每次都阐明的基本内容包括三方面：① 师承关系；② 学术宗旨；③ 代表人物思想个案。具有一定的师承关系是形成学派的起点；具有共同的学术要旨是学派成立的基础；各代表人物的论说及与案主的思想关系是检验学派学术要旨成立的关键和根本之点。

黄宗羲在介绍每一学派的代表人物及其学术思想时，总是先指明他们与其师的师承关系，然后将其学术宗旨言简意赅地点出来。如《崇仁学案》说案主吴与弼“大要在涵养性情”②；胡居仁则是“主言静中之涵养”③；娄谅为“以收放心为居敬之门，以何思何虑，勿助勿忘为居敬之要旨”④；魏校为“天根之学”，“天根即是主宰，贯动静而一之者也”⑤。其他《崇仁学案》人物的思想虽与吴与弼思想不尽一致，但主旨都与其思想相符合。

《明儒学案》这种著述学派的体例为我们论证中国杜威教育学派的成立提供了明确的写作范例。据《明儒学案》，我们在论证完整的杜威教育学派时要阐明的问题有三：一要论述杜威教育学派的学术渊源；二要论述杜威教育学派的学术宗旨、核心思想；三要论述主要代表人物的思想。

① 黄宗羲. 黄宗羲全集(第七册)[M]. 杭州：浙江古籍出版社，1992:10.
② 黄宗羲. 黄宗羲全集(第七册)[M]. 杭州：浙江古籍出版社，1992:10.
③ 黄宗羲. 黄宗羲全集(第七册)[M]. 杭州：浙江古籍出版社，1992:23.
④ 黄宗羲. 黄宗羲全集(第七册)[M]. 杭州：浙江古籍出版社，1992:38.
⑤ 黄宗羲. 黄宗羲全集(第七册)[M]. 杭州：浙江古籍出版社，1992:41.

以下，我们本着这一思路论述中国杜威教育学派的成立以及学派的主要思想。

二、中国杜威教育学派的形成

（一）中国杜威教育学派学术渊源及师承关系

论述中国杜威教育学派的学术渊源及师承关系，我们仍以《明儒学案》作参考对象。在《明儒学案》中，黄宗羲论述各派的师承并没有固定的标准和固定的形式。这里的师承关系既包括直接的受业，也包括由受业弟子再传弟子的间接受业情况。在以师承关系罗列学案代表人物时，黄宗羲将具同一师承关系的归为一类进行论述。《明儒学案》有按不同时代人物的思想继承来说明师承，罗列个案的方式，如《明儒学案》的开卷《崇仁学案》。《崇仁学案》论述思想的师承关系以一代人接一代人这种方式进行：案一为吴与弼，案二为胡居仁、娄谅、谢复、郑伉、胡九韶，他们都师从于吴与弼。如胡居仁，他是“往游康斋吴先生之门”①；娄谅，在求学多次未果情况下，“闻康斋在临川，乃往从之”②；而到案三魏校、余祐，则写他们是由吴与弼弟子胡居仁领入门下；魏校即是“私淑于胡敬斋”③；以后的余祐也“往师胡敬斋”④。案四的夏尚朴则“从学于娄一斋谅”⑤，潘润也师事娄一斋。通过分析《崇仁学案》可知，黄宗羲的学案师承源流并没有严格的要求，无论直接受业还是通过弟子的间接受业，都可算作具有一定的师承关系。

我们在论述中国杜威教育学派的渊源以及发展脉络时，也以《明儒学案》这种方式来考察师承关系。

这里先要说明的是，在《明儒学案》中，学派多以案主讲学研习的

---

① 黄宗羲.黄宗羲全集(第七册)[M].杭州：浙江古籍出版社，1992:21.
② 黄宗羲.黄宗羲全集(第七册)[M].杭州：浙江古籍出版社，1992:37.
③ 黄宗羲.黄宗羲全集(第七册)[M].杭州：浙江古籍出版社，1992:41.
④ 黄宗羲.黄宗羲全集(第七册)[M].杭州：浙江古籍出版社，1992:61.
⑤ 黄宗羲.黄宗羲全集(第七册)[M].杭州：浙江古籍出版社，1992:63.

地名命名,如《崇仁学案》《白沙学案》;但也有以人名命名的学案,如《王门学案》。《姚江学案》《浙中王门学案》《江右王门学案》《南中王门学案》《楚中王门学案》《北方王门学案》《粤闽王门学案》《止修学案》《泰州学案》等大篇幅都以王阳明为中心来论述。黄宗羲在《明儒学案》中,以《姚江学案》为起始,从总的方面论述阳明之学思想观点,同时又因王学各有自己的思想观点,按地域又划分了另八个王学派别,分别论述。

按照这样的学派界定思路,我们在论述中国杜威教育学派时,也以杜威教育思想为源头进行阐发。20 世纪前半期,杜威教育思想在世界各地流行,他的中国弟子传承了杜威学派的一个分支,即我们这里称呼的中国杜威教育学派。我们在论述中国杜威教育学派时,必以杜威的思想为起点进行论述。这里容易引起歧义的是,杜威是美国的教育学者,中国杜威教育学派皆属中国人,将他们归为杜威学派似有不妥。但实际上,学派的划分是以地域、人名为主,并不以国别为主。这正如当时各地各个研究阳明之学的学者形成自己本地的王门学派一样,我们也可将杜威、中国冠到我们研究的对象上。

在中国杜威教育学派中,胡适在哥伦比亚大学跟随杜威学习了很长时间。1910 年,胡适在已获得康奈尔大学奖学金的情况下,毅然转入哥伦比亚大学杜威门下,受杜威直接指导,跟随杜威学习实验主义。胡适在以后的研究中,也多次自称是杜威的弟子。杜威来华时,他又翻译、阐述了许多杜威在中国的演讲,后人研究杜威在中国的情况,离不开胡适的翻译、理解。换个角度谈,我们了解的杜威在中国的情况,大部分是胡适所表现出来的杜威。杜威走后,胡适仍不遗余力地宣传杜威的思想,秉承杜威的思想不逾矩。蔡元培曾说胡适之于杜威:“不但临时的介绍如此尽力,而且他平日关于哲学的著作,差不多全用杜威的方法,所以胡氏可算是介绍杜威学说上最有力的人。”[①]胡适自己也一向乐于承认自己是杜威的学生,是实验主义的忠实信徒。他曾在《胡适文选》中介绍自己的思想,认为:“我的思想受两个人的影响最

① 高平叔.蔡元培哲学论著[M].石家庄:河北人民出版社,1985:286.

大：一个是赫胥黎，一个是杜威。……杜威先生教我怎样思想。”[①]1936年，他在《胡适留学日记》的序言中提到：“我在1915年的暑假中，发愤尽读杜威先生的著作，作有详细的英文摘要，……从此以后，实验主义成了我的生活和思想的一个向导，成了我自己的哲学基础。”[②]美国学者格里德（J. B. Grider）曾在《胡适与中国的文艺复兴》中指出，胡适“他公开宣称自己是杜威的信徒。在这个时期，他是一群最早受到杜威影响的年轻中国学生中的一员，他们在教育上和哲学上都受到了杜威的影响，但是回到中国之后，他却成了中国最著名的杜威思想的宣传推广者”[③]。以上分析不言而喻地说明了胡适与杜威之间的紧密师承关系，以及胡适作为杜威思想中国诠释者的位置。

在杜威弟子中，陶行知也被看作是最具影响力的一位。在哥伦比亚大学，他虽直接受斯特雷耶（George Drayton Strayer）指导，但却以教育行政学为基础，研习了杜威及克伯屈的教育哲学、孟禄的教育史、斯内登（David Samuel Snedden）的教育社会学、康德尔（Isaac L. Kandel）的比较教育学，接受了当时进步主义教育学诸位代表人物的直接指导，而且对教育哲学和教育社会学下了很大功夫。[④] 对于陶行知对杜威思想的继承和发展，费正清曾评价说，“杜威博士的最有创造力的学生却是陶行知”，“陶行知是杜威的学生，但他正视中国的问题，则超越了杜威”。[⑤] 陶行知20世纪40年代初在给杜威的信中也自称“受业弟子”[⑥]。从这些教育家的评述中，我们可知陶行知与杜威之间的学术渊源。

除胡适、陶行知外，郭秉文、蒋梦麟、陈鹤琴、郑晓沧等也是哥伦比亚大学注册的正式学生。郭秉文是最早接触、接受杜威实用主义教育思想的中国学者，他是哥伦比亚大学师范学院第一位获得博士学位的中国人。他的学生吴俊升曾提出：“公为杜氏及门弟子，杜氏赴华讲

① 胡适．胡适全集（第4卷）［M］．季羡林，主编．合肥：安徽教育出版社，2003：658.
② 胡适．胡适留学日记［M］．海口：海南出版社，1994：自序3.
③ 〔美〕格里德．胡适与中国的文艺复兴［M］．鲁奇，译．南京：江苏人民出版社，1996：38.
④ 周洪宇．陶行知研究在海外［M］．北京：人民教育出版社，1991：154.
⑤ 周洪宇．陶行知研究在海外［M］．北京：人民教育出版社，1991：397.
⑥ 陶行知．陶行知全集（第五卷）［M］．华中师范学院教育科学研究所，主编．长沙：湖南教育出版社，1985：934.

学，公实促成，而杜氏教育学说之影响于中国教育至钜，公有倡导传播之功。”[①]郭秉文回南京高等师范学校后，十分注意聘请从哥伦比亚大学毕业的中国留学生来校任教。1917年，他到美国访问，聘请了刚从哥伦比亚大学师范学院毕业的陶行知；1918年，聘请刚刚获得哥伦比亚大学师范学院教育硕士学位的郑晓沧；1919年，又聘请了哥伦比亚大学的教育硕士陈鹤琴。此外，他还聘请刘伯明、陆志韦等人来校任教。另外，郭秉文坚持学校独立于政治之外。作为东南大学校长，他力排众议，在校内全面实施杜威的思想，成为杜威教育思想在中国教育领域的最早实践者。

蒋梦麟也曾在哥伦比亚大学师范学院跟随杜威学习，并学到了杜威的科学方法。蒋梦麟曾自述：“我在哥大学到如何以科学方法应用于社会现象，而且体会到科学研究的精神。我在哥大遇到许多诲人不倦的教授，我从他们得到许多启示，他们的教导更使我终生铭感。我想在这里特别提一笔其中一位后来与北京大学发生密切关系的教授，他就是约翰·杜威博士。他是胡适博士和我在哥伦比亚大学的业师，后来又曾在北京大学担任过两年的客座教授。他的著作、演讲以及在华期间与我国思想界的交往，曾经对我国教育理论与实践产生重大的影响。”[②]蒋梦麟在哥伦比亚大学与胡适一道师从杜威修得了哲学博士学位，回国后又以杜威思想为指导，主编《新教育》杂志，同时与胡适、郭秉文、陶行知一道邀请杜威来华讲学。之后，蒋梦麟任北大校长及教育部长，在高等教育领域推广杜威思想。

陈鹤琴也于1917年9月至1919年6月在哥伦比亚大学学习。陈鹤琴与杜威的关系与上述人有所不同，他不是杜威直接接收的学生，但他旁听杜威的课程，并由杜威的学生及同事克伯屈引入杜威实验主义门下，在实际中存在着与杜威的师承关系。当时，杜威在哥伦比亚大学除开设“逻辑学与教育问题”“伦理学与教育问题”“社会生活与学校课程”“哲学与教育的历史关系”等课程外，同时还参与克伯屈开设的关于“教育哲学”的研究班工作。许多学生曾注册听杜威讲授的哲

---

① 吴俊升．教育与文化论文选集[M]．台北：台湾商务印书馆，1972：202．

② 蒋梦麟．西潮·新潮[M]．长沙：岳麓书社，2000：92．

学等课程，陈鹤琴即是注册听课并逐渐信任杜威实验主义的学生之一。

张伯苓也是中国杜威教育学派成员之一。他在创办南开学校时，接触欧美教育，为了系统学习美国教育理论，1917 年 8 月，张伯苓赴美国哥伦比亚大学师范学院研究部研修教育。在哥伦比亚大学，张伯苓与陈鹤琴以及李建勋同在教育哲学班学习，杜威、克伯屈等都曾为他们讲过课，指导过他们的研究。在克伯屈、杜威等亲自授课影响下，他们渐渐接受杜威的实验主义教育思想。杜威来天津演说时，张伯苓亲自翻译、陪同。以后，他也努力把这种影响贯彻到自己的教育实践中，提倡学校与社会联合、书本知识联系实际、发展个性及崇尚自然等思想。

不过，即使同列杜威教育学派之中，他们之间仍有不同。众所周知，胡适多从理论上对杜威思想进行阐发，在高等教育上用力。他对杜威的思想进行的是解释、论说的工作，是杜威思想的忠实拥趸。而陶行知则将杜威思想放之于实践，在大众教育、初等教育上践行并发展杜威的教育思想。后来学者研究这二人推行杜威思想，皆认为胡适从杜威处学习哲学、教育思想，最能遵从杜威思想本意；陶行知研习杜威思想，传播杜威思想于中国教育界最有实际力量。

通过以上的分析，我们可看出郭秉文、胡适、蒋梦麟、陶行知、陈鹤琴、张伯苓等与杜威存在着一定的师生渊源。从师承关系看，他们具备了成为一学派的起始条件。但仅有这些还不能说明我们将其指为一派的意义。我们提出并研究中国杜威教育学派，重要之点在于厘清这一派的思想宗旨，考察出他们思想与杜威思想的基本相关性。只有将他们的学术宗旨研究清楚，才能明白这一派的基本观点以及他们在中国近现代教育发展中的重要地位。以下我们即对中国杜威教育学派的核心思想进行分析。通过分析，我们将明确中国杜威教育学派的学术宗旨，并确定中国杜威教育学派的含义。

（二）中国杜威教育学派的学术宗旨

按照学派的论述模式，我们在谈论中国杜威教育学派成为一学派的基本条件时，首先要厘清其师的基本思想，然后检视我们所说的中国杜威教育学派是否在基本观点上与其师有着一致性。如有一致性，具体体现在哪儿？在此基础上，我们再详细论证这一学派不同代表人物的不同思想以及与其师思想的关系，并对这一学派进行完整的考察。

1. 杜威教育思想主旨

杜威是思想家、哲学家，他对社会、政治、文化、伦理等作过诸多阐述。每人在谈论他的思想时，都可提出一些内容，但人们往往将杜威的哲学与教育思想混在一起谈。实际上，杜威说过的一些话、做过的论断，有的是从哲学层面上论述，有的是从社会层面上论述，有的则是从教育层面上论述。

杜威在华时，从哲学层面上论述的思想有“经验论”“知行关系”“科学方法论”“个人与社会之辩”“民主论”“平民主义论”等。我们可从胡适、郑晓沧等人的翻译论述中找到我们提出的这些观点的依据，同时详细了解杜威对这些观点的诸多论述。但对杜威而言，教育是他最着力处，无论他对这些哲学问题怎样论述，最后落脚点都在教育层面上。他认为：“教育乃是使哲学上的分歧具体化并受到检验的实验室”[①]，“哲学就是教育的最一般方面的理论”[②]。杜威在其重要著作《民主主义与教育》一书的序言中也明确指出：“本书所阐明的哲学，把民主主义的发展和科学上的实验方法、生物科学上的进化论思想以及工业的改造联系起来，旨在指出这些发展所表明的教材和教育方法方面的变革。”[③]从杜威在序言中的论述我们可以看出，民主主义、科学方法等在杜威看来是一种要与教育相结合的哲学，这既是杜威对社会变化及其对教育的影响的高度敏感与深刻洞见的结果，也是以后其哲学发展的基础。由于这层关系，杜威的哲学最后都归拢于教育。

教育与哲学的联姻，使我们在杜威的教育理论里可以找到杜威实用主义哲学的印记。同样，我们也可以在杜威哲学思想中找到其教育理论的哲学渊源。在杜威思想中，教育与哲学是紧紧相连在一起的，

---

① 〔美〕约翰·杜威.民主主义与教育[M].王承绪，译.北京：人民教育出版社，2001:348.
② 〔美〕约翰·杜威.民主主义与教育[M].王承绪，译.北京：人民教育出版社，2001:350.
③ 〔美〕约翰·杜威.民主主义与教育[M].王承绪，译.北京：人民教育出版社，2001:5.

杜威的实用主义教育思想实际反映的就是他的实用主义哲学。“在杜威的教育哲学乃至一般哲学中，经验是个最最重要的名词，杜威说明他的哲学立场是‘经验的自然主义’或‘自然主义的经验论’”[①]，由此可见，“经验”在杜威哲学以及教育哲学中的地位。杜威思想中有关于经验的论述，但没有专门的定义。他的经验包含这几方面的意思：① 强调主体和客体、精神和物质的统一；② 强调有机体和环境的相互作用；③ 强调经验兼具主动与被动的两重性；④ 强调经验与理性的统一；⑤ 强调经验不单纯是“一种关于知识的事务”，而且与人们的行动、活动直接相关，经验是“行动”。

杜威的“经验”与“实验”(有时也作“试验”)在语义来源与实践中是同一的，所以他的经验主义也可称为实验主义。“经验”“实验”“工具”，还有一意义相同的词——“实用”，它们是针对不同对象的不同说法而已，其本质是一样的。[②] 经验是他的哲学基础。他对知行关系、个人与社会关系等哲学问题的看法都与对经验的看法有着密切的联系。他的哲学思想，特别是“经验”，也成为他看待教育问题，进行教育改革的理论基础。杜威认为，一切真正的教育都是从经验中产生的。那些有助于儿童成长的、具连续性和交互性的经验，都具教育价值。他还认为，教育就是生活；不断地发展，就是生活，而为了能够保障发展，就要不断地改造经验。由此，杜威引申出新的教育概念“教育是经验的继续不断的改组改造”[③]，“教育是在经验中、由于经验、为着经验的一种发展过程”[④]。经验在杜威思想中的作用如此重要，曹孚曾认为：“‘经验’在全部实用主义哲学中是一个最重要的名词，也是实验主义教育学中一个最重要的名词。”[⑤]从经验教育中，杜威发展了实验主义教育思想。对于实验主义教育思想，杜威本人并没有概括，后来研究者因为实验主义教育思想的丰富、多样性，也无法对其作出统一回答。

① 瞿葆奎，等. 曹孚教育论稿[M]. 上海：华东师范大学出版社，1989：56.

② 胡适. 胡适学术文集·哲学与文化[M]. 姜义华，主编. 北京：中华书局，2001：1.

③ 〔美〕约翰·杜威. 民主主义与教育[M]. 王承绪，译. 北京：人民教育出版社，2001：86.

④ 〔美〕杜威. 杜威教育论著选[M]. 赵祥麟，王承绪，编译. 上海：华东师范大学出版社，1981：351.

⑤ 瞿葆奎，等. 曹孚教育论稿[M]. 上海：华东师范大学出版社，1989：145.

不同研究者在研究时，根据自己的研究理解作出概括。国内杜威研究专家邹铁军在《实用主义大师杜威》中，对杜威教育学研究划分了三个阶段，并论述了每个阶段主要的教育思想。

第一阶段的教育论述：学校是社会生活的一种形式，是“雏形的社会”，教育是生活的过程，不是将来生活的准备；学校科目联系的真正中心，是儿童自身的社会活动；教育是经验改造的继续，是社会改造的唯一方法；只有把学校变成“雏形的社会”，使儿童受到社会的熏陶和感染，那么大社会才有了最可靠的保证；他既反对教育要以课程教材为中心，也反对以儿童为中心，认为教材与儿童是一个过程的两极，他试图把“进步主义”与传统主义调和起来，但归根结底他认为最重要的是儿童，而不是教材。

第二阶段的教育论述：教育发展的趋势是使学生有较多的自由活动；在学校里求知的目的不在于知识本身，而在于使学生掌握求知的方法；民主主义与教育的关系；教育的目的即生长的原则；经验与思维，思维与教学的关系；学校教育与社会环境的联系；尊重个人的能力、兴趣和经验；按照儿童的真正面貌来熟悉儿童；尊重自我首创于自我指导的学习；尊重作为学习刺激和中心的活动等。

第三阶段的教育论述：如何把思维过程的方法应用到教学的方法上去；实验学校的理论在于把学校变成社会生活的一种形式，使个人因素与社会因素协调；学校要拟订一套社会性的作业为中心的课程和教材；教育是一个确保“民主主义”得到实施的更可靠的工具等。[①]

邹铁军对杜威教育思想进行了多方介绍，内容不失翔实，但却缺乏提纲挈领式的概括。此次，本书从体现杜威主要教育思想的《民主主义与教育》以及《学校与社会》等著作中，再次对杜威实验主义教育体系及主要教育思想归纳如下。

(1)“教育即生活”

在《民主主义与教育》中，杜威开篇即提“教育是生活的需要”。由“教育即生活”，杜威引申出“教育即生长”“教育即经验的改造”。这三

① 邹铁军.实用主义大师杜威[M].长春：吉林教育出版社，1990：91-92.

个论断从本质上说是一回事,是对不同对象的不同说法。在教育中常说的是“教育即生活”;在心理、哲学领域,最常用的是“教育即生长”“教育即经验的改造”。杜威在中国的“教育哲学”演讲中提出:“倘若从广义方面看教育,那么教育就是生活,生活就是教育了。这种教育,除掉下愚以外,个个人是不能离去的。”①“教育是社会的生活,社会的生活日新不已,人住在这个中间,他的能力和知识多从社会中的生活得来的。”②杜威强调在教育精神方面最需要的改革,就是从现在生活中表现教育的意义。它在“什么是学校”的教育信条中指出,“教育是生活的过程,而不是将来生活的准备”③,只有将教育看作现在的生活,才能产生真正的教育作用。他希望通过学校这一雏形社会,培养美国青年一代具有符合民主社会要求的素质。当杜威来华时,他关于“教育即生活”的见解成为中国构建符合实际需要的各种生活教育理论实践的思想武器。陶行知从中国实际情况出发,将杜威的提法颠倒了一下,主张“生活即教育”,并以此为基础,建立了乡村教育的生活教育理论。胡适、郭秉文、蒋梦麟、张伯苓等也在城市、在高等教育领域里提出了教育与生活相联系的思想。

(2)“学校即社会”

与“教育即生活”紧密相连的是杜威的学校社会论。杜威围绕着教育与社会的关系,阐发了教育的社会作用。他认为,教育就其最广泛的意义来说,使人类社会的生活得以延续。而学校是“雏形的社会,并且是模范的社会,后来社会改良都要完全靠着它”④。“只有当学校本身是一个小规模的合作化社会的时候,教育才能使儿童为将来的社会生活做准备”,并且“学校自身的生活就是社会生活的一部分,要使

---

① 袁刚,孙家祥,任丙强. 民治主义与现代社会:杜威在华讲演集[M]. 北京:北京大学出版社,2004:484.

② 袁刚,孙家祥,任丙强. 民治主义与现代社会:杜威在华讲演集[M]. 北京:北京大学出版社,2004:485.

③ 〔美〕约翰·杜威. 学校与社会·明日之学校[M]. 赵祥麟,等译. 北京:人民教育出版社,1994:6.

④ 〔美〕约翰·杜威. 学校与社会·明日之学校[M]. 赵祥麟,等译. 北京:人民教育出版社,1994:34.

学生将来能过社会的生活，必须先将学校变成社会”。[①] 他希望通过这种“小社会”的活动保证大社会的和谐，使教育与社会生活联系起来。杜威自认为是民主主义的提倡者，他反对学校教育中的独断主义以及强制的做法。他认为，在学校中应该能够自由地检验社会各种思想与价值观念。

杜威关于教育的社会功能的见解也成为中国学者批判旧教育的思想武器。1917 年，胡适回国后对教育进行了考察，痛感教育脱离实际，叹之为“亡国的教育”，强调要注意课程的实用性，不要去教学生做圣贤。

(3) 试验方法——学习和运用科学的方法

杜威认为，要改革教育，要使教育与生活相联系，首先应当改革学校，使学校成为社会的雏形。而要改造学校，又应从革新学校的课程、教材和教学方法入手。这是杜威在《我的教育信条》《学校与社会》《明日之学校》中所阐述的观点。在进行这些课程、教法改革中，杜威强调实验，主张用“做中学”解决这些问题。杜威认为，教学实验应该从学生的经验活动中出发，使学生在游戏与工作之中，采用与学生和青少年在校外从事的活动相类似的活动形式。这种方法是一种“科学的方法”。按照这种科学方法来处理问题，学生便可以获得某种经验。在教学中，“做中学”反映了尊重儿童个性、强调个人的直接主观经验的特点、反映了教材的社会性特点，同时也体现了经验的逻辑方面和心理方面的有机统一，它是科学的实验方法，具有普遍意义。[②]

杜威的这些思想深深影响了中国杜威教育学派办学、治学的思想。在这一思想的指导下，陶行知创办了晓庄师范学校、山海工学团、生活教育社、育才学校、社会大学等。同时，他还以教育试验作为发展新教育的有效途径和方法，创造性地发展了杜威的思想，提出了“生活即教育”“社会即学校”“教学做合一”等思想。郭秉文在国立东南大

① 〔美〕杜威. 杜威教育论著选[M]. 赵祥麟，王承绪，编译. 上海：华东师范大学出版社，1981：328.

② 〔美〕约翰·杜威. 民主主义与教育[M]. 王承绪，译. 北京：人民教育出版社，2001：202-205.

学,胡适、蒋梦麟在北京大学,张伯苓在南开大学等也进行了教育实验。郭秉文提出学生、教授自治,选科制等思想;蒋梦麟提出“教授治校”思想;张伯苓也在南开推行“学行合一”思想,实行分科制、选科制等。另外,杜威提出的以疑问为起点的思维五步法也深深影响了胡适等中国学者的治学方法。胡适对科学方法与传统治学方法进行了卓有成效的沟通,在一定意义上开启了学术研究的新范式。胡适提出:治学首先要存疑,然后有辨伪考证的实验方法,以及“勤、谨、和、缓”的良好治学态度和习惯,进一步概括就是“十字箴言”——“大胆的假设,小心的求证”。这既是胡适治学方法的集中体现,也是其对杜威思想的进一步发展。

从以上有关杜威以及中国杜威教育学派对杜威思想继承的分析中,我们可看出杜威教育思想实为经验主义教育的本意。围绕这一思想,杜威提出了“教育即生活”“学校即社会”以及“做中学”三个基本论断。这三个论断本身就是一种具体的观念,而由这些论断我们还可以演绎出其他教育思想。简单地看,从“教育即生活”中可派生出对传统教育的批判、对民主教育的提倡,以及对各种思想的批判继承;从“学校即社会”也可派生出民主教育、平民教育思想,以及重视科学、重视自治思想;从“教育即生活”“做中学”实验主义教育方法,可派生出尊重儿童个性、强调儿童活动的思想。

杜威的教育哲学观念对中国产生了深刻的影响。当时知识界多以谈论杜威的教育哲学为荣。他们在研究杜威的思想实践基础上,又从自己理解的角度阐述了杜威的教育哲学。这样,在当时中国出现了两种杜威的教育哲学:一种是杜威本人所阐明的教育哲学;另一种则是杜威的学生和信徒所理解的教育哲学。杜威的学生和信徒在理解杜威的哲学、教育思想,以及进行实践的过程中,形成了中国杜威教育学派。他们以杜威的经验主义教育哲学为基础,并围绕杜威阐述的一些教育问题,根据自己所受教育背景以及国情,进行了研究实践,并在研究与实验中体现出了一些共同点。对这些共同学术观点的基本阐述以及论证过程,将充分证明我们所指的这一群体构成了学派。这里我们将首先分析他们在研究、实践杜威教育思想中存在的共同学术观点，说明中国杜威教育学派成立的基础；然后在以下章节论证他们每一个体作为中国杜威教育学派的基本思想以及与杜威的关系，充分说明中国杜威教育学派实实在在地存在着。

2. 中国杜威教育学派的学术宗旨

在阐述中国杜威教育学派共同学术观点以前，我们首先阐明为何这一派成为中国杜威"教育学派"，而不是中国杜威"学派"问题。这可从杜威中国弟子对杜威思想进行研究的领域来分析。当时，中国学界对杜威的思想进行研究，并不是从学理上进行分析，明显的是胡适服膺杜威的实验主义，但他的本意也仅在其方法论方面，而不在其是一种"学说"或"哲理"。从中国的国情出发，杜威思想中博大精深的哲学原理并没有在中国得到发展，而其与中国现实有密切联系的思想则得到了很大发展。在与中国现实密切联系的思想中，那些最具操作性，最易为中国人使用的思想、方法得到了前所未有的放大。因此，虽然杜威对哲学有许多精辟论述，但他的哲学思想并没有在中国得到很好的研究。杜威的教育思想则由于其现实性、显见性而得到了发展。郑晓沧曾评论道："近年到中国访问的外国学者中留下影响最广大的，许多人说要算杜威博士。他的学说有关哲学、教育、政治等——最近数年所发表的政论，常引起世人的注目——但是他最大实际的贡献，是在他的教育学说。"[①]杜威在中国各地演讲时，也大力宣传他的教育思想。教育史专家陈青之先生曾提到：

> 本期的教育思潮则以平民主义为代表，而美人杜威博士更被中国人尊重。杜威自民国八年五月抵上海，在中国过了二年零三个月的生活，走过十一行省，讲演稿多至十几种，对于教育革新的言论，给中国人士以强烈的兴奋。在本期的七、八年中，"教育即生活""学校即社会"两句口号，简直成了全国教育界的家常便饭。[②]

从当时的期刊、书籍、簿册中我们也可以看到杜威有关教育的警句已成为教育界的风尚。吴俊升指出，杜威的"'教育即生活''学校即

---

① 郑晓沧.郑晓沧教育论著选[M].王承绪，赵端瑛，编.北京：人民教育出版社，1993：134.

② 陈青之.中国教育史[M].北京：商务印书馆，1936：740.

社会’‘从做中学’‘教育为了生活的需要’等等,乃是全中国各教育阶层人士所耳熟能详的,甚至有时成为口头禅”①。这些通俗易懂的思想使我们看到了杜威在中国教育领域内的巨大影响,也使我们看到中国学界在教育领域内对杜威思想的研究实践。由此,我们将研究对象界定为中国“杜威教育学派”,而不是“杜威学派”。

下文我们即分析中国杜威教育学派围绕研究杜威思想所产生的共同的学术观点,进一步说明他们成为中国杜威教育学派的缘由。当然,在这些思想中,并不是每位教育家对每一主题都作过专门阐说,而且即使他们对同一主题都有论述,论述的角度、论述的深浅也是不同的。总体而言,胡适是中国集杜威思想之大成者,主观上他完全遵从杜威实用主义教育思想,努力使中国教育走杜威式西化之路;郭秉文、蒋梦麟也完全赞同杜威基本思想,并致力于将杜威教育思想应用到中国高等教育领域中,对杜威教育理论进行的是中国化工作;陶行知则在对杜威教育思想进行实践时,冲出了杜威理论的藩篱,对杜威的思想作了修正。无论怎样,这些中国教育家的基本思想都与杜威有着紧密的相关性。

(1) 认同实用主义、经验教育

依照现在史学界的理解,胡适对中国传统文化的态度与杜威一样——都以实用主义作思想基础,一切理想和学说都要经过“经验”“实验”这块唯一的试金石进行检验。杜威在实验主义教育哲学理论的基础上,对当时所谓的传统教育理论的概念、范畴和理论体系进行了全面改造,提出了实用主义教育学说,认为:“教育即是继续不断地重新组织经验,要使经验的意义格外增强,要使个人主持后来经验的能力格外增加。”对杜威的这一理论,胡适解释道:

> “教育即是继续不断地重新组织经验”。怎么讲呢?经验即是生活。生活即是应付人生四围的境地;即是改变所接触的事物,使有害的变为无害的,使无害的变为有益的。……怎么说“使个人主持后来经验的能力格外增加”呢?懂得经验的意义,能安排某种原因发生某

① 吴俊升.教育与文化论文选集[M].台北:台湾商务印书馆,1972:356.

种效果，这便是说我们可以推知未来，可以预先筹备怎样得到良好的结果，怎样免去不良好的结果。这就是加添我们主持后来经验的能力了。[1]

很显然，杜威“经验论”经过胡适的通俗化解释之后，变得易于理解与传播。

胡适很看重杜威的经验论，将“经验就是生活”看作杜威哲学的根本观念之一，并且如其师一样，胡适也避开唯物主义与唯心主义的对立，只强调经验。他指出：“杜威说近代哲学的大错误就是不曾懂得‘经验’究竟是个什么东西，一切理性派和经验派的争论，唯心唯实的争论，都只是不曾懂得什么叫作经验。”[2]而杜威给“经验”赋予了全新的内容，了断了哲学上的许许多多的麻烦问题。胡适称赞杜威为哲学史上的大革命家。

陶行知也认同杜威的“教育是经验的继续不断的改组改造”的定义。他解释：“‘教育’是什么东西？照杜威先生说，教育是经验的改造(Continuous reconstruction of experience)。我们个人受了周围的影响，常常有变化，或是变好，或是变坏。教育的作用，是使人天天改造，天天进步，天天往好的路上走；就是要用新的学理，新的方法，来改造学生的经验。”[3]陶行知在教育教学中列举了若干有意义的经验起到的作用。虽然陶行知没有如胡适对杜威的经验、教育定义进行阐述，他只是将这一新的定义拿来为己所用，但他抓住了杜威经验的本质特点，即“具有交互性、连续性”的经验才是好的经验，也才能成为教育的内容，并在实际教育教学中重视改造学生的经验。在对杜威经验的理解上，陶行知可说是研究不多，但仅有的研究却体现了其对杜威经验精髓的把握。

蒋梦麟没有直接谈“教育是经验的继续不断的改组改造”，但他在讨论实际教育教学问题时，却处处体现了这一思想。他论述杜威的人

① 胡适. 胡适学术文集·哲学与文化[M]. 姜义华，主编. 北京：中华书局，2001：36-37.

② 胡适. 胡适学术文集·哲学与文化[M]. 姜义华，主编. 北京：中华书局，2001：23.

③ 陶行知. 陶行知全集(第一卷)[M]. 华中师范学院教育科学研究所，主编. 长沙：湖南教育出版社，1984：123.

生哲学、道德教育，指出杜威道德教育观是对于一些有联系性的、交互性的道德经验进行发展，对一些虽开始有善念，但没有善的结果的行为，不认为是完全的善，这也不是道德教育的内容。有教育作用的就是那些既有连续性，又可以起到相互促进的道德。

陈鹤琴等教育家也接受了杜威实用主义教育学说。陈鹤琴虽也没有专门论述杜威经验论的意义，但他非常重视经验在教育中的作用。他曾作《杜威为什么办实验学校》一文，解释实验的重要性，也解释了经验在教育中的重要作用。他指出："儿童应当藉经验而学习(He must learn by experience)，这是一句旧的格言，也正是杜威课程论的基础。但这种学习的方法，在近代学校中遭到严重的阻挠。在现代许多学校中，他们只命令儿童去记些对他们毫无用处的知识，或者命令他们去学习一些在他们长远的将来才偶然有些用处的技能。他们完全忽视了真知的获得，乃为实践的结果，经验的赐予。经验是知识的源泉，必须让儿童在实际活动中来发现其创造与发明之路。"虽然陈鹤琴对杜威"教育是经验的继续不断的改组改造"概念没有进行学理探究，但如陶行知一样，他重视普通教育的实验，重视经验在实践中的作用。

郭秉文等也接受了杜威实用主义教育学说。他们以此为指导，批判中国的传统教育，主张实验研究法，强调儿童为中心、个人经验为中心，提倡教育与生活相联系，并将杜威学说看作改造教育实践、改变中国社会的法宝。可以说，重视杜威实验主义教育学说并进行实践是20世纪早期中国杜威教育学派最大的学术共同点。

(2) 倡导民主科学教育

杜威认为，将美国和欧洲相比较的话，"新旧世界在道德方面的冲突实质上就是争取民主的斗争"①。东西方文明的一个最大差异即在东方重视人生观教育，而西方重视科学、科学教育。杜威这种关注民主政治和科学生活的思想在一定程度上适应了近现代中国社会发展的要求。中国自民国以来，一次次对旧制度、旧文化的口诛笔伐，既为

① 〔美〕杜威.我们怎样思维·经验与教育[M].姜文闵，译.北京：人民教育出版社，1991：391.

民主观念广泛传播准备了条件，也需要民主观念。同时，“一战”期间，民族经济的迅速发展，也向教育提出了培养适应民族工业发展需要的人才的要求。在美国强盛的背景下，中国的民主科学找到了出路，找到了希望。当杜威民主科学思想进入中国后，它与“五四”高扬的“民主”“科学”精神一道，促成了中国杜威教育学派“民主”“科学”思想的形成。

杜威谈论民主、科学是多维度的：就民主而言，有时谈民主作为一种生活方式，有时谈民主的实施，有时谈民主的教育、教育的民主化；就科学而言，有时谈自然科学，有时谈科学的人生观，也有时谈科学的教育。杜威的这些思想给他的中国弟子思考民主科学提供了多方面参考。他的中国弟子根据自己的教育实践经历，从不同角度解读、实践了杜威的民主科学思想。

郭秉文作为杜威的学生，对杜威思想中的民主自治、科学教育思想做了极好的实践与发挥。杜威在南京的演讲“教育哲学”与“科学与德谟克拉西”详细阐述了科学、科学教育以及民主、平民教育思想。郭秉文在理解这些哲理的同时，将杜威民主科学思想应用到实际的教育中。他在学校倡导自治，实行民主治学，通过“三会制”，将教授治校放到重要位置。通过实施学生“自动主义”，促使学生间形成了自觉、自重、互助、合作的民主环境。同时，他重视科学研究、科学教育。在其领导下，东南大学聚集了大批科学人才，其科学教育居全国首位。理工科进行科学教育，甚至人文学科，如教育科也开设“科学常识”课。

民主科学也是支持胡适研究问题、解决问题的一个基点。他认定民主的真意义只是一种生活的方式，这种生活方式归为一句话，就是承认人人各有其价值，人人可以自由发展。胡适对民主的理解可说是有相当深度的，但在现实中，他却忽略或不肯正视实现这一民主目标的困难性。面对军阀专制、社会传统积习很深的情况，他将实现民主的目标转到了教育中，提出平民教育主张，希望通过教育的民主化，达到社会民主的理想。20 世纪 20 年代初，他曾与陶行知一道大力提倡平民教育，虽未达到预期目的，却使胡适坚定了民主教育的思想和信念。以后，他改革国语教学，领导北大一直体现这一思想。胡适在解释“五四”新文化运动中与“民主”相并列的另一个口号“科学”时，提出了自己的科学观，强调“科学本身只是一个方法，一个态度，一种精神”，他通过对比中西文明的不同，指出西洋正是由于物质、理智以及社会政治制度等的不足产生了近代科学社会，而东方正由于安于现状，精神上贫乏，形成了科学落后的社会。解决这样的问题，关键要有科学的方法，进行科学的教育。胡适自认科学方法是杜威对他影响最大的，他也一直秉持这一思想进行科学研究以及教育工作。

蒋梦麟认为，民主是一种制度，也是一种素养。他多次提出要“注重公民训练以养成平民政治之精神”[①]。为此，他提倡注重自动、自治与训育，形成良好的民主素养，使个人健全活泼。[②] 在科学方面，蒋梦麟与杜威教育学派其他人一样，不仅重视科学的应用成效，也主张培养实事求是的科学精神。他既主张应用科学将为学校中之重要功课，同时也提出在学校中还要兼及精神科学。他认为：“至今日则为科学精神之时代(the age of Scientific Spirit)，一切政治学术思想，无不贯之以科学。”[③]即使教育也要有科学精神、科学方法。“今日一切学问，不能与科学脱离关系；教育学亦然。”[④]他提倡用科学方法研究教育，使学生具有科学知识，培养学生的科学精神。

对于民主，陶行知以一种辩证的方式分析民主以及民主教育的含义。他反对庸俗的民主，提倡创造的民主，认为“庸俗的民主是形式主义、平均主义，只是在形式上做到，如投票等等”，只有创造的民主才是真民主，“创造的民主是动员全体的创造力，使每个人的创造力得到均等的机会，充分的发挥，并且发挥到最高峰”。[⑤] 他通过平民教育以及民主教育活动，总结出民主教育一方面是教人争取民主；另一方面是教人发展民主。同时，民主也不是绝对自由。民主有民主的纪律，民主的纪律是自觉的、集体的。陶行知的民主思想充满了辩证法思想，

① 蒋梦麟.蒋梦麟教育论著选[M].曲士培，主编.北京：人民教育出版社，1995：63.
② 蒋梦麟.蒋梦麟教育论著选[M].曲士培，主编.北京：人民教育出版社，1995：52.
③ 蒋梦麟.蒋梦麟教育论著选[M].曲士培，主编.北京：人民教育出版社，1995：27.
④ 蒋梦麟.蒋梦麟教育论著选[M].曲士培，主编.北京：人民教育出版社，1995：19.
⑤ 陶行知.陶行知全集(第三卷)[M].华中师范学院教育科学研究所，主编.长沙：湖南教育出版社，1985：539.

它与杜威的"民主是一种共同的生活方式"的思想一致。陶行知也一直重视科学教育,特别是当晓庄师范被封,他流亡日本,看到日本科学发达带给国家的变化后,他更是深感科学发展、科学教育的重要性。他希望进行科学教育,实现中国的基本兴旺。为了实现此目标,陶行知编写了一系列进行科学教育的教科书。虽然教科书的内容涵盖各学科,基本主旨却是与中国实际情况相结合,力图解决以往教科书非科学的问题。

陈鹤琴十分推崇杜威以及"五四"知识界提倡的民主精神,回国伊始,他即决心"把带回来的生气活力全部搬出来,让中国的教育迎头赶上"①。初期,他没有对民主教育的基本思想进行阐述,只是在实际教育教学中实施民主教育,提倡发展学生的课外活动,培养学生合作、活泼的精神。当杜威来华阐述各种民主教育思想时,陈鹤琴也加入教育民主化的理论探讨中。他提出《学生自治之结果种种》理论,为探讨民主与专制、个体与社会等民主教育关系提供了有益借鉴,体现了杜威以及中国杜威教育学派提出的"收德谟克拉西之真效果,非将德谟克拉西之真原理,先施之于学校不足以养成民主国之国民"②之思想。陈鹤琴在探讨教育民主化的过程中,将教育科学化与教育民主化联系了起来。他认为,民主教育是使人人得着受教育的机会,而心理测验可以帮助德谟克拉西教育的实现。心理测验是教育科学化的突破口,为此,他曾与廖世承合著《智力测验法》,将民主科学体现在中国教育心理科学化运动中。

张伯苓将民主思想应用到学校治学中。他重视在学校实行民主治校,培养民主风气,他为南开提出了"允公允能"的校训,培养学生的"爱国爱群之公德,与夫服务社会之能力"。他制定了许多措施,培养学生具有良好的习惯、良好的生活方式,形成良好的风尚,这些都是杜威所说的"民主是一种生活方式"的基本体现。另外,南开学校很重视科学教育,理科实验室教具、挂图、标本、实验仪器、药品等都很充实。

---

① 陈鹤琴.陈鹤琴全集(第六卷)[M].北京市教育科学研究所,编.南京:江苏教育出版社,1992:622.

② 陈鹤琴.陈鹤琴全集(第六卷)[M].北京市教育科学研究所,编.南京:江苏教育出版社,1992:2-3.

中学的生物、化学、物理课规定每周各两小时实验，学生从中学就受到严格的科学训练。文学院、商学院也有由著名教授介绍著名思想家、科学家的思想的课程，激发学生研究科学、研究学术的兴趣。

(3) 重视中西文化教育沟通

中国是杜威深切关心的国家，当杜威来中国时，中国作为世界上最古老的文明国家，正在为使它自己适应新的形势而斗争。杜威在中国的时间里，对中国社会、教育进行了很好的观察，他认为："中国的哲学，是单调的，少变化的；西方的哲学，有的利用科学，有的利用宗教""中国的哲学，偏于人事""西方的哲学，偏于自然"①，这两种哲学各有利弊，应该互相结合，兼而有之。

郭秉文在办学中，一直致力于沟通中西，走向世界。他聘请了诸多学成回国的留学生，还广泛延揽国内外名师来国立东南大学讲学。1920 年 4 月，杜威来南京高等师范学校讲"教育哲学""科学与德谟克拉西"等，以后罗素(Bertrand Arthur William Russell)、孟禄等又先后来到国立东南大学做报告。1922 年 1 月 4 日，郭秉文邀请孟禄来参加国立东南大学图书馆、体育馆落成大会。孟禄指出："中国近年来，做了一件最令人满意之事，即设立了几所大学。大学的功效甚多，而最要者在文化。中世纪的欧洲，文化还有希腊、罗马的区别，界线分明，互不相容。自大学兴，文化始沟通，现在论国界，尚有德法美之分，文化，不复分矣！文化共产是可能的。"②他的言语显露出对郭秉文等进行的沟通中西教育建设的赞赏。

胡适在中西文化教育方面的态度与中国杜威教育学派其他人明显不同，他走的是一种极端的路线。他认为，中国传统文化教育阻碍了人身心发展，妨碍了社会进步。新的形势下，无论从政治、文化，还是教育方面，中国必须全面学习西方，走"全盘西化""充分世界化"的道路，不要考虑传统文化教育，只有这样才能根本改变中国文化教育的落后局面。而他所谓的"西化"就是走美国、杜威实用主义思想

---

① 袁刚，孙家祥，任丙强. 民治主义与现代社会：杜威在华讲演集[M]. 北京：北京大学出版社，2004：278.

② 朱一雄. 东南大学校史研究[M]. 南京：东南大学出版社，1989：62.

之路。

蒋梦麟在看待中西文化教育方面持有亦中亦西观点，他反对绝对地接受或批判中西文化。因为蒋梦麟对中西文化均有深厚修养，在研究问题时，他经常用比较的方法，从西洋文化的观点认识中国文化，更从中国文化的观点认识西洋文化，观其会通，就一些观点还其本来面目，指出异同。他用这样的方法，显示了中西文化在许多方面如宇宙观、人生观、法律、教育方面的相似性，指出中西应该互相学习，而在现阶段——西方更文明、发达的情况下，中国应首先学习西方。蒋梦麟用这种亦中亦西的观点显示出了他主张学习西方文化教育的根本。

陶行知以辩证的态度对待传统文化教育和外来文化教育。他对中西文化教育的基本态度可用两句话概括："反传统教育不是反对固有的优点"，"反洋化教育的用意并不是反对外来的知识"。[①]陶行知反对传统教育的弊端是最坚决的，但对教育传统中的精华，他一贯认真吸收、改造、发展。他反对洋化教育、反对仪型他国是最坚决的，但对世界新教育运动中先进的教育观念、教学方法，从回应到吸收、改造，也始终是不遗余力的。

陈鹤琴也如陶行知一样，辩证地看待中西文化教育问题，他提倡"洋为中用"，反对盲目抄袭外国。他在1927年写的《我们的主张》一文中，开宗明义指出："今日抄袭日本，明日抄袭美国，抄来抄去，到底弄不出什么好的教育来。"他提出的创办幼稚园的十五条主张中的第一条就是："幼稚园是要适应国情的。"[②]在他看来，只有根据中国的情况，借鉴国外经验才能办好的教育。

对于中外文化关系，张伯苓指出，一方面我们要学习先进国思想，要"注重科学，培养丰富之现代知识"；另一方面也要"整理中国固有之文化，摘其适合于现代潮流者，阐扬而光大之，奉为国魂，并推而广之，以求贡献于全世界"。[③] 在发展南开教育时，他明确提出："教授方法

① 陶行知.陶行知全集(第三卷)[M].华中师范学院教育科学研究所，主编.长沙：湖南教育出版社，1985：338.

② 陈鹤琴.陈鹤琴全集(第四卷)[M].北京市教育科学研究所，编.南京：江苏教育出版社，1991：110.

③ 梁吉生，杨珣.爱国的教育家张伯苓[J].南开学报，1981(1)：38.

不主仅读死书，学科内容不主仅重外国事实，学校制度不主仅仿外国成规。”[①]这些反映了张伯苓重视中西之学的特点。

（4）秉持教育救国论

杜威认为，教育是人类社会进化最有效的一种工具，“社会的改良，全赖学校”[②]。其他“例如警察、法律、政治等等，也未始不是改良社会的工具，但他们有他们根本的大阻力，这个阻力，唯有学校能征服它”[③]。在杜威看来，中国社会要发展，要解决贫、弱、愚问题，教育是唯一良策，这是一种典型的教育万能论。

杜威实验主义教育学说中的教育万能论，到了中国，成为教育救国论的基础。胡适视教育为救国的“根本之计”，他认为，要使我们这个“满身是病”的国家立足于现代世界，归根到底还是要通过现代科学教育去进行点滴改革。他甚至偏激地认为，国家没有军队，没有经济发展不可耻，而没有教育却是可耻的。[④] 从教育救国出发，胡适反对学生运动，他认为：“排队游街，高喊着‘打倒英、日强盗’，算不得救国事业；甚至砍下手指写血书，甚至于蹈海投江，杀身殉国，都算不得救国的事业。救国的事业需要有各色各样的人才；真正的救国的预备在于把自己造成一个有用的人才。”[⑤]在胡适看来，除了教育，其他救国方式都是不可行的。

郭秉文虽然没有明确提出教育救国论思想，但其教育独立论显示了其教育救国的思想。他认为，教育应独立，只有不受政治干扰的教育才能得到提高，才能促进国家的发展。在历史上，教育独立论往往是因过分重视教育作用、反对其他因素干扰而提出，郭秉文提教育独立即希望教育不受社会其他因素干扰，能够一心一意走自己的路，从而达到救国的目的。

蒋梦麟与胡适一样也认为：“救国之要道，在从事增进文化之基

---

① 梁吉生，杨珣. 爱国的教育家张伯苓[J]. 南开学报，1981(1)：38.

② 〔美〕杜威. 杜威五大讲演[M]. 胡适，译. 合肥：安徽教育出版社，1999：111.

③ 〔美〕杜威. 杜威五大讲演[M]. 胡适，译. 合肥：安徽教育出版社，1999：111-112.

④ 胡适. 胡适全集(第 5 卷)[M]. 季羡林，主编. 合肥：安徽教育出版社，2003：503-504.

⑤ 胡适. 胡适全集(第 3 卷)[M]. 季羡林，主编. 合肥：安徽教育出版社，2003：820-821.

础工作。”[1]他举例法国围困德国，德国学者费须德在围城中之大学讲演，而作致国民书曰：“增进德国之文化，以救德国”，认为“吾人若真要救国，先要谋文化之增进”[2]。蒋梦麟与胡适一样，也反对学生救国运动，认为这是日日补破旧衣服，东补西烂，没有益处。

陈鹤琴也具有教育救国思想。他在赴美留学时，原选择学医，经反复思考，他确定志向为学习教育，因为“我的志向是要为人类服务，为国家尽瘁”[3]，而教育恰可提供这一切。而且他自认为：“我是喜欢儿童，儿童也是喜欢我的。我还是学教育，回去教他们好。”[4]此后，他一生献身儿童事业，以实现其“教育救国”的愿望。

郑晓沧认为：“教育为一切乐利之源，并为人权之根本保障”[5]，“人民之最重要权利在有教育，非此则社会之安宁与进化，未由而致”[6]，一地方的荣枯，与对教育事业是否真正关切息息相关。

张伯苓更明确地说：“办学目的，旨以痛矫时弊，育才救国。”他又说：“在以教育之力量，使我中国现代化，俾我中华民族能在世界上得到适当的地位，不致为淘汰。”[7]

中国杜威教育学派都认同通过教育谋求国家的独立、民主和富强，并认为这是最终解决国家危亡的最重要途径。近代中国一直要解决富强民主的问题，而对于这一问题，除军事上强大外，还要靠教育来培养大批从事科学、实业的人才，人才才是解决国家问题的根本。中国许多教育家从两次世界大战中，从美国的胜利中，感觉出武力的强大并不能代表国家的强大，而只有教育发达，才可以使国家最终战胜法西斯军阀统治，走向文明富强。一些教育家从欧美等国的发达看到了教育救国的希望。当杜威思想进入中国，教育救国有了理论基础，

---

① 蒋梦麟.蒋梦麟教育论著选[M].曲士培，主编.北京：人民教育出版社，1995：119.

② 蒋梦麟.蒋梦麟教育论著选[M].曲士培，主编.北京：人民教育出版社，1995：119.

③ 陈鹤琴.陈鹤琴全集(第六卷)[M].北京市教育科学研究所，编.南京：江苏教育出版社，1992：583.

④ 陈鹤琴.陈鹤琴全集(第六卷)[M].北京市教育科学研究所，编.南京：江苏教育出版社，1992：583.

⑤ 郑晓沧.郑晓沧教育论著选[M].王承绪，赵端瑛，编.北京：人民教育出版社，1993：20.

⑥ 郑晓沧.郑晓沧教育论著选[M].王承绪，赵端瑛，编.北京：人民教育出版社，1993：21.

⑦ 张伯苓.张伯苓教育言论选集[M].王文俊，等编.天津：南开大学出版社，1984：243，247.

他们更坚定了“教育救国”的信念。

(5) 强调个性发展教育

杜威在其论著中，多次批评“静听”的旧教育。他认为，旧教育“学校的重心是在儿童之外，在教师、在教科书以及在其他你所高兴的任何地方，唯独不在儿童自己即时的本能和活动之中”[①]。他强调学校要重视儿童个体的发展，培养学生的个性兴趣，在此基础上，形成一个有活力的社会。

杜威重视个性教育影响了中国杜威教育学派。郭秉文强调要针对学生特点培养学生的特殊能力。当时，国立东南大学汇集了大批学有专长的科学研究人员，这些学有专长的学者在从事不同科学研究工作时，也担负起培养各类人才的任务。

胡适也重视个性教育，虽然他提个性教育的出发点与杜威不一致。杜威从批判传统教育、批判工业化社会的角度提倡个性教育，胡适从封建传统对人个性的压抑角度提出个性教育，但他重视个性发展、个性教育，这与杜威是一致的。他在《不朽》《易卜生主义》里强烈地表达了这一思想。

蒋梦麟从批判旧社会入手，高扬个性主义。他认为，中国传统社会是由家族结合之社会，“其基础在明君、贤臣、慈父、孝子”[②]，而现代社会是由个人结合之社会，“其基础在强健个人”，这样的个人是奋勇的猛将、活泼的个人。他曾自勉道：“我当如猛将之临阵，奋勇直前，以达此至大至刚之天性，而养成有价值之个人。做人之道，此其根本。”[③]

陶行知重视对学生进行个性教育。他的生活教育理论的一个要求就是要针对儿童进行教育。他认为，改造了每个儿童，便改造了社会。在实际教学中，他重视儿童个性教育，提出对儿童实施“五个解放”，即解放小孩子的头脑、双手、嘴、空间、时间。实施这种教育时，他认为要因材施教，“要同园丁一样，首先要认识他们，发现他们的特点，

---

① 〔美〕约翰·杜威. 学校与社会·明日之学校[M]. 赵祥麟，等译. 北京：人民教育出版社，1994：44.

② 蒋梦麟. 蒋梦麟教育论著选[M]. 曲士培，主编. 北京：人民教育出版社，1995：37-38.

③ 蒋梦麟. 蒋梦麟教育论著选[M]. 曲士培，主编. 北京：人民教育出版社，1995：37-38.

而予以适宜之肥料、水分、太阳光，必须除害虫。这样，他们才欣欣向荣，否则不能免于枯萎”[①]。

陈鹤琴幼儿教育基点就是尊重儿童的个性。他认为，儿童有不同的个性，教育工作者一定注意对不同的儿童施以不同的教育。他甚至认为在学生违反学校规则、对学生进行教育时，也要考虑到儿童的个性特点，“不得妨害儿童身体”“不得侮辱儿童人格”“在可能范围内须尽力顾全名誉”，还“须鼓励儿童勇于改过，引起他们的自爱”。[②]

（6）提倡教育实验

重视实验是赫尔巴特时代就存在的。检视杜威在中国的大小讲演，谈及实验方法、实验精神和行动研究的仍不在少数。与以往不同的是，杜威强调实验是行动的，他曾对实验的探究特征作出总结：“第一个特征是一个明显的特征，即一切实验都包括行动，明确地改变环境或改变我们与环境的关系。”“第二，实验并不是一种杂乱无章的活动，而是在观念指导之下的活动。”第三个特征“使得前两个特点具有完全的意义。这个特点就是在指导下的活动所得到的结果构成了一个新的经验情境，而这些情境中对象之间彼此产生了不同的关系，并且在（实验）指导下从事活动的后果形成了具有被认知的特性的对象”。[③] 杜威关于实验的特点，指出了实验的重要含义：实验是行动，有观念的指导，产生新的情境和结果。这样重行动、重实际的实验才可以成为真理。

郭秉文也重视实验研究。他将杜威的实验思想运用到国立东南大学的科系建设方面。他在建设国立东南大学时，既注重运用新的科学思想，也重视发挥传统教育中科学合理的一面。经过教育改革实验，他为国立东南大学建立了当时国内最完备的学科体系：理科具有优良的实验设备，能够开展比较高水平的研究；教育科引用美国的教

---

① 陶行知. 陶行知全集（第三卷）[M]. 华中师范学院教育科学研究所，主编. 长沙：湖南教育出版社，1985：523.

② 陈鹤琴. 陈鹤琴全集（第四卷）[M]. 北京市教育科学研究所，编. 南京：江苏教育出版社，1991：156-157 .

③ 〔美〕约翰·杜威. 确定性的寻求：关于知行关系的研究[M]. 傅统先，译. 上海：上海人民出版社，2005：64.

育理论，实验新的“教学法”，所有学科教学不仅强调书本知识，尤重视实际之常识。这是杜威实验教育思想在高等教育领域内的体现。

杜威的实验方法也直接影响了胡适。胡适曾把 pragmatism（实用主义）翻译成“实验主义”，并写过两篇文章阐述杜威的实验主义思想。他认为，实验主义的目的是要提倡一种新的思想方法，要提倡一种注重事实、服从验证的思想方法。这一思想应用到教育中就是“教育事业当养成实事求是的人才，勿可专读死书，却去教实在的事物，勿可专被书中的意思所束缚，却当估量这种意思是否有实际的效果，勿可专信仰前人的说话，却当去推求这些信条是否合于实情”[①]。胡适鼓励人们养成科学实验习惯。

蒋梦麟也是杜威教育思想的实验者、实践者。他任北大校长时，开展了教授治校、学生自治等各项实验教育教学活动。他主张讲教育必以科学实验态度研究自然科学、心理学、生理学等。这样的实验研究“一方面可以得真实的根据，一方面可以免凿空的弊病”。有根据又有结果是实验的目的，这既是杜威实验思想提倡的，也是蒋梦麟强调的。

陶行知将杜威的实验方法引入教育领域，进行教育实验研究，这使得杜威的实验方法在中国有了施展的园地。他以科学的实验方法，在中国开展了晓庄师范、山海工学团、生活教育社、育才学校、社会大学等教育活动，这既是一种实验，也将实验方法融入其中。在这些教育实验中，他发现了中国传统教育的一些弊端，提出了教学做合一、劳力上劳心等主张，对杜威教育实验思想进行了实践，做出了最好的注解。

陈鹤琴与陶行知一样，既注重研究有关教育实验的问题，又注重进行实际的实验、行动。他以智力测验研究为突破口，为中国教育实验寻找一定的理论依据。同时，他还在幼稚教育领域开展了一系列教育实验，提出了“活”教育理论，促进了我国初等教育的发展。

张伯苓在南开学校开展了教育实验。他将欧美一些新的教育思想运用到南开学校的实际教学管理中，开展了“培养学生民主生活”

---

① 胡适. 胡适学术文集·哲学与文化[M]. 姜义华，主编. 北京：中华书局，2001：48.

“发展自治”“开展丰富的课外活动”等实验，促进了学生德智体诸方面生动活泼的发展。

(7) 注重教育与生活之联系

“教育即生活”是杜威实用主义教育思想的一个重要口号。由于生长是生活的特征，因此，杜威又提出了“教育即生长”的观点。实际上，“教育即生活”和“教育即生长”两者是同一个意思。1916年，杜威出版《民主主义与教育》一书，系统地阐明自己的这一观点。这本著作第一章的标题就是“教育是生活的需要”，要实现“教育即生活”，唯有使学校成为雏形的社会，并在这样的学校，通过“做中学”，才可解决教育与生活相脱节的弊病。《民主主义与教育》阐述了杜威的生活教育理论的基本论断——“教育即生活”“学校即社会”“做中学”。杜威在中国讲演时也多次提到这一主张。中国杜威教育学派继承这一思想，提出了各种生活教育理论。

胡适被公认为是接受和实践杜威社会和政治学说的第一人。他在哲学上认同杜威的实验主义观点，在教育上提倡教育与生活相联系。他曾尖锐地批评学校教育与社会需要严重脱节的现象，认为这种教育是亡国的教育。他认为，教育必须与社会实际生活相联系，适应社会的需要。胡适在介绍杜威的教育哲学时，并没有发挥“教育即生活”的命题，他只是强调注重生活教育，认为教育应当使学生养成处理社会生活环境的能力。他的这种观点在某种程度上是将教育看成了“将来生活的预备”，是杜威所不赞成的，但它仍然是胡适对“教育即生活”观点的一种阐释。

蒋梦麟在继承杜威教育思想方面，不仅仅停留在对实用主义教育思想的学理阐述上，他十分注意用杜威“生活教育”的理论去观察和分析中国教育的现实问题。以历史教学为例，蒋梦麟认为，教授历史就应当以学生生活需要为主体，以平民生活为中心，注重历史与生活的有机结合，并以解决当前问题为要旨。如若不然，则历史与生活分离，失其本意矣。又如“学生自治”，这是“五四”时期学生养成独立精神和团体生活的一种自动行为，此自动行为在蒋梦麟看来便是杜威“教育即生活”的体现，办学者应给予热情鼓励与提倡。

陶行知是中国杜威教育学派中对杜威生活教育理论实践阐述最多、最具创造性的一位。对于杜威上述的三个论断，他都有实践，并创造性地提出了自己的观点。

①“教育即生活”与“生活即教育”

陶行知在办教育的过程中，对这一问题进行了明确的阐述。他开始是接受杜威的“教育即生活”观点，后来虽然翻了半个筋斗，提出“生活即教育”的主张，并提出杜威主张的不足，但基本还是从杜威的思想主张得出自己的修正之处。如杜威提出“教育即生活”，把社会生活搬进学校，并在芝加哥实验学校里安排儿童做些纺纱、织布、烹饪、木工、缝纫等作业活动，陶行知也主张教育为人民生活服务，要求教育与劳苦大众的生活相结合。

他曾对胡适说：“我想用一个有活力的、公开传播的教育去创造一个有活力的、公开交流的社会。”[①]陶行知后来进行了教学方法的革新，实践了平民大众教育和普及教育。他希望通过这些教育改革改变社会。这一思想得到了杜威的赞同，杜威在华的演讲反映了他们在这方面的一致。

1924年，陶行知提出“生活即教育”，虽与杜威有所不同，然而从整体上看，陶行知对杜威的“教育即生活”的批评和试验是有创造性的，他的理论能适用于中国教育。

②“学校即社会”与“社会即学校”

杜威提出“学校即社会”，主张“学校社会化”，学校是“雏形的社会”。同时，他认为，这并不意味着学校是社会生活的简单重复或再现。学校的首要职责在于“提供一个简化的环境”，选择社会生活中基本的和能为青少年反应的各种特征，并建立一个循序渐进的秩序；同时排除社会环境中的丑陋现象，“平衡社会环境中的各种成分，保证使每个人有机会避免他所在的社会群体的限制，并和更广阔的环境建立充满生气的联系”[②]。

---

① 陶行知.陶行知全集(第五卷)[M].华中师范学院教育科学研究所，主编.长沙：湖南教育出版社，1985：487.

② 〔美〕约翰·杜威.民主主义与教育[M].王承绪，译.北京：人民教育出版社，2001：27.

陶行知也重视学校与社会的联系。早在1919年，他在论述新学校时就提出“学校是小的社会，社会是大的学校。所以要使学校成为一个小共和国，须把社会上一切的事，拣选他主要的，一件一件的举行起来”[①]。他指出，我国学校的弊病就是不但与社会隔绝，而且在学校里面，全以教员做主，并不使学生参与。这是杜威来中国那年陶行知持有的观点。从中我们可以看出，这时的陶行知对杜威思想持完全赞同态度。

1930年3月，在《晓庄三岁敬告同志书》中，陶行知将杜威的“学校即社会”变为“社会即学校”。他认为，“学校即社会”是把社会里的东西拣选几样，缩小一下搬进学校里去，是不合实际需要的。尽管有变化，但陶行知论述的目的与实际做法与杜威是一致的，目的就是要消除学校与社会中间的高墙。

③ “做中学”与“教学做合一”

“做中学”是杜威根据当时社会不尊重儿童，学校教育无视儿童自主性提出的观点。杜威认为，传统教育一切是为“静听”准备的，儿童没有什么活动。他主张学校要广泛地开展游戏和主动的作业。他在《明日之学校》中，几乎每章都提出了“做中学”的例子，提到这种课程符合儿童的天性，给儿童带来的快乐，对儿童发展的巨大益处。

在杜威学校中，“做中学”是一种对儿童在建造、制作、创造方面的能力有发展的方法。这种新型的学校，帮助儿童用行动和语言表达他的思想，发展他的个性，使学生成为自由成熟的人。

陶行知最初是通过对学校教师提出要求来阐明他强调“做”的观点的。他要求教师改变教学方法，对于一个问题，不是要先生拿现成的解决方法来传授给学生，乃是要把这个解决方法如何找来的手续程序，使学生以最短的时间，经过相类的经验，发生相类的理想，自己将这个方法找出来，并且能够利用这种经验理想来找别的方法，解决别的问题。这是杜威思想对早期的陶行知教育思想影响的痕迹。陶行知在从事教育的早期就抱有重视“儿童”，重视“实践”“做”的思想。之

---

① 陶行知．陶行知全集(第一卷)[M]．华中师范学院教育科学研究所，主编．长沙：湖南教育出版社，1984：126.

后，陶行知提出“教学做合一”，强调要在“做中学”，虽然与杜威的“做中学”有着不同的内涵，然而无论怎样，“教学做合一”理论起源于“做中学”是事实。实际上，它是对“做中学”加以实践检验后产生的独特理论。

当然，陶行知对杜威的生活教育理论并不是盲目照搬，而是根据自己的教育实践和中国的国情有所发展，这种发展深得杜威精髓。他把杜威的“教育即生活”“学校即社会”的理论改为“生活即教育”“社会即学校”，克服了杜威理论不适应中国的情况。

陈鹤琴在美国受杜威影响很深，他本人也承认这一事实。回国后，陈鹤琴发展了“活教育”理论，提出课程要以社会生活为中心，以儿童活动为中心，学校要将大自然、大社会作为活教材，对儿童进行综合教育，并强调要进行“做中教”“做中学”“做中求进步”。他自己在提倡“活教育”初期曾说过：“活教育”的观点和方法是与杜威教育学说相配合的。以后，随着“活教育”实践的丰富发展，“活教育”如同陶行知的“生活教育”理论一样开始走向中国特色。陈鹤琴把“生活”“社会”“自然”“经验”等与中国的社会生活联系在一起，实现了“洋为中用”。当然，无论怎样的吸收、扬弃，“活教育”在本质上还是属于对杜威“教育即生活”的继承与发展。

张伯苓也认同杜威的生活教育理论观点，力主学生接触社会实际。他曾指出：“吾国学生之最大缺点，即平日除获得书本上知识外，鲜谙社会真正情状。”①他鼓励学生参加各种社会生活，将所学与所用结合起来。他接受杜威思想，也主张学校为雏形社会，指出：“学校正如一小实验场，场内之人皆有信心具改造社会之能力，将来入社会改造国家，必有成效。”②

张伯苓在“做中学”上也有自己独到的观点，陶行知的“教学做合一”即是从张伯苓处受启发而来。张伯苓自己的观点为“学行合一”。他认为：“现在的教育者，不但是不能以‘教书’‘教学生’为满足，即使他能‘教学生学’，还没有尽他的教之能事。他应该更进一步，‘教学生

---

① 梁吉生，杨珣．爱国的教育家张伯苓[J]．南开学报，1981(1)：39.

② 张伯苓．张伯苓教育论著选[M]．崔国良，编．北京：人民教育出版社，1997：133.

行'。'行'些什么？简言之，就是行做人之道。这样，才能算是好的教育。"[①]

通过论证中国杜威教育学派成立的基本条件，我们可推知：中国杜威教育学派就是指20世纪20—40年代在我国出现的一批以杜威实验主义教育思想体系为指导，对杜威教育思想或进行理论研究，或进行实践研究，或二者兼而有之的一批学者、教育家。这一派人包括郭秉文、胡适、蒋梦麟、陶行知、陈鹤琴、张伯苓、李建勋、郑晓沧等。本书的后面章节，我们将进一步分析中国杜威教育学派主要代表人物的思想及与其师的关系，完成该学派的思想分析。

---

① 张伯苓．张伯苓教育论著选[M]．崔国良，编．北京：人民教育出版社，1997：159.

第二章　中国杜威教育学派形成的基础

19 世纪末 20 世纪初,随着以实用主义思想为指导的美国社会的发展,以改造传统教育,建立现代教育为主旨的杜威现代教育思想很快风靡各地,世界各地掀起了研究实践杜威教育思想的热潮。中国自甲午战争以来一直受日本以及西方各列强压迫,一些教育上的精英分子思索后认识到,西方现代教育充满着改造世界的威力,它不仅可以使国家彻底摆脱受欺压的地位,而且可以增强国家和国民的物质和精神力量。从美国留学归来的中国杜威教育学派认定中国社会问题主要出在教育上,而补救办法就是移植美国的教育思想,采用美国的教育制度、学校管理、教育教学方法进行现代化建设。他们相信,现代新教育可以一下子实现长期以来梦寐以求的目标——选择有才干的人充任官职,使民众接受教育,并马上能实现新式教育蕴含的深层次目标——迅速过渡到现代化民族国家的强大和富裕状态,赶上美、日等国。而经过洋务运动、戊戌维新变法等后,中国在引进西方思想和学术上已有了条件;“五四”新文化运动进一步削弱了封建文化的影响,为西方文化进入中国扫清了道路;20 世纪 20 年代中西文化论战,进一步拓展了西方文化进入中国并产生影响的空间。杜威在此时来中国讲学,由他当时身居中国文化、教育界高位的学生陪同、翻译,经各界著名人士的推崇,使杜威思想进入中国后迅速被传播到各地,并在中国高等教育以及普通教育领域实施,促进了中国现代教育的发展。

一、20 世纪前半期中国杜威教育学派形成的社会背景

(一) 实用主义在世界的广泛传播与研究

实用主义是美国本土产生的最有影响的哲学思潮,它由皮尔斯(Charles Sanders Peirce)和詹姆斯(William James)等人于 19 世纪 70 年代创建,20 世纪前 30 年达到鼎盛,成为世界哲学的主流。相比欧洲思辨哲学的研究,美国实用主义哲学主张研究现实、注重实用,注重解决实际问题。实用主义哲学的一个基本要义就是重视功利、重视实用,当它在美国遇到合适的土壤得到印证时,世界各国纷纷仿效美国,将实用主义奉为解决国家发展的最有用的哲学思想。不仅美国,当时其他一些国家如德国、苏联、日本、土耳其等也掀起了研究实用主义的热潮,杜威的实用主义是其中一个分支。杜威是实用主义集大成者,他以美国的社会需要为基础,形成了自己的实用主义理论。他在论述实用主义哲学思想的同时,把实用主义的基本思想运用到其他学科,特别是教育学中去,扩大了实用主义的社会影响,在一定意义上实现了哲学走入生活的目标。因为杜威将实用主义应用到具体学科中并卓有成效,引起了世界各国人们的关注,再加上杜威曾经不遗余力地赴海外传播实用主义思想,所以推动了美国这一土生土长哲学思想成为具有世界性影响的思想。杜威实用主义教育思想在美国这块土壤上得到了实际验证,它的理论与实际结合的相符性,使得它更具说服力。美国教育史学家布里克曼(William W. Brickman)曾指出:“杜威被公认为当代努力争取更好的教育的主要代表人物。人们可以根本不接受杜威的意见,甚至可以在一些重要的观点上与他根本对立,但是,他们都会异口同声地说:杜威的见解是值得注意和有意义的。这就是杜威在与国外学者们的关系中的地位,这就使他作为一位教育家

在世界上享有声望——世界上几乎很少有教育家能享有如此高的声望。"[1]因为实用主义成为显学，也因为杜威在教育中具有重要的影响，各国都把研究实践实用主义特别是杜威思想作为一个重要议题。当时，各国学生或跟随杜威本人，或跟随杜威在哥伦比亚师范学院的学生信徒学习研究杜威思想，他们回国后，也将杜威实用主义教育思想带回所在国并进行实验，推动了各国教育的发展。

杜威的中国学生也正是看到实用主义在美国应用的实际成效，看到杜威教育思想对于世界各国的意义，才兴起研究杜威教育学说、改造中国的念头。他们认为，实用主义在世界各地的盛行表明了这一理论具有普遍的意义，杜威实用主义重视实际效用，符合其他国家也符合中国图变求进步的需求。实用主义关心社会的需要，有助于实际的改革，能够促进文化教育乃至全社会的发展。实用主义的实效性以及广泛传播，使中国知识界开始将目光越来越集中在它的研究实验上。

"五四"前后进入中国的西方理论很多，如尼采(Friedrich Wilhelm Nietzsche)重视人的作用的"超人"说，柏格森(Henri Bergson)的生命哲学等，但因为尼采的欧洲哲学偏重思辨，不适合中国人的研究与实际运用；柏格森重视生命、重视个体的生命哲学，虽在某种程度上与"五四"重视人的个性发展有一定的相合之处，但这种相合与中国整个社会需要还是有距离的。当时，中国人并没有深切认识到个体的重要性，即便一些人认识到个体的重要性，但这种理论不能解决整个国家、整个社会的大问题，也不能在中国有大的发展。本质上，当时的中国还是以社会发展为重的国家，这是民族、国家危机使然，也是彻底改变传统文化教育需要的。整个欧洲哲学本意不在解决实际效用，满足不了当时求变的各国如中国的需求，不能成为哲学的主流是自然的。中国广大的知识分子也正是看到了这一点，没有对其他哲学进行广泛深入的研究，而将目光转向注重解决实际问题的实用主义哲学。而美国社会的发达，实用主义在世界各国成为显学，使中国知识界看到了改变中国贫穷落后的希望。这种世界教育哲学发展的趋势，为中国学

① 单中惠.现代教育的探索：杜威与实用主义教育思想[M].北京：人民教育出版社，2002：403.

者研究杜威实用主义教育思想改变中国、为中国杜威教育学派的形成，打下了坚实的哲学基础。

（二）杜威中国弟子在哥伦比亚大学的学习与研究

哥伦比亚大学在20世纪的美国教育界具有重要的地位。哥伦比亚大学的一批知名教授，带动了当时世界教育发展的新潮流。哥伦比亚大学全盛阶段，拥有当时一批世界著名的大学者，如哲学家和教育家杜威、教育家罗素、教育史和比较教育学家孟禄、教育心理学家桑代克（Edward Lee Thorndike）和教育哲学家克伯屈等人。他们在教育领域的探索和创新，尤其是他们对美国进步主义教育运动的指导和推动，使哥伦比亚大学特别是杜威等所在的师范学院俨然执20世纪二三十年代美国教坛之牛耳。

当时，慕哥伦比亚大学师范学院之盛名，中国学生纷纷进入该校就读。郭秉文、蒋梦麟、陶行知等一大批后来在中国教育界叱咤风云的人物，即于20世纪初入哥伦比亚大学师范学院就读。他们在哥伦比亚大学师范学院名师的指导下，刻苦学习、热心时政、关心社会，开阔了视野、培养了能力，产生了自己的人生观和世界观，形成了早期教育救国思想和政治主张，为后来回国开展教育改革，奠定了坚实基础。在去美国前，他们怀有改造中国贫穷落后局面的想法，但用什么来改造中国社会却是悬而未决的问题。中国自近代以来，一直向西方学习，但学什么、怎样学却经历了一个漫长的发展过程。最初，中国从物质层面、从器上学西方，派留学生到国外学习洋枪、洋炮的制造；后来，随着理解的深入，又从精神层面学西方，派出的留学生不仅学习武器、军械制造，也学习各类科学知识，国内也成立了应用洋学堂；随着西学的发展，这种学习进展到制度层面，许多人开始研究西方制度，主张中国仿效西方建立民主政体，这一思想的进展对中国产生了很人影响，为“五四”新文化运动以民主科学为主旨奠定了基础。而在学西方制度的过程中，知识界以及教育界人士又感到仅重视制度是不够的，制度是由人制定的，人的素质决定了制度先进与否。有了这种认识，他们开始将目光转向对与制度相联系的人的研究，而教育作为改变人的最有效的工具,最先引起了他们的重视。

当胡适、郭秉文、蒋梦麟、陶行知等一批留学生看到美国发达的教育,看到实用主义教育下人们良好的精神面貌,以及实用主义教育给美国社会带来的巨大影响,他们产生了用杜威实用主义教育思想改造中国教育的想法,纷纷投入杜威门下,学习实用主义教育思想。胡适留学美国最初是在康奈尔大学研习黑格尔哲学思想,但他深感黑格尔哲学与中国社会现实脱节,与他求学的目的不符合,因此经过思考,他将自己的研究方向转向杜威的实用主义。后来,胡适由康奈尔大学转入哥伦比亚大学哲学系师从杜威,选修了杜威主讲的两门课程"伦理学之流派"和"社会政治学",并以杜威为导师完成哲学博士学位。在哥伦比亚大学跟随杜威学习的过程中,胡适系统学习了杜威实用主义思想,认为实用主义注重实际的效果,注重思想文化教育的改革,是一种能应对"吾国之急需"的良药。杜威的实用主义思想能使他应对"对于社会之责任"。在哥伦比亚大学亲自聆听杜威教诲的经历,使得胡适找到了爱国求学的目标,也使胡适开始潜心研究杜威实用主义教育思想。这为他后来回国继续研究杜威思想,成为杜威教育学派一员打下了基础。

陶行知在哥伦比亚大学的学习,也为其日后对杜威教育思想的实验、发展做了准备。陶行知在哥伦比亚大学主攻教育行政学,但他在教育哲学上下的功夫更多。在哥伦比亚大学求学初始,他就对杜威实用主义教育思想怀有浓厚兴趣,并尽心加以研究。当时中国教育的现实以及美国社会的发达,使陶行知认识到:要想改变中国教育,不能仅从器上,从学习西方教育行政、管理去做,这样做只能研究教育的表面现象;而人的研究、学校的研究才是教育研究的根本。要想改变中国教育的状况,就要从教育的起点,从人、从学生、从教师方面入手,由此深入到教育领域各方面的改革。鉴于此种认识,陶行知将研究方向转到了对人、对教育有最根本思考的教育哲学方面。他选修了杜威的实用主义教育哲学,对杜威思想中的主要观念如经验主义哲学、知和行、个人和社会、科学方法以及生活教育、儿童中心、从操作中学等思想非常认同。他认为,杜威实用主义教育思想就是他要解决传统教育忽视科学、忽视儿童、忽视社会生活，教育不发展、社会不发达等问题的方法，杜威实用主义教育思想是实现其教育救国的方法及理论。为此，他自觉研习、实践杜威的教育思想。

不仅胡适、陶行知在哥伦比亚大学求学时对研究杜威教育思想产生了兴趣，中国杜威教育学派其他人在聆听杜威的实用主义教育哲学思想后，也感受到杜威思想的真实性、实用性，认为杜威思想与中国社会文化教育相切合，对杜威实用主义教育思想产生了浓厚兴趣，并立下了回国改造中国文化教育的志向。

杜威的这些中国学生在哥伦比亚大学除单独研习杜威教育思想外，还建立了中国教育研究会，一起探讨教育问题，包括研讨杜威的教育思想。陶行知、张伯苓等曾任会长，他们通过这个协会，探讨了中国社会教育问题，提出了如何解决中国积病问题，研究思考杜威实用主义教育思想是否适合中国改革等。这些成员回国后，成为杜威教育思想研究的发起者以及实践者。他们坚信，杜威的实用主义思想能给美国带来繁荣，也能使古老的中国焕发青春。可以说，胡适、陶行知等在哥伦比亚大学的学习以及思想的转变，对他们以后专门研习、实验杜威思想起到了启蒙作用，促使中国杜威教育学派萌芽。

（三）“五四”新文化运动的发展需要

学派思潮往往是社会文化发展内在要求在思想文化领域中的反映，因此，任何学派的产生都离不开特定的时代背景。“五四”新文化运动的民主科学要求使20世纪20—40年代中国杜威教育学派具备了适宜其产生的社会文化土壤。

“五四”新文化运动是一场思想启蒙和解放运动，运动起因在某种程度上可以说是西方先进的思想对中国落后的传统文化冲击造成的。而“五四”新文化运动，反过来又加强了西方思想进入中国。在五四运动中，传统的思想和体制开始动摇，人们批判封建专制，反对传统文化教育制度，反对迷信，提倡民主科学，要求个性解放，重新估定一切价值，旨在使古老的中国实现现代化。各种西方思想诸如民主、科学、自由主义、实用主义、人文主义等，纷纷涌入中国。而美国杜威实用主义教育思想因其响应了“五四”的要求，成为显学。

杜威来华后第四天，五四运动爆发。杜威立即投以关注的目光，他充分肯定学生运动，并在《教育哲学》中明确指出：“学生运动可以表示一种新觉悟：就是学校教育是社会的，他的贡献不但对于本地、对于小群，还能对于大群、对于国家。……这好像是学生运动的意义。”[①]他对五四运动的意义表示了赞赏，赢得了广大学生以及知识分子的认可；在以后的演讲中，他又对中国社会做了精确分析，并提出了一些解决方案。他的这些思想迎合了“五四”时期一批知识分子希望通过改良求变图强的心理，也为中国知识界寻找改革中国的方案提供了参考。

“五四”新文化运动为杜威思想在中国的实施、研究提供了一个契机——社会发生了重大转变，需要一种理论指导改革，解决社会问题，而杜威的思想正具有这样的条件——提供了改革的方向、动力。因此，它引起了中国学者对其思想的热情研究。不仅他的中国弟子进行研究，其他人如梁启超、蔡元培也研究杜威思想，热情赞扬杜威。蔡元培在杜威六十岁生日晚宴中致辞：杜威“用19世纪的科学作根据，用孔德的实证哲学、达尔文的进化论、詹美士的实用主义第演而成的，我们敢认为这是西洋新文明的代表”[②]。他还说：“我觉得孔子的理想与杜威博士的学说有很相同的点。这就是东西文明要媒合的证据了。但媒合的方法，必先要领得西洋科学的精神，然后用它来整理中国的旧学说，才能发生一种新义。”[③]这番论述显见蔡元培对杜威思想研究的深厚。

身为杜威弟子的胡适、陶行知等在此时更是不遗余力地介绍杜威思想。他们从不同角度阐述杜威思想，其研究、解决问题的出发点及过程也反映了杜威思想。他们不仅提倡教育民主科学化，还开展了教育民主科学化、教育现代化的理论实践研究，并在全国产生了广泛影响，如胡适提出的实验科学方法论思想，陶行知的生活教育论，郭秉文

① 袁刚，孙家祥，任丙强. 民治主义与现代社会：杜威在华讲演集[M]. 北京：北京大学出版社，2004：481.

② 高平叔. 蔡元培哲学论著[M]. 石家庄：河北人民出版社，1985：207.

③ 高平叔. 蔡元培哲学论著[M]. 石家庄：河北人民出版社，1985：208.

在国立东南大学进行的科学教育、民主自治的实验，蒋梦麟在北京大学开展的教授治校、试行选修课的改革，陶行知、陈鹤琴以及张伯苓在普通教育领域提倡科学教育教学法、尊重儿童个性、重视培养儿童“做”“实践的能力”以及培养儿童具有民主、爱国的思想等。这些思想活动响应了“五四”时期主旋律的要求，体现了对杜威思想的实验与研究。

艾思奇曾指出，“新的思想方法之出现，是在‘五四’的炮声发出以后”。他举例胡适实验主义说：“实验主义的治学方法在某种意义上可以说是与传统迷信针锋相对，因此也就成为‘五四’文化中的天之骄子。”[①]马克思主义者瞿秋白也曾有精彩的分析：

> 中国五四运动前后，有胡适之的实验主义出现，实在不是偶然的。中国宗法社会因受国际资本主义的侵蚀而动摇，要求一种新的宇宙观、新的人生观，才能适应中国所处的新环境；实验主义的哲学刚刚能用它的积极方面来满足这种需要。[②]

瞿秋白用科学的唯物史观阐明了杜威教育学派在中国的产生是回应“五四”新文化运动科学民主思想而出现的，分析可谓透彻准确。

以上这些分析显示了“五四”新文化运动为中国杜威教育学派的产生提供了契机。当杜威思想遇到“五四”新文化运动时，它很快成为一种解决社会弊病的显学，促使了中国杜威教育学派的产生。

(四) 杜威来华讲学

在五四运动爆发前的 1919 年 4 月 30 日，杜威来到中国，进行了长达两年两个月的讲学和旅游。杜威以世界一流教育家的身份在身居要职的中国弟子们的簇拥下，到过上海、北京、河北、山西等地，足迹遍布大半个中国，举行了数百场学术演讲，竭力宣传其实用主义教育思想(参见本书附录一)。

在杜威来华以前，中国教育占统治地位的是从日本传来的德国教

---

① 艾思奇. 艾思奇文集(第一卷)[M]. 北京：人民出版社，1981：59-60.

② 瞿秋白. 瞿秋白文集(政治理论编)[M]. 北京：人民出版社，1988：619.

育理念和计划,在此模式下,中国教育事业已经取得了一些成就。20世纪初,虽有一些留美学生回国宣传介绍实用主义教育思潮,但因为无人能根据中国情况,将实用主义精髓引入中国,并对中国社会起到改造作用,实用主义思想的影响力还是有限的。

杜威来华根据中国情况,亲自讲解了实用主义经济、政治、文化教育精义,给中国思想文化界开启了研习实用主义之门。讲学中,杜威特别偏爱文化教育,文化教育的比重相当于政治与经济两个方面,这些观点以及相关的方面大都出自他的三本著作,即《学校与社会》(1899)、《民主主义与教育》(1916)以及《哲学的改造》(1920)。他在文化教育方面强调:① 教育必须改革与普及。② 学校必须是儿童与社会的桥梁,教育横跨两者。③ 教育对于个体的发展和社会的改革是有意义的。④ 重视科学学习的作用。杜威讲的这些内容对于研究他思想的学生来说是十分熟悉的,而对当时的中国人来说,他讲的内容是新奇的。

当时,无论西化派、东方文化派皆对杜威实用主义学说表示了好感,甚至地方文武官员也趋奉杜威及其学说。他到湖南讲学时,省长谭延闿几次亲临会场并主持演讲,军政界许多高级官员也聆听杜威的讲演。到福州,杜威参见了福建督军李厚基,并参加了各界为他举行的欢迎会。在广州,他偕美国领事参见陈炯明。这些督军省长聆听杜威讲话后,都对杜威思想感兴趣。中国教育家正借杜威来华之机,将他们已有的对中国传统教育改革的迫切心情通过高扬杜威实用主义思想体现出来。在杜威来华前后,文化教育界热诚地翻译介绍了杜威实用主义思想(参见本书附录二),他的中国学生更借独特条件,大力宣讲、实践其师思想,改革中国传统教育。可以说,杜威来华对中国杜威教育学派的形成起了直接促进作用。

围绕杜威访华,中国杜威教育学派逐渐走上历史舞台。这体现在如下几个方面。

1. 邀请杜威来华,结成学派团体

1919年2月,杜威偕夫人及女儿在日本游历讲学,这一消息很快被他的中国弟子得知,他们立即酝酿其师来华讲学。陶行知在给胡适的信中称，三个星期前已获悉杜威到日本游历讲学，如能借便“请先生到中国来玩玩”并帮助中国“建设新教育”[①]，就再好不过了。胡适接到陶行知的信后，立即与其他杜威中国学生联系，并邀请杜威来华。

当时，杜威中国学生商请了北京大学、南京高等师范学校、江苏省教育会和北京尚志学会筹集基金，邀请杜威来华讲学。这些团体的负责人除蔡元培、梁启超外，其余都是杜威中国弟子。他们协商由北京大学教授陶孟和、南京高等师范学校代理校长郭秉文代表他们亲赴东京邀请杜威来华。1919 年 4 月 30 日，杜威偕同夫人到达上海，胡适代表北京大学、陶行知代表南京高等师范学校、蒋梦麟代表江苏省教育会前往码头迎接。

可以说，杜威赴华讲学是由胡适、陶行知、郭秉文、蒋梦麟等一批杜威中国弟子直接促成的。从邀请杜威来华的过程我们可以看出，中国杜威教育学派作为一派已崭露头角。在为杜威来华做思想准备以及介绍翻译工作的过程中，胡适、陶行知、郭秉文、蒋梦麟等又引领传播了中国实用主义教育研究热潮。这标志着以研究、实践杜威思想，解决中国问题为特征的中国杜威教育学派正式走上历史舞台。

2. 引入杜威思想，扩大学派影响

杜威来华讲学前，国内已经有了对杜威实用主义教育思想的宣传与介绍。1912 年 2 月，蔡元培在《对于教育方针之意见》中首次向人们推荐了杜威及其实用主义教育。蔡元培在论述实用主义教育时说：“此其说创于美洲，而近亦盛行于欧陆”，“今日美洲之杜威派，则纯持实用主义者也”。[②] 影响颇大的《教育杂志》于 1916—1918 年相继发表了署名“天民”的文章，介绍实用主义教育思想，包括：《学校之社会的训练》《台威氏之教育哲学》《台威氏之明日学校》《今后之学校》等。

1919 年，《新教育》的诞生，给胡适、陶行知等杜威中国弟子提供了研究阐述其师思想的阵地。他们得知杜威将来华，刊出“杜威专号”，蒋梦麟、胡适、陶行知、郑晓沧等人在杂志上全面地介绍了杜威的哲学

---

① 陶行知. 陶行知全集(第五卷)[M]. 华中师范学院教育科学研究所，主编. 长沙：湖南教育出版社，1985：2.

② 蔡元培. 蔡元培教育论著选[M]. 高平叔，编. 北京：人民教育出版社，1991：2.

及教育观。其他如浙江的《教育潮》、北京的《晨报》副刊、上海的《时事新报》副刊《学灯》以及《民国日报》副刊《觉悟》等,也都成了杜威教育学派介绍和鼓吹其师实用主义教育思想的重要阵地。1919 年 3 月 31 日,陶行知在《时报》的《教育周刊》上发表《介绍杜威先生的教育学说》。接着,胡适在《新教育》"杜威专号"上发表《杜威哲学的根本观念》和《杜威的教育哲学》,蒋梦麟发表《杜威之人生哲学》和《杜威之道德教育》,郑晓沧也在《新教育》第 1 卷第 2 期上发表译文《杜威氏之教育主义》。胡适还在北京大学和南京高等师范学校先后做了四场演讲,介绍杜威的实用主义思想,并于 1919 年 3 月在教育部会议上专门介绍杜威的实用主义教育思想。在杜威来华前,中国杜威教育学派已开展了研究介绍杜威思想的活动。当杜威来华时,他们更是不遗余力地宣传其师思想,扩大了杜威在华的影响,同时也使他们成为发展中国教育引人注目的力量。

3. 翻译出版杜威著作,奠定学派发展基础

郭秉文、胡适、蒋梦麟、陶行知、郑晓沧、刘伯明等人在杜威来华时先后充当杜威演讲的翻译解释工作。其中,除刘伯明外,其余均是哥伦比亚大学的毕业生,而刘伯明虽不是哥伦比亚大学毕业生,却亦是实用主义教育思想的信徒。他充任了杜威在江苏等地演讲的主要翻译者,他的妻子是哥伦比亚大学教育学硕士。胡适、陶行知、郑晓沧等一些学者,以他们自己的理解,在为杜威担任翻译时,形成了以传播研究实用主义教育思想,改革中国教育为职志的中国杜威教育学派。

杜威在北方各地的演说全部由胡适翻译,杜威反映其思想的演讲如五大演讲几乎都是在北京进行的。在杜威访华期间,胡适还曾做专门演讲"谈谈实验主义",对杜威思想做精辟研究阐述。在翻译介绍杜威思想的过程中,胡适实际充当了杜威思想的主要研究者与传达者之职。为翻译好杜威演讲,胡适投入了很大精力,甚至有段时间准备离开北京大学专心为杜威演讲做翻译。为此,蔡元培曾致信胡适表示了挽留,希望胡适能一面同杜威做"教育运动",一面仍在大学实施教育。杜威在华演讲所取得的轰动效应是与胡适的研究传播分不开的。杜威在南京、上海等南方各地的演讲则主要由刘伯明及郑晓沧等人翻译。刘伯明翻译了杜威在南京的《教育哲学》《哲学史》《试验伦理学》等多篇演讲。郑晓沧翻译《德谟克拉西的真义》《科学与人生之关系》《教育与实业》等多篇演讲。此后，郑晓沧又撰著《杜威博士治学的精神及其教育学说》《杜威博士教育学说的应用》等文章，专门研究、传播杜威教育思想。他们的这些活动，奠定了中国杜威教育学派发展的基础，使杜威研究成为显学。

与此同时，中国杜威教育学派还通过自己所占领的文化教育阵地实践实用主义。如郭秉文在杜威来华之际，将杜威教育思想搬到南京高等师范学校，根据杜威的教育学说训练学生，使学生掌握实用主义教育思想，成为能够实施进步教育的未来教师。这些学生毕业后，又在他们未来从事教育的学校或机构推广杜威的思想。可以说，杜威思想在中国的深广影响与郭秉文的工作是分不开的。而郭秉文这一实践也保证了刚刚形成的杜威中国教育学派的初步发展。杜威另一学生蒋梦麟也在北京大学实践杜威的教育思想，他协助蔡元培在北京大学推行教授治校、学生自治改革，渗透了杜威教育思想的影响。

杜威来华讲学使实用主义教育思想变得通俗易懂，同时杜威针对中国情况提供了许多参考，为中国的改革提供了方向，使中国知识界多数人兴起了研究其思想的念头。而杜威的中国弟子因具独特优势，担当了解释、实验杜威实用主义教育思想的任务，他们在阐释、实施杜威实验主义教育思想的过程中，形成了本门学派。可以说，正是在杜威来华前后，这些杜威中国弟子对杜威思想的大力研究、实践促成了中国杜威教育学派形成，而中国杜威教育学派的形成又促使了杜威教育思想在中国的研究与实验，从而促使杜威中国教育学派自身向更高目标发展。

综上所述，中国杜威教育学派的产生有多种原因，包括这一时期中美关系相对友好，杜威教育学派成员在教育界身居高位，容易推行教育改革等。所有这些概括起来基本为两点：一是中国实现国家富强、变革的需要；二是杜威实用主义教育思想与中国时代发展相契合。也正因为杜威实用主义教育思想与中国发展需求相互应答，当时很多人对实验、研究杜威思想，改造中国文化教育抱有浓厚兴趣。而在研究、实践过程中,中国杜威教育学派因为其与杜威的师承关系,形成了中国杜威教育学派,成为研究杜威思想、推动教育改革的佼佼者。

二、中国杜威教育学派与早期实用主义教育思想的关系

实用主义是一个大的学派,其代表人物主要有皮尔斯、詹姆斯以及杜威。杜威是实用主义集大成者,他将实用主义哲学与生活、与教育结合起来。在中国,对于实用主义思想,介绍最多的是杜威的思想。

在杜威来华前,中国知识界曾开展过有关实用主义的讨论。但该次讨论既没有对实用主义做过多研究,也没有掀起研究实用主义的热潮,它对后来实用主义在中国的传播与发展,意义并不很明显,也与后来中国杜威教育学派的形成没有直接关系。

在早期研究实用主义的人中,张东荪可能是我国最早的一位。据其自述,他曾于清宣统年间写过一篇名为《真理篇》的文章,发表在冯世德和蓝公武合办的《教育杂志》上,当时文中已经提到实用主义。自那以后,他即"自命为一个唯用论者","十余年来时时咀嚼,觉其滋味正是如橄榄一样,愈嚼愈有味了"。[①] 张东荪从整体上论证了杜威、詹姆斯等人实用主义的观点,特别对实用主义真理论有独到见解。但张东荪介绍的实用主义哲学思想并没有在中国引起很大反响,而胡适介绍的实验主义教育方法却在中国引起很大反响,促成了以研究杜威实用主义教育思想为标志的中国杜威教育学派的产生。这主要是因为,"五四"时期是一个注重思想方法的时代,胡适的实验主义偏重于方法论,他是以方法论带出真理论。相反,张东荪的实用主义由于侧重真理论,侧重理论内容的梳解与辨正,多少游离于启蒙时代之迫切需求,而且张东荪走的路子是纯学理性的,他的研究更多在学术界、知识界流传。而胡适的方式,既有学理的成分,又有功利的因素,能救社会之弊病,符合了时代发展的需要,因此能够在当时社会广为流传。

① 张东荪.理性与良知:张东荪文选[M].张汝伦,编选.上海:上海远东出版社,1995:60.

张东荪从哲学方面,最早对中国实用主义进行了探讨,庄俞、黄炎培等人则从教育角度最早谈到实用主义。1913 年 10 月,《教育杂志》第 5 卷第 7 期刊登了两篇关于实用主义的文章。一篇是庄俞的《采用实用主义》,一篇是黄炎培的《学校教育采用实用主义之商榷》。庄俞从分析民国初期的教育现状提出实用主义,指出“欲救今日教育之弊,非励行实用主义不可”,而实现实用主义思想,要从各级各类教育机构做起,而“为教员计,则讲授一事,必求其事于社会生活的适宜之应用”。①

黄炎培对清末《奏定学堂章程》颁布以来中国教育发展的历史和现状进行了回顾反思,提出教育与社会生活是相联的。“人不能舍此家庭绝此社会也,则亦教之育之,俾处家庭间社会间,于己具有自立之能力,于人能为适宜之应付而已。”他提倡“渐改文字的教育而为实物的教育”。②

庄俞的实用主义是一种应用于教育中的实用主义,他既没有对实用主义教育思想进行学理分析,也没有一定的实践,结果只被当作一家之言,当作呼吁看待,没有引起很大反响。黄炎培提倡的实用主义教育重视教育与生活、学校与社会相联系,他的实用主义教育也在全国一定范围内得到了实验,获得了一些成果。黄炎培也曾就此写过《实用主义产出之第一年》等文章,但黄炎培对实用主义并没有进行深入研究,也没有对杜威实用主义教育思想进行实验。他只是借实用主义之名实行自己改造中国教育的理想。他的实用主义教育与以后中国形成的实用主义教育思潮联系并不很紧密,对研究杜威也没有起到很大作用。

可以说,无论从哲学还是从教育角度谈,早期中国实用主义思想都没有与杜威实用主义在中国的传播以及中国杜威教育学派的发展有很大的、直接的关系。只有当杜威来华前后,胡适等杜威中国弟子掀起的研究杜威实用主义的风潮,才是在中国历史上有影响力的实用主义教育思潮,也才是中国杜威教育学派研究的实用主义。如果说早

① 庄俞.采用实用主义[J].教育杂志,1913(5):7.
② 黄炎培.学校教育采用实用主义之商榷[J].教育杂志,1913(5):7.

期实用主义思潮与杜威中国教育学派研究、实践的杜威实用主义教育思潮有一定联系,我们也只能说早期的实用主义为杜威思想进入中国做了铺垫,从而间接为杜威中国教育学派形成打下了基础。

三、中国杜威教育学派与蔡元培研究杜威的关系

蔡元培也提到过杜威实用主义教育思想。他称杜威是“西方的孔子”,但蔡元培与中国杜威教育学派研究、实践杜威教育思想是不一致的。在蔡元培的教育教学中,他更重视的是实利主义教育。蔡元培等在民国初年,提出过实利主义教育,并将这一思想列为“五育并举”方针的内容之一,“我国地宝不发,实业界之组织尚幼稚,人民失业者至多,而国甚贫,实利主义之教育,固亦当务之急者”①。他认为,要促进国家的发展,教育首先应当重实用、重社会生活,实利主义教育为当务之急。算学、物理、化学等自然科学,乃至木艺、烹饪、裁缝、金、木、土工等实利主义教育内容都是迫切需要的。他希望通过这些学科教育培养国家社会需要的人。这一思想与杜威实用主义教育思想有相同之处,他们都注重教育的实用性,提倡教育与生活相联系,主张运用教育改变社会,但实利教育与实用教育存在着很大的不同。实利主义教育与中国传统的经世致用之学有很大的相关性,它们都反对传统教育虚空、不切实际性,主张通过自然科学技术教育,获得立刻的效用,以解决中国最急迫的物质落后问题。当蔡元培这种传统文化背景遇到他留学德国的经历时,立刻发挥了作用。蔡元培重视实业的实利主义教育与中国的经世致用哲学的相近之处,使他看到解决中国落后的出路。留学归来后,他将德国实利主义教育的思想、方法带回国内,用以改革中国的教育,希望通过实利主义教育很快实现振兴中国的梦想。而实用主义虽也重视实效,但实用主义更关注人与社会的长期的和谐关系,不似实利主义注重短效。

另外,实利主义重视眼前的实效,它需要实施后很快取得效果,对

① 蔡元培.蔡元培教育论著选[M].高平叔,编.北京:人民教育出版社,1991:2-5.

于成为具有长期指导意义的、有体系的理论，它并不热衷。而实用主义用来指导生活教育实际，它重视的是长远的效果。它使个人与社会发生持久的、深刻的转变，因此注重理论的指导性，而它也被看作是一种理论、一种方法。因为关注点不同，他们对同一问题虽在某些方面比较一致，如都关注职业教育，但蔡元培的职业教育更重视通过教育培养具有各种职业技能的人才，达到很快改变社会的效果。相比之下，杜威职业教育更注重个人、国家的长远建设，它需要从观念到行动的改变，见效并不很快。

因为杜威实用主义教育与蔡元培的实利主义教育具有一致性，且杜威实用主义思想与中国传统教育有相合处，所以蔡元培重视杜威实用主义教育思想，并对杜威实用主义教育思想有一定研究。但因为师承渊源以及实用主义与实利主义对于效用、实用理解的不同，蔡元培并没有如胡适等杜威中国学生那样信奉杜威实用主义教育思想，也没有以杜威思想为指导进行教育教学改革。正如他的办学指导思想“思想自由，兼容并包”一样，他不以某一派为指导思想进行改革，而是集众家之所长，改革教育。可以说，对杜威的研究实践只是他的一个兴趣点，而中国杜威教育学派则将全副精力投入宣传其师思想中，这也是蔡元培重视研究杜威与中国杜威教育学派的不同。

在阐述中国杜威教育学派成立的缘由以及产生的背景之后，按照《明儒学案》对学案论述的体例，我们将进一步阐述中国杜威教育学派各代表人物的思想，论述他们与杜威思想之关系，进而充分证明中国杜威教育学派的成立以及胡适、陶行知等作为中国杜威教育学派成员的主要思想。因书之篇幅及他们在教育上的影响不同，本书将选取郭秉文、胡适、蒋梦麟、陶行知、陈鹤琴、张伯苓为主要研究对象。

中国杜威教育学派在美国接受杜威思想，回国后由于杜威的来华，他们更是热衷宣传杜威思想，并将杜威思想应用到中国的教育改革实践中。但是因为当时中国社会的落后、腐败使得他们将眼光更多地集中在运用杜威思想解决中国现实问题上，而对杜威的学理研究得并不多，他们急于用杜威的思想为改变中国社会服务，至于杜威思想究竟怎样、本意如何，他们并没有进行深入研究。对于这点，作为老师的杜威也很明确。他在中国的演讲也没有进行过多的理论阐述，而是致力于将实用主义理论更通俗化、更符合中国国情。对于许多人，甚至包括中国杜威教育学派内的人对他思想的误解，他没有追究，我们几乎看不到杜威对当时中国学者对他思想阐述的批评意见，更多的是杜威阐述自己的观点，而让学生根据各人的理解去阐述、实践。

中国杜威教育学派看杜威思想也更多是从中国实际需要出发，他们将杜威学说看作是解决中国问题的良方，而非一种学理、一种研究兴趣。正如胡适在日记中所说，今日中国之急需，不在新奇之学说，高深之哲理，而在所以求学论事观物经国之术。他们对杜威哲学、教育学说的介绍和宣传具有明显的功利倾向。中国杜威教育学派虽然主张学习美国先进思想，但对输入学理并不十分热心，而是热衷于结合实际问题的研究与解决而输入学理，因此他们的思想具有的共同特征就是致力于从中国实际出发学习西方，他们并不是如有批评者所指出的那样，没有辨别力，盲目学习西方，对西方文化的毛病视而不见，一味赞美。只是他们真正关心的不是西方文化有没有缺点，而是强调它的优点，主张大力学习。① 前面的那种批评没有抓到中国杜威教育学派教育实践的意义之所在，也解释不清为什么诸多人士批评中国杜威教育学派，但他们依然在中国产生很大实效，具有很大影响，也说不清为什么批评者看似客观的评论在中国却行不通。

综上，从学术史角度来看，20 世纪前半期，郭秉文、胡适、蒋梦麟、陶行知、陈鹤琴等在研究、践行杜威教育思想的过程中形成了中国杜威教育学派。20 世纪前半期，中国杜威教育学派进行的研究、实践活动始终从国家建设、社会发达出发，围绕如何提高国民素质、促进中国现代教育发展而展开。同时，因为社会的发展以及各人的研究实践不同，他们对杜威现代教育思想的阐述、继承与创新又呈现出不同特点。郭秉文在国立东南大学展开科学教育，实施学生自治等教学管理措施，使杜威思想在高等教育中得到了运用。胡适在杜威教育哲学领域对杜威思想做了很好的阐释，他用实验主义教育思想看待解决中国教育的发展问题，给中国现代教育发展提供了方法论。蒋梦麟在北京大

① 胡适. 胡适全集(第 4 卷)[M]. 季羡林，主编. 合肥：安徽教育出版社，2003：578-583.

学实行个性教育、教授治校，推行杜威思想，并在这一过程中，将杜威思想与中国传统结合起来，使杜威教育思想具有了儒家色彩。陶行知是将杜威教育思想从高等教育领域推广到基础教育、乡村学校的第一人，他的生活教育理论被认为是对杜威的“教育即生活”“学校即社会”的创造性发展。他在南京近郊创办的晓庄师范学校，是杜威的教育理论和他本人实践的具体示范，其影响推及许多乡村学校，推动了中国大众教育、普及教育的发展。陈鹤琴的活教育理论、“中国化”幼儿教育深受杜威学说影响。张伯苓在南开办学的教育实践也运用杜威实用主义教育思想。

中国杜威教育学派对杜威教育思想的研究实践，扩大了中国教育现代化的范围。从20世纪前半期开始，中国教育——从高等教育到基础教育再到幼儿教育，从学校教育到社会教育，从普通教育到精英教育等都开始碰触现代化问题。在世界教育进入现代化全面改革之际，中国杜威教育学派身体力行使中国教育进入世界教育发展潮流中，推动了中国教育现代化发展，并且他们所开展的教育实践活动与各国杜威教育学派实践一道成为世界现代教育改革的一部分。

第三章　郭秉文：践行杜威的科学与民主教育思想

1911年，郭秉文进入哥伦比亚大学师范学院攻读学位，分别于1912年和1914年从哥伦比亚大学师范学院获得硕士学位和博士学位，他是该校教育学专业第一个中国博士。1915年学成回国后，他参加南京高等师范学校的建校及组织管理工作，先后任南京高等师范学校教务主任、校长和国立东南大学校长。他的"三育并举"方针强调要"养成应用能力"，"必使所学者皆有所用，所用者皆本所学"，[①]彰显着实用主义思想。他坚持"寓师范于大学"的办学思想，使一所师范学校在短短几年中发展成为拥有文、理、工、商、农、教育等学科的国内学科最齐全的综合大学。1919年2月，杜威偕同夫人抵达日本，一边旅行，一边讲学，在北京的胡适得知杜威在日本旅游和讲学的信息，立即给杜威写信欢迎其来中国，郭秉文、陶行知则商量当面请杜威来中国。3月13日，郭秉文到达日本东京拜访杜威，杜威一口答应。1920年4—5月，郭秉文邀请杜威来南京高等师范学校讲授"教育哲学""哲学史""试验伦理学"。1921年，郭秉文加入中华教育改进社，与胡适、陶行知等杜威弟子从事教育改进。1925年年初，因为国内政局变故，郭秉文离开了国内高等教育界。郭秉文在南京高等师范学校、国立东南大学(1920年国立东南大学建立，校长为郭秉文。1923年，南京高等师范

① 《南大百年实录》编辑组. 南大百年实录(上卷)[M]. 南京：南京大学出版社，2002:56.

学校并入国立东南大学)的十年(1915—1925)是对杜威的实用主义教育思想实践最彻底的时期。

一、主张教育独立

郭秉文赴美留学之时,便坚定了"非振兴科学,无以救亡图存;而培养人才,则有赖于教育"的信念。郭秉文在政治上保持中立,坚持学校要独立于政治之外。他认为,大学是教授高深学术,养成硕学闳材,以应国家需要的机关。在他主持国立东南大学时,坚持学校内部不分学派和政党,只要在学术上有所成的,都可以在学校里有一席之地。同时,他强调教育不应该陷入政治斗争,政治更不应干预教育,学校应由教育家独自办理,否则不能保持学府的纯洁性。

当时的中国正处在军阀统治下,政治上没有所谓的民主,军阀也经常干预教育,因此深受杜威民主观念影响的郭秉文坚持学校要独立于政治之外。他强调学者就是学者,应该专心于学术研究,不应该过多亲近政治势力。就拿郭秉文本人来说,他一生中从未加入任何党派和政治势力,郭秉文坚持"学者治校,学者不参与政党、政治"的治学思想。在这一思想的指导下,国立东南大学在郭秉文任职内一直处于传统与现代、保守与新潮的平衡发展状态中。

郭秉文回国后感受到的教育与政治的关系,与杜威阐述的截然不同。杜威认为,民主政治是社会发展的趋势,实现民主政治的一个最有效的办法就是利用普及教育使人人有平等的机会。他强调通过普及教育、通过渐进教育改良来改变中国社会。郭秉文虽然十分支持杜威所说的民主政治,但他同样意识到当时的中国处于军阀统治之下,民主政治谈何容易,就连教育都要被军阀势力干预,在这种情况下,郭秉文唯有坚持教育独立而免于政治纠纷,这就与杜威的实用主义教育提倡的重视教育与社会现实相联系和在民主政治中的作用产生了分歧。但尽管有分歧,其初衷还是认为学校应思及社会之需求,要培养适合现在社会之人才,必须先实地调查社会各方面的情形。

郭秉文把教育视为社会事业,认为政府应该给予经费和政策上的支持,但却不可干预大学具体的办学措施与实践。他认为的大学职能受美国现代大学观影响,应该是集科研、教学、社会服务于一体的,不要参加政治斗争与党派活动。实际上,在郭秉文担任校长期间,南京高等师范学校、国立东南大学师生从未发生过学潮。尽管郭秉文一直竭力使教育保持独立,但他所处的位置却很难使教育不受政治波及。1925年年初,因为国内政局的变动,郭秉文离开了国内高等教育界。20世纪三四十年代,郭秉文主要从事国际事务活动。但作为中国杜威教育学派的一员,他在南京高等师范学校、国立东南大学办学的辉煌业绩和为中国高等教育事业做出的贡献却是铭刻于历史的。

二、重视中西文化教育交流

一方面,郭秉文留美的经历使他意识到中西方文化交流的重要性;另一方面,他受到杜威的影响。杜威对中西方文化教育问题十分关注,他在各种演说和文章中,对中西文化问题屡有涉及,比较中西差异,展望中国文化出路。在杜威看来,"中国科学程度较浅,还够不上与政治、宗教、社会、人生发生连贯的关系"①。杜威认为,中国应该学习西方的科学民主知识,具有开拓、主动的精神。但同时他指出:"西方文明也有缺点。有人过于崇拜物质上的文明,把人事和科学分开,所以也有人利用物质的文明造下种种罪恶。道德是道德,科学是科学,这是西方文明最大的危险。"②作为杜威的学生,郭秉文在国立东南大学的办学方针中就有国内与国际的平衡方针。这一方针指的是大学既要成为国内学术交流的中心,也要成为国际交流的窗口,反映在高等教育上,就是中西兼收,也就是中西方文化教育交流。

郭秉文受杜威影响,认为科学知识无国界,一个民族要在世界中

---

① 袁刚,孙家祥,任丙强.民治主义与现代社会:杜威在华讲演集[M].北京:北京大学出版社,2004:442.

② 袁刚,孙家祥,任丙强.民治主义与现代社会:杜威在华讲演集[M].北京:北京大学出版社,2004:675.

站立住,就必须学习引进其他国家民族的先进文化和科学。他在哥伦比亚大学师范学院的留美生涯,让他视野更加开阔,意识到办大学不仅要办知名大学,更要将国立东南大学发展成享有国际声誉的大学。因此,他引进了众多留美的科学技术、教育、心理等专家和外籍人才,如陶行知、程其保、陈鹤琴、郑晓沧、朱彬魁,外籍教师中有来自美国的麦克乐(Charles Harold McCloy)、麦柯(McCall)、斯密士(Smith)和后来获得诺贝尔文学奖的赛珍珠(Pearl S. Buck)等[①],使当时的南京高等师范学校以及国立东南大学成为科学社的大本营,也成为中西科学教育交流地。燕京大学校长司徒雷登(John Leighton Stuart)赞赏郭秉文道:“他搜集了五十来名归国留学生,每个人都有突出的专长。他是按美国的模式来推进教育事业的。”[②]郭秉文在担任校长后,忙于学校事务,也仍不断了解世界教育形势。1915年,他和陈容赴欧美考察高等教育。1919年,他率团去欧美考察战后教育状况。这些都是他不断加强中西方文化交流的实践。

郭秉文在不断引进西方科学教育的同时,也注重延请国外知名学者到国立东南大学演讲、做报告。在其盛邀下,1920年4月7日至5月16日,杜威来南京高等师范学校讲授“教育哲学”“哲学史”“试验伦理学”。是年夏天,杜威又由蔡元培、黄炎培等陪同,多次来南京高等师范学校暑期学校讲演。课外,杜威还与教育科师生座谈,宣传其试验主义思想。同年10月,英国哲学家罗素来南京高等师范学校讲学,倡导以逻辑推理等科学方法探究知识。

杜威走后,郭秉文等又邀请杜威同事孟禄来国立东南大学讲学。兼任国际教育学会东方部主任的孟禄对郭秉文领导的国立东南大学赞不绝口,协助国立东南大学获得了洛克菲勒基金会资助。孟禄认为,国立东南大学是东方教育之中心点,是沟通中西的桥梁。他力挺郭秉文在平衡中西文化方面的努力,指出:“本人对中国固有文化诚堪佩服,但当今之世,必须取欧西之长,融会而贯通之。”[③]他的这种中

① 郭秉文.民国十一年之高等教育[J].新教育,1923(2):259-260.

② 〔美〕约翰·司徒雷登.在华五十年:司徒雷登回忆录[M].程宗家,译.北京:北京出版社,1982:96.

③ 朱一雄.东南大学校史研究[M].南京:东南大学出版社,1989:62.

西兼顾思想正是郭秉文在国立东南大学改革中一直坚持的。正是因为孟禄建议国际教育学会每年派专家来国立东南大学讲课，由于国际教育学会的支持，国立东南大学才在国际舞台上十分活跃。这正是郭秉文重视中西方文化交流对办学的影响。

郭秉文在引进西方思想文化、开展新教育改革时，一直牢记杜威对中西文化的重视。杜威一直认为中国是东西方文化的交点。作为杜威的学生，郭秉文也同杜威一样支持中西文化的融合。同时，他研究西方也反对盲目崇洋，主张保留中国固有文化。他将国文课列为国立东南大学的必修课，同时还将许多国学大师罗致到国立东南大学。一些国学大师如吴宓、梅光迪、刘伯明、胡先骕、柳诒徵、汤用彤等先后奔赴国立东南大学，他们在国立东南大学除讲学外，还创办了以“阐明真理，昌明国粹，融化新知”为宗旨的《学衡》杂志。该杂志以反对西化、反对新文化运动、保存传统文化而闻名。这两种看似不相容的事在国立东南大学同时出现，说明了国立东南大学是包容中西文化学术的地方，而这种风气的形成与郭秉文及杜威等倡导的中西兼学、折中新旧的思想不无关系。

三、实施科学教育与科学化教育

郭秉文十分强调教育与科学服务社会、服务全人类的理念。他在国立东南大学主持校务时，设农科、文理科、教育科、工科、商科，既有人文学科，又有自然科学，体现了他的人文与科学平衡的教育方针。他一直力图将国立东南大学发展为中国科学发展的基地、人文学科发展的基地。在这方面，他特别做了两件事：一是在国立东南大学开展科学教育；二是促使教育学科科学化。

（一）开展科学教育

郭秉文在管理中，重视学校科学技术教育。1919 年，在郭秉文的努力促成下，由数百名留美学生组成的“中国科学社”总部迁入南京高等师范学校。其主要发起人为一批留美学生，任鸿隽任社长。“中国科学社”创办了第一个研究所即中国最早的科学研究机构之一——生物研究所，为我国生物学界输送了很多优秀人才。该社自成立以来，以联络同志共图中国科学之发达为宗旨，以推进科学的传播和研究等多项事业为任务，成为南京高等师范学校发展科学教育的主力。这与校长郭秉文的大力支持是分不开的。

郭秉文在南京高等师范学校、国立东南大学实施这些改革时正值杜威来华讲学，杜威的理论以及他在中国的影响，给郭秉文以及南京高等师范学校、国立东南大学的改革以理论和舆论支持。杜威在南京演讲时，多次提到民主与科学，在《科学与德谟克拉西》一文中，杜威对南京高等师范学校、国立东南大学重视教育试验、重视科学研究之风表示欣喜。特别是当时国立东南大学的教职员、学生闻听杜威的讲演，深受感染，一时科学试验之风在国立东南大学颇为盛行。而郭秉文作为中国杜威教育学派在高等教育领域中的代言人，也自然视杜威思想为改革的指导思想。他认为，他的改革在杜威这里找到了依据，找到了支持与力量。此后，他一直致力于提高国立东南大学的科研水平，使国立东南大学成为“中国科学社的大本营”。

（二）促进教育科学化

郭秉文力主教育学要“科学化”，这是他主张通才与专才平衡的体现，是他对高等教育培养的人才的要求。该思想深受他在哥伦比亚大学师范学院学习的影响。哥伦比亚大学师范学院是全美闻名的学院，不仅师资优秀，而且教授的学问高深，郭秉文意识到中国的高等教育要想办好，就要克服师资这一巨大障碍，教师的来源不必局限于师范学院，他致力于通过“寓师范于大学”培养出真正的师资。他指出，“教育已是一门专门科学，非造就专门人才，不足以促教育之进步”。为了促进教育科学化，他添设教育专修科，以便培养教育学教员及学校行政人才。[①] 郭秉文以及后来的陶行知等中国杜威教育学派提倡的“教育科学化”，提高了中国教育学水平，促进了教育科系的发展，也为中

---

① 《南大百年实录》编辑组.南大百年实录(上卷)[M].南京：南京大学出版社，2002：56.

国现代教育学的学科设置、发展方向奠定了基础。

郭秉文重视教育学科科学化，还体现在力图提高师范学校的学术水平。当郭秉文留学美国看到哥伦比亚大学作为一所“寓师范于大学”的学校产生的成就后，受到很大震动，他有意将他主持的南京高等师范学校改造为综合性大学，使学生获得宽厚的基础知识，培养学生的科学研究精神，提高师范教育的学术水平。1919 年 9 月，郭秉文任南京高等师范学校校长后，开始努力实现他的“寓师范于大学”的理想。他改变清末以来沿袭的师范与大学分途的旧式体制，融师范于大学发展之中，文理并重，学术并举，集文、理、工、农、商、教育于一体，为创办综合性大学跨出关键一步。至 1921 年国立东南大学成立，学科日趋完备，规模近于各国之大学。在南京高等师范学校师范专业的基础上成立的教育科，使当时国立东南大学为所有国立大学中唯一设立师范专业与教育科的学校。[①] 在他的努力下，国立东南大学既保留南京高等师范学校的师范专业，又加强了师范教育的科学研究力量。这种从原有的国内师范模式发展到美国师范教育模式，适应了当时社会和时代的需要，为中国教育专业化的发展起了推动作用，也掀起了国内高师改办为大学的潮流。同时，国立东南大学教育学专业的学生毕业后在各自从事的教育行业和机构，推广杜威的试验主义教育思想，也使教育学逐渐成为一门科学。

郭秉文认为，欲振兴教育，需先办好高师；欲办好高师，宜将高师办在大学之中。杜威不主张办理知识面狭窄的师范学校，郭秉文秉持着“寓师范于大学”“通才与专才的平衡”的主张，将南京高等师范学校改建为国立东南大学，并非是他一时的突发奇想或好高骛远，而是他有着一套完整的办学思想和独特的理念，是他各方面不断努力的结果，也是他对杜威教育思想最彻底、最根本的实践。

---

① 刘骥，李瑞恩. 郭秉文：教育家、政治家、改革先驱[M]. 上海：上海远东出版社，2015：101.

四、开展民主自治教育

郭秉文认为，学校民主自治是大学学术繁荣的重要条件。他的思想在办学上主要体现为两个方面：一是学生自主；二是民主治校。杜威论述的民主，多数是在教育领域内谈民主，他在《民主主义与教育》中提出，民主主义不仅是一种政府的形式，它首先是一种联合生活的方式，是一种共同交流经验的方式。杜威指出，民主、平民主义教育的目的就在于"养成一般人民有知识、有能力及有自动自思自立之精神也"。民主教育要注意这种个体自主精神，同时注意自治不是任意行事，要合于社会。杜威在考察中国学校实际情况后明确提出：

> 今人所谓自治，往往注意"自"字儿忘却"治"字，所以曰言自治，乃至被治于人。被治于人，固非假自治之名而欲以治人。亦非学生在校提倡自制，每以为藉自治之名，可以避教员之督责，或取得教员之职权反而以治教职员；又以为自治乃使教职员不必留意学生而任其所为；又以为自治乃使学生做校内之巡警侦探以纠正他人不规则之举动。不知学校之办理自治，与夫学生之提倡自治，乃以自己治自己，亦充其量以协助将来社会，使合于共和的。窃愿中国学校之教职员学生，于自治之精神上加之意焉。①

1915—1925年是郭秉文执掌南京高等师范学校、国立东南大学实施教育改革的"黄金十年"，也是中国大学自主发展的黄金时代。尽管军阀割据、内乱不已导致教育经费捉襟见肘，甚至常被挪用，教育受制于资源的限制，但当时政府对于教育无暇顾及，政治干预教育、介入大学内部事务相对较小，大学发展因此具备相对自治的空间。郭秉文在主持国立东南大学初始，实行学者治校、学术自由、学生自治。郭秉文认为，大学是培养人才的地方，人才的培养，一方面靠教师自动地教，

① 袁刚，孙家祥，任丙强．民治主义与现代社会：杜威在华讲演集[M]．北京：北京大学出版社，2004：128．

另一方面靠学生自动地学。他提倡发挥师生的主动能力，认为现在的学校领导体制，师生都受压抑，没有自动精神。

郭秉文改革学校内部组织和机构，首先推行责任制与评议制兼重的体制，将教授治校放到学校管理体系中：一方面设校务委员会，规定凡学校重大问题必交校务委员会决议，校务委员会主任都由教授担任，由教授来管理学校的教育教学以及行政管理工作，目的是形成教授治校之风，发挥教授作用；另一方面，1921年，实行校董会、校长领导下的“三会一体制”。三会即评议会、教授会、行政委员会，各有明确的分工：评议会决策学校重大事宜；教授会主管学校学科设置和校务；行政委员会统管学校行政事宜。三会既有利于发挥教授作用，也有利于提高工作效率。此外，他主张以杜威实用主义理论为主导，实行自动主义，由刘伯明、陶行知组成学生自治委员会，给予学生自治必要的指导，锻炼学生的自治能力。

五、强调全面发展与个性发展并重

郭秉文作为留美归来学生，十分认同西方的个性发展与全面发展的培养理念。他认为，教育应强调人的个性全面发展，不应只强调考试、强调仕途发展。他的“寓师范于大学”的发展理念就是因为他认识到，师范学校如果只培养单科教师，培养出来的师资质量很难得到提高，所以需要发展为综合性大学，依靠交叉学科的互补培养出真正的师资。因此，他一直力图将南京高等师范学校发展为综合性大学。郭秉文坚持大学应该是培养多种人才的基地，应设置多科，既注重本科的通才教育，又要注重专科的专才教育，只有二者相辅相成，才能培养出平正通达、学有专长的高级人才。[①] 后在执掌国立东南大学时，他提出了训育、智育、体育三育并举方针，力图培养具有精神、才能、体魄、道德的学生。

---

① 周川，黄旭. 百年之功：中国近代大学校长的教育家精神[M]. 福州：福建教育出版社，1994:124.

在强调培养全面发展的人的同时,郭秉文也重视个性培养。他认为,每个人都有特长,每个人在学习中都应根据自己的特点发展自己的专长。为了发展学生特性,郭秉文倡导选科制。这是一项具体的教育措施,不仅是对课程的选择,还有对专业的选择。这里的“科”,不光指学科,还指科系。这既激发了学生的积极性与主动性,也尊重了学生的全面发展与个性发展。这一思想也体现了他追求通才与专才平衡的办学方针。由于切合学生个体的发展特点,选科制在南京高等师范学校受到了广泛的欢迎。由于自身的优越性,选科制到国立东南大学时一直被沿用且被完善,学生可以选取一个科系为主系,再选取一科为辅系。

杜威也曾提出个人发展的四个标准,即体育、经济、交际、品性。无论是学校教育还是社会个人教育,他认为都应增进人类的智识、品德、身体的发展。[①] 另外,杜威要求教育者要对学生个性进行详密观察,特别是要根据学生之个性,讨论对不同学生进行教育。他认为,教育之目的在使个人完全发达。完全发达,一是教育要培养全面发展的人,二是全面发展教育要注重人的个性特点。要培养这样的人,学校课程、科目的设置一定要灵活。他认为,教育之良否,不因学生学习科目之多寡、授课时间久暂、教材分量之重轻以判;而视其能借学科以养成学生之判断力、自觉力、应用力,使之未来能适应社会状况,而善营其生活与否为判。考试也不能视教授之当否而定,也要以以上为标准。据此观点,他提倡在学校实行选科制、学分制,允许学生在学习必要科目时,根据自己的特点,选择自己感兴趣的内容进行做中学。[②]

杜威重视人的全面发展,重视人的个性发展,对中国杜威教育学派产生了很大影响。胡适、陶行知、蒋梦麟等都对个性教育提出过自己的见解。这些思想形成教育合力,打破了旧的、僵化的教育,建立了新的、灵活的教育。

---

① 袁刚,孙家祥,任丙强.民治主义与现代社会:杜威在华讲演集[M].北京:北京大学出版社,2004:111-112.

② 袁刚,孙家祥,任丙强.民治主义与现代社会:杜威在华讲演集[M].北京:北京大学出版社,2004:363.

第四章　胡适：阐释和传播杜威的实验主义教育思想

胡适与杜威有着深厚的师承关系。1917年1月，胡适在《新青年》上发表《文学改良刍议》一文，写道："吾以为今日而言文学改良，须从八事入手。一曰，须言之有物。二曰，不摹仿古人。三曰，须讲求文法。四曰，不作无病之呻吟。……"[①]这是胡适的试验主义治学方法。当时，胡适师从杜威，思想源自杜威实验主义教育思想。1919年7月20日，胡适又于《每周评论》上发表《多研究些问题，少谈些"主义"》一文。在这篇文章中，胡适批评了中国人的"目的热"和"方法盲"两个毛病，并以杜威在教育部讲演的各国民治都是针对当日本国的实施需要提出的，阐述了自己"多研究些具体的问题，少谈些抽象的主义。一切主义，一切学理，都该研究，但是只可认作参考印证的材料，不可奉为金科玉律的宗教，只可用作启发心思的工具，切不可用作蒙蔽聪明，停止思想的绝对真理"[②]。可以看出，胡适的试验主义治学方法颇受杜威思想的影响。

胡适还受杜威思想影响，推动选科制。1917年9月，胡适到北京大学当文科教授，在北京大学开学典礼的第一天便作了《大学与中国高等学问之关系》的演讲，希望北京大学成为中国储备、训练高等学术

① 胡适.胡适全集(第1卷)[M].季羡林，主编.合肥：安徽教育出版社，2003：4.
② 胡适.胡适全集(第1卷)[M].季羡林，主编.合肥：安徽教育出版社，2003：353-354.

人才的研究中心。当年10月,教育部召集专门会议讨论修改大学章程,胡适极力建议改分级制为选科制,此议通过,胡适便以创议人身份拟定具体章程规则。北京大学于1919年正式改用选科制和分系法,胡适还倡议仿效美国大学建制实行各科教授会制度,提议设立各科各门研究所。当年11月至12月,他便着手创办了北京大学第一个文科研究所——哲学研究所。胡适一直重视科学研究,鼓励青年学生做学问、钻研学术,这样才能接触新的东西,改良社会,促进社会之进化。

胡适提倡个性教育。1918年6月,胡适撰写的《易卜生主义》在《新青年》发表。该文指出:"社会最大的罪恶莫过于摧折个人的个性,不使他自由发展。"①1919年,胡适担任《新潮》顾问,2月在第6卷2号《新青年》发表的《不朽》中提出了"社会的不朽论",强调重视个性主义才能促使社会不朽。②

胡适是杜威来华讲演的主要陪同者和翻译者。杜威在中国有如此名望,部分是因为胡适在文化界、教育界的影响。1919年4月30日,胡适与其他中国杜威教育学派人物在上海迎接来华讲学的杜威,陪同杜威夫妇在北京、天津、济南、太原各地讲演,担当翻译。五四运动前后,胡适又积极宣传杜威哲学。1919年5月2日,胡适在江苏省教育会做《实验主义》演讲,为5月3日、4日杜威在江苏省教育会做《平民主义之教育》演讲先行解释。5月3日,胡适给蔡元培致信,建议教育部具名再给哥伦比亚大学发函,给杜威一年假。五四运动爆发后,胡适离开南京北上,从事北京大学校务维持委员会的工作,由于校务繁忙,至6月4日清晨,胡适才到杜威夫妇住所看望他们。9月20日,蔡元培复职,胡适并没有离开北京大学,仍然坚持上课,并担任杜威在北京演讲的主要翻译者,陪同杜威到山东、山西各地演讲。从1919年11月开始,连续两年多,关于"杜威演讲"之类的内容在胡适日记中比比皆是。从中可以看出,胡适与杜威来往很多。在这段时间内,胡适不仅要看杜威讲稿,口头为杜威翻译,还要书面翻译、校对,为配合杜威的演讲,胡适也要演讲。1921年5月,胡适到天津高等师范

---

① 胡适.胡适全集(第1卷)[M].季羡林,主编.合肥:安徽教育出版社,2003:614.
② 胡适.胡适全集(第1卷)[M].季羡林,主编.合肥:安徽教育出版社,2003:664.

演说，题为《哲学与人生的关系及研究的方法》，该演说“略采杜威先生《哲学的改造》第一篇大意”。

1920 年 8 月，胡适所译《杜威五大讲演》一书由北京晨报社出版。1921 年 6 月 30 日，北京大学等为杜威召开欢送会并为之饯行，胡适与好友丁文江专门为杜威一家饯行，他与杜威专门到容光照相馆照相留念。1921 年 7 月 11 日，胡适作《杜威先生与中国》一文，送杜威夫妇离北京回美国。杜威走了，胡适在当天日记中写道：“我心里有惜别的情感。杜威这个人的人格真可以做我们的模范。他生平不说一句不由衷的话，不说一句没有思索的话。只此一端，我生平未见第二人可比也。”同年 8 月 3 日早上，胡适在安庆市第一中学连续做了两次演讲：《试验主义》和《科学的人生观》，这就是他的治学方法和实用主义思想。同年 10 月，胡适专门在北京大学新设一门“杜威著作选读”课，包括讲授杜威的《思维术》《哲学的改造》等。11 月 3 日，胡适续作《清代学者的治学方法》，总结提出“大胆的假设，小心的求证”。1922 年 5 月，胡适作《跋〈红楼梦考证〉》。1923 年 12 月在国立东南大学讲《书院制史略》，提出书院的自修与研究精神与杜威来华后的设计教学法、道尔顿制精神相同。1923 年年底，胡适还补译了杜威《哲学的改造》第一章。

1924 年 2 月，胡适作《古史讨论的读后感》，提倡怀疑的精神和历史演进的考证方法。1925 年 8 月，胡适作《爱国运动与求学》，劝青年学生不要做爱国运动，安心坐在图书馆里读书。从中可以看出，胡适的教育救国思想与杜威在《我的教育信条》中“教育不是个人的事业，是社会的、公家的、政府的责任”的教育救国思想不谋而合。1926 年 9 月，胡适到伦敦参加中英庚款委员会议，写信给杜威说事毕后即赴美国拜访他，杜威在 9 月 30 日给胡适回信。胡适在伦敦开完会后于 1927 年 1 月 11 日抵达纽约港，第二天到了哥伦比亚大学见到杜威，第三天，胡适到杜威家中看望杜威夫人。半个月后，他再去看望杜威，在日记中写道“他的夫人的病见好多了”(1 月 28 日)。翌日，杜威请他吃饭，哥大聘请胡适演讲，胡适将讲稿草稿拿给杜威过目。2 月 2 日，杜威将草稿还给他，“很称赞此篇”。2 月 4 日，胡适在哥大正式演讲《中国哲学的六个时期》。1927年4月，胡适告别杜威，回到上海。抗日战争爆发后，胡适为了国家与民族利益，奉命出使美国，公务之余，与杜威有较多的来往。胡适于1937年10月抵达华盛顿，拜见王儒堂大使后，开始了民间外交活动。10月18日晚，胡适邀请国外十位朋友吃饭，有杜威、张伯伦等社会名流。1938年5月6日，胡适到杜威家中看望他。6月初，杜威约胡适到家中聊天，谈论杜威近来计划写的书。这段时间，因为胡适一个人在纽约，杜威经常邀请他到家中吃饭。1939年10月20日，是杜威80岁寿辰，此前胡适读了杜威的著作《自由主义与社会运动》，认为"这真是一部最好的政治思想书"。晚上，胡适专程到纽约的宾西法吉亚饭店参加杜威的80岁生日纪念聚餐会。1942年9月，胡适卸任大使后，在杜威83岁生日时，买了鲜花祝贺。1946年6月，胡适离开美国回国，在船上给杜威发信道别。[①]

1946年8月至1948年12月，胡适担任北京大学校长，在北京大学开学典礼的演说上依然诫勉学生应有"独立的精神"，体现胡适对个性主义的强调，并为中国高等教育发展制定了《争取学术独立的十年计划》这一宏伟蓝图。杜威也认为："如果依赖中央政府，好教育是没有的，好像一个圈子是跳不出来的，如果不依赖政府我们自然有法子跳出这个圈子来。什么法子呢？就是各地人去办各地方教育，使他都适应各地方的情形，都能这样，便能互相传染，得的结果，一定比我们想象的好得多。"[②]此时，胡适一个重要设想就是在北京大学建立一个原子能研究中心，为国家的科学发展预备人才。

胡适的著述大多与杜威思想有着密切的关系，特别是关于教育的论述最能反映杜威思想的本义，以下为胡适的主要教育思想。

---

① 苏育生.胡适与杜威[J].乌鲁木齐职业大学学报，2015，24(1)：37-42.

② 袁刚，孙家祥，任丙强.民治主义与现代社会：杜威在华讲演集[M].北京：北京大学出版社，2004：628.

一、提出试验主义治学方法

(一) 阐释杜威试验主义科学方法

实用主义是在美国工业时代形成的一种思潮。唐德曾这样评论过杜威的“实用主义”：在杜威崛起前，如詹姆斯、皮尔斯等，统称为“实用主义”，杜威认为这个称呼易流于“机会主义”，所以将它称作“试验主义”。胡适最初接触试验主义，是在康奈尔大学的课堂上。当时，康奈尔大学的哲学教授基本都是主张黑格尔的唯心主义，批判地对待杜威的试验主义，这反而引起了胡适对以杜威为代表的试验主义哲学的兴趣。1915 年暑假，胡适拜读了很多试验主义的相关书籍，于同年的下半年赴哥伦比亚大学，师从杜威学习哲学。胡适 1915 年 7 月 11 日写给母亲的信中说：“哥伦比亚大学哲学教师杜威先生乃此邦哲学泰斗，故儿欲往游其门下也。”

胡适晚年在《胡适口述自传》中说，他一生最服膺的就是杜威及其思想学说，而这些学说中的试验主义更成为他治中国思想和中国历史的各种著作的“方法”，他对于一切科学研究法中程序的理解都是“得力于杜威的教导”。那么，胡适为什么如此推崇杜威的试验主义呢？胡适在《介绍我自己的思想》一文中也曾说，赫胥黎和杜威是对他思想影响最大的两个人，前者教会了他怀疑任何缺乏充分证据的事物，后者教会他把一切学说看作待证的假设，教会他如何思想。[①] 这也是胡适后来提出“大胆的假设，小心的求证”的思想源泉。将逻辑求证的科学方法引入中国学术界传统的治学方式中，在相当大的程度上推动了中国现代社会科学的发展。在这个胡适奉为真理的方法中，杜威对其影响占了很大的比重，这也是胡适受杜威影响最主要的一个方面。受这一观点影响，胡适不看重任何“新奇的学说”和“高深之哲理”，而专重“术”字。他多次指出，要注重实际问题，关注现实生活研究，这与杜

---

① 胡适. 胡适全集(第 4 卷)[M]. 季羡林，主编. 合肥：安徽教育出版社，2003：658.

威的实用主义思想不谋而合。

杜威的实用主义也就是“试验主义”主要有两个特点：一是他力图将试验主义与自然科学的方法论协调，使其具有浓厚的科学色彩；二是他不仅只谈试验主义的理论，而且将其推广到政治、社会、宗教等诸多领域。[①] 胡适始终把试验主义作为科学的方法，无论是在他的学术生涯还是在他的教育实践中。早在杜威来华之前，他就通过多篇文章介绍试验主义，如《杜威先生与中国》一文，胡适这样写道：

> 杜威先生不曾给我们一些关于特别问题的特别主张——如共产主义、无政府主义、自由恋爱之类——他只给了我们一个哲学方法，使我们用这个方法去解决我们自己的特别问题。他的哲学方法，总名叫作“试验主义”；分开来可做两步说：
>
> 一、历史的方法——“祖孙的方法”，他从来不把一个制度或学说看作一个孤立的东西，总把它看作一个中段：一头是它所以发生的原因，一头是它自己发生的效果。这种方法是一切带有评判精神的运动的一个重要武器。二、实验的方法，第一件，——注意具体的境地。第二件，——一切学理都看作假设。第三件，——实验。[②]

从这段话可以看出，在胡适心目中，方法论才是杜威试验主义的本质，不在于“学说”或“哲理”。这也是为什么胡适将杜威的试验主义翻译为“实用主义”，因为在他看来，这是一个哲学方法，也就是“科学的研究方法”。当时的中国教育严重脱离实际，所学非所用，所用非所学，办学存在着形式主义的不良风气，胡适意识到这样的教育不仅不能救国，反而会导致亡国。正是因为这种社会现状，胡适才如此推崇杜威的试验主义哲学思想和教育思想，引入杜威的试验主义科学方法。他希望可以为中国的思想界注入新思想和科学的方法，成为改革旧教育、形成新教育的理论基础。他认为，只有实用主义教育才能治好中国教育的各种弊病。

---

① 胡适．胡适全集(第1卷)[M]．季羡林，主编．合肥：安徽教育出版社，2003：304.

② 胡适．胡适学术文集·哲学与文化[M]．姜义华，主编．北京：中华书局，2001：51.

(二) 提出试验主义治学方法

胡适后来研究中国社会和教育的问题便使用了这种方法。例如,推广白话文、研究中国哲学史,并且他还将其简练概括为"大胆的假设,小心的求证"这十字箴言。所谓的"大胆"就是敢于言前人未言,这个"方法"便是从杜威的"思维五步法"中提炼而来,胡适对其进行了开拓创新。对此,季羡林先生反复说过:"大胆的假设,小心的求证",这十个字是胡适对思想和治学方法最大、最重要的贡献。无论是人文科学家,还是自然科学家,真想做学问,都离不开这十个字。在这里,关键是"大胆"和"小心"。十字诀是胡适重大贡献之一,对青年学者有深远的影响。[①] 胡适曾用杜威的试验主义思想方法考证《红楼梦》,他根据可靠的版本和材料,考证《红楼梦》的著者生平事迹、著述的时代、不同版本的来历。而胡适推广的这种研究方法,也影响了当时的很多学者:像顾颉刚研究中国历史也是用的这种方法;像俞平伯研究《红楼梦》,重视曹雪芹家世和各种版本的研究。可以说,由胡适开创了不同于以往发掘小说背后掩盖的秘密的"新红学"。

由此可见,胡适不仅自己接受了杜威的实用主义哲学,还希望使历史的与试验的态度渐渐地变成思想界的风尚与习惯。事实上,胡适自己也将杜威的哲学方法运用到了他的治学当中。胡适不仅在哲学层面上谈论方法论问题,他还将这一方法应用到谈论教育问题中,他对1922年新学制的感想便反映了他的方法论思想。胡适谈论新学制时没有提出具体的学制内容是什么,没有指出初等教育、中等教育如何分段,他对新学制提出了几个原则问题,特别提出弹性制在新学制中的重要性。弹性制作为一个总的指导思想、总的方法将使新学制区别于旧学制,更适合中国社会的情况。他指出,1912年的学制缺乏灵活性,难以满足社会发展的多重需要,对儿童培养也不够重视。新学制的一大优点就是它的弹性,其中一条标准就是"多留地方伸缩余地"。一方面,实施的时候可以根据各地方的具体需要和实际;另一方面,尊重了儿童的个性,给了其发展空间。可以说,新学制既体现了杜

① 胡适.胡适全集(第1卷)[M].季羡林,主编.合肥:安徽教育出版社,2003:22.

威教育思想的基本精神,也是一种“折中调和”的结果,为中国现代教育制度的确立奠定了基础。

胡适不仅是中国现代文学史上的著名人物,还是“五四”新文化运动的战士,现代白话文运动的发起者。而胡适四十多年来的所有著述如《中国哲学史》《国语文学史》等都是围绕着这个“方法”打转的,这不仅是他的学术兴趣使然,而是出于当时中国社会的实际需求。他认为,从人类尝试出发,治学方法东西双方原是一致的,他希望通过实行科学的治学方法,为中国找到解决国家发展的方法论思想。作为中国杜威教育学派的一员,胡适的与众不同之处在于,他对杜威思想的继承并不是简单的教育思想的继承,而是对杜威哲学和教育学二者融会贯通,并在一定程度上对杜威实用主义思想进行了教育实践。

二、革新中国传统教育

(一)批判中国传统教育

胡适早在留学时就目睹了发达国家先进的政治、文化和教育,这让他联想到自己的祖国,挽救国家危难是萦绕在青年胡适头脑中的首要问题。他深刻意识到教育对社会进步的推动作用。他同时也意识到,中国的教育远远不具备这样的水平和能力,尤其是中国的传统教育和传统文化,胡适对其进行了深刻的反思。胡适认为,中国的启蒙教育是“十分野蛮的教育”,是读死书。与其师杜威一样,他反对那种不顾儿童需要强迫儿童学习一些重形式的课程以及填鸭式教法的传统教育。

杜威来华目睹中国的传统读经教育,提出了批驳。胡适也抱有相同的态度。在回答人为什么受教育、为什么要读书时,胡适谈了三点理由:第一,书是前人留下的智识遗产,我们有责任继承发扬;第二,我们要为读书而读书,读的书越多,获得知识越多,就越能满足我们求知的欲望;第三,读书多的人思考问题越全面,解决问题能力越好。胡适同时也感慨，中国五千年文化光四部书就汗牛充栋了，经史子集中有很多东西对我们增长知识是没有帮助的。由此可以看出，胡适对中国传统教育中旧书内容的怀疑与批判。

胡适与杜威不仅在反对传统读经教育上持一致的态度，还都秉持尊重每个人身心特点进行教育的原则。胡适批判传统的读经教育，也批判高等教育存在的诸多问题，他感叹书院在中国难以持久，当时最高的教育和新办的"大学"根本不能培养出领袖人才。胡适认为，教育有两个方面，一个是提高，一个是普及。而中国的传统教育使这两个方面都难以发展，造成了人才匮乏的局面。胡适还将目光投向当时处在社会底层的女性群体，揭露了传统文化和教育提倡的"女子无才便是德"残忍地剥夺了女性的自由与尊严。他深刻地批判了女子缠足的陋习和"男尊女卑"的传统思想。他提倡通过女子教育使女子获得真正的教育。在《论家庭教育》一文中，他指出家庭教育最重要的就是母亲，欲改良家庭教育，要多开些女学堂。[①] 后来，新文化运动风起云涌，胡适又发表《大学开女禁的问题》，为女性争取教育公平。

胡适还批驳了中国传统教育的"野蛮"。他指出，因为念死书，所以要下死劲儿去念。小孩子天刚亮就去学堂"上早学"，空着肚子，念上三四个钟头才回去吃早饭，从天亮到天黑才能回家。逃学的学生被抓回来之后，要遭到很严重的体罚，对儿童的身心成长极为不利。胡适对这种教育可谓深恶痛绝。从胡适对传统教育的批判，我们可以看到，他力图教育救国的决心和深刻的教育思想。

（二）重视"道尔顿制"式的书院精神

胡适反对传统教育却并不是对传统的一切都持否定态度。胡适感慨，中国自北宋以来已有四大书院，却不能像欧洲的大学一样持久，他认为原因在于欧洲的大学不是政治制度的一部分，中国的大学对于学生来说是敲门砖，会随着政治制度的变迁而改变。他特别赞赏古代的书院，提倡发扬书院精神。胡适认为，书院是中国古代最高的教育机关，是我国的最高学府和思想渊源，堪比外国的研究大学，因此他对

---

① 胡适. 胡适全集(第20卷)[M]. 季羡林，主编. 合肥：安徽教育出版社，2003：5.

书院被废深表惋惜。[1] 他认为，书院被废的原因是，书院教育与中国的政治制度紧密相连，太学博士是官，司业是官，祭酒也是官，学生只把书院当作敲门砖，因此，千年来我国大学没有固定的延续性。

胡适如此赞赏书院，关键是因为书院提倡自修与研究精神。他开篇提出："古时的书院与现今教育界所倡的'道尔顿制'的精神相同。"[2]因为书院重自修，"学生自由讨论，各抒意见，互相切磋"，"并有学识丰富之山长，加以指导，其制度完备，为亘古所未有"[3]。

正是因为胡适接受过全面的传统教育，又耳濡目染了西方的教育，才能在中国传统教育系统中的书院里发掘西方教育的思想。因此，国人容易接受胡适的看法，也利于杜威的思想顺利地进入中国。这既是胡适对传统文化精华的提取，也是对其师思想的继承与发展。当然，这并不意味着复古。从注重书院的自修精神来看，胡适是十分着重学术研究的，这也是他后来引入西方大学的研究院建设体系，创建北京大学第一个研究所——北京大学哲学研究所的主要原因之一。

(三) 以评判态度看待传统教育

这里的评判就是胡适的"重新估定一切价值"，既是胡适对待传统文化的态度，也是胡适对待传统教育的根本态度。胡适在晚年承认，自己从杜威处得到的最大收获就是学会了怀疑和批判性思考。对于中国旧的学术思想，胡适认为可以用批判的态度解决，也就是"凡事要重新分别一个好与不好"，特别是对于风俗制度、圣贤教训、公认的行为与信仰，都要再次评估它的价值和能否适应现在社会的需要。

这一评判态度从表面看仅是以怀疑态度对待传统文化，背后却隐含着胡适想以西方发展潮流，特别是以当时的民主科学思潮为标准衡量传统文化教育是否符合这条标准、符合多少，以及哪些可以保留、哪些必须改进的思想。平民主义教育就是其评判传统教育的标准。

胡适认为，平民主义教育可以培养人的创造性思想能力。他认

---

① 胡适. 胡适全集(第 20 卷)[M]. 季羡林，主编. 合肥：安徽教育出版社，2003：112.

② 胡适. 胡适全集(第 20 卷)[M]. 季羡林，主编. 合肥：安徽教育出版社，2003：112.

③ 胡适. 胡适全集(第 20 卷)[M]. 季羡林，主编. 合肥：安徽教育出版社，2003：115.

为,中国今日大患,在于国人之无思想能力也。众所周知,几千年的封建社会在历史长河中留下了深刻的烙印,历代统治者通过控制民众的思想来巩固自己的统治。例如,儒家思想为主导的经史子集是多年来受教育者的启蒙教材,也逐渐影响了国人保守的习惯和思维方式,对经学传统不容置疑的权威地位的确立,是导致当时国人迷信盲从的重要原因。胡适对儿童读经持反对态度,他清醒地认识到,中国传统教育中"教条式"的思想,对人们思想的束缚和禁锢。因此,胡适用批判的态度看待国语教育。他并没有否认古文学习在语文教育中的意义,而是希望学生在国语通顺的基础上再学古文。古文水平在胡适心中仍是衡量学生国文程度的标准,因为他主张"国语的文学,文学的国语"。作为新文化运动的发起者,他对国语的改革就是希望人人能用国语自由发表思想,人人都可以看平易的古文典籍,希望国语教育可以服务大众,这其实也是平民主义教育精神的体现。

胡适用评判态度看待传统教育,并说明杜威提倡的平民主义教育是代替传统教育思想的利器,体现了胡适对其师思想的继承。1919年5月初,杜威在上海、杭州两地报告"平民主义的教育"。杜威的平民主义教育思想是从宣扬民主出发,针对为贵族子弟设立的教育而提出来的教育普及、平民教育。在他看来,普及平民教育是解决社会问题的良方,他说:"中国的教育前途,最紧要的一层,无论什么,总要适应社会的需要,根据平民主义的趋势,创造新社会,务使各个人能发展成社会有用的分子。"[①]杜威的平民主义教育思想,直接影响和推动了"五四"时期中国平民教育运动的展开。

对于如何办好平民教育,杜威也有自己的见解。他认为,先让教育普及起来,然后再实施义务教育,这不是一蹴而就的,可以先从地方着手,然后推广至全国。教育不必依赖中央政府,只要各地方的人去办各地方的教育,使教育适合当地的情形,这样互相影响,不然教育很难得到普及。[②] 杜威的平民主义思想正好与"五四"时期倡导的民主思

① 袁刚,孙家祥,任丙强.民治主义与现代社会:杜威在华讲演集[M].北京:北京大学出版社,2004:579.

② 袁刚,孙家祥,任丙强.民治主义与现代社会:杜威在华讲演集[M].北京:北京大学出版社,2004:628.

想相辅相成,在一定程度上推动了教育民主化的思潮,并且在教育界掀起了平民教育思潮。如北京大学平民教育讲演团、北京高等师范学校的平民教育社和社刊《平民教育》,以及陶行知、晏阳初为首的平民教育促进会,都是受到了杜威的民主教育思想的影响。其实,杜威的平民主义教育思想就是对传统教育的批判,因此胡适也传承了其师的思想。

杜威从强调教育与社会的关系对传统教育的弊端做出了批判。他强调教育是社会的,教育离不开社会生活,社会的发展进步也需要教育来推动。而传统教育养成了一种特别的阶级,使教育被少数人垄断,传统教育内容轻视与日常生活相关的内容。这就导致了传统教育使学校渐渐独立于社会,脱离了社会的需要。因此,杜威主张教育普及,发扬传统教育中的精华,培养社会需要的人才。

虽然所用话语不同,但杜威、胡适对传统的文化教育都持批判的态度,力图从中找出适合现代教育发展的内容,取其精华,使文字教育面向大众、面向平民,使教育成为大多数人的教育,从而为中国教育谋求新出路。

三、倡导全面西化文化教育

(一)早期"以西补中""中西汇合"的文化教育观

胡适在美国学习的经历,以及杜威来华的讲演,使他深刻地认识到,中西文化教育存在着巨大的差异。他认为,发展到现在,中国传统文化教育观念已很不适合现代社会的发展。他在1914年发表的《非留学篇》中指出:"吾国今日所处,为旧文明与新文明过渡之时代。以他人之所长,补我所不足。……为神州造以新旧泯合之新文明,此过渡时代人物之天职也。"[①]

1917年,胡适在自己的博士论文中提出了要保护中国传统文化的

① 胡适.胡适全集(第20卷)[M].季羡林,主编.合肥:安徽教育出版社,2003:7.

地位。他认为,如果突然用外来的新文化替换旧文化,会引起旧文化的消亡。在如何使外来文化与中国文化结合起来的问题上,他通过杜威的方法论重新阐释中国先秦的非儒学派。胡适早年所受的全面传统教育使他对中国文化有着深入的了解,这个时期的胡适希望西方文化可以弥补传统文化的不足,从传统文化中汲取资源,在情感上他对传统文化是有所依恋的。他曾说,中国的传统文化并不是一成不变的,我们应该把传统当作历史发展运作的最高结果来看。可以看出,胡适是希望中国人可以更好地了解中国传统的东西,中国社会经历的改朝换代、思想变迁是摆脱不了传统的影响的。正如胡适所说:中国的文艺复兴再生的东西看起来带着西方的色彩,但剥掉表层,本质上还是中国根底。

正是对中国传统文化抱着“宝贵”但“不适时”的心态,胡适后来领导新文化运动,虽然否定孔教,对儒家文化也有很多批判,但他毫不掩饰对孔子的景仰之情,把孔子列为自己信仰的三位“大神”之一。事实上,传统文化在胡适身上的影响是不能否认的:老子的“不争”和墨子的“非攻”使他在第一次世界大战时处于反战的立场上;清代的“朴学”也影响了他的治学方法;从《红楼梦》的考证到《水经注》的研究处处彰显着胡适对传统文化的浓厚兴趣;新文化运动提倡自由民主,这自然是对封建专制的抨击,但胡适本人依然听从父母安排,走的是包办婚姻的传统道路。胡适遵循的还是传统伦理道德的“孝”字,这也难怪胡适逝世,蒋介石送了副挽联:“新文化中旧道德的楷模,旧伦理中新思想的师表”。这个时候的胡适内心还是希望除旧布新的。

此时的胡适显然不主张以西方文化“替代”中国传统文化。胡适早年对待传统文化的态度、对待封建专制的看法、对于传统学术权威,更多地体现了容忍与抗争,正如他说的“容忍比自由更重要”一样。胡适肯定了中国古代一定阶段上某些学派中的某些哲学思想与西方近代哲学具有某种一致性,并且在他的《清代学者的治学方法》中谈到,先秦的非儒学派以及宋明程朱理学和清代朴学在治学方法上也有与西方近代科学方法相通之处。在胡适眼中,孔墨是平等的。他认为,儒家文化确实是中国传统文化的精华,对待孔学应以历史的态度。他批判的是其中与近代民主精神相悖的、属于封建性的“礼教法制”之类的东西。在《孔教与现代科学思想》一文中,胡适认为,孔教的许多传统对现代科学的精神与态度是有利的,孔教有一种尊重真理,并承认“知的有限”的传统,孔教如果能够得到正确的阐释,绝无任何与现代科学思想相冲突的地方。正是从这点出发,当新文化运动还在进行,“民主”“科学”还是时代主旋律的时候,胡适却提出以杜威科学方法“整理国故”“再造文明”的思想行动。他希望以此为出路,从根本上找出中国与西方一致的方面,找出中国文化教育的出路,在中国实现杜威赞誉的西方文化教育成果。

(二) 20世纪20年代“中不如西”的文化教育观

“五四”前后的胡适对于中国传统文化没有完全否认,他提倡学习西方,也注重中国传统文化。这方面,胡适与其师看法一致。杜威既不主张简单地否定过去和传统,也不承认简单地对西方近代文化照单全收,而是要对过去与传统进行理性的改造,使它适应于新的环境和人类的需要。用杜威自己的话来说:“要使古代传下来的死东西活转过来,能在现代社会里应用。”[①]这个时候的胡适并没有很极端地对待西方文化。

之后,梁启超《欧游心影录》的出版,激起了国人对西方文化的质疑,助长了国内保守派的气焰。胡适曾评论说,梁先生的话在国内却曾替反科学的势利助长不少的威风。[②] 胡适的说法是有根据的。在梁启超之后,张君劢、章士钊、梁漱溟等学者也开始鼓吹东方文明,对西方文明持鲜明的反对态度,国外一些大学者如罗素、泰戈尔等也发表言论赞赏东方固有的文明,一时间迷惑了不少人,社会形成了反学西学的潮流。在这种情况下,新文化派的先驱胡适等不得不站出来应战。

胡适在这场论战中公开亮出了自己鲜明的观点,他的观点集中体现在《我们对于西洋近代文明的态度》《请大家来照照镜子》《漫游的感

---

① 〔美〕杜威.杜威五大讲演[M].胡适,译.合肥:安徽教育出版社,1999:111.

② 胡适.胡适学术文集·哲学与文化[M].姜义华,主编.北京:中华书局,2001:163.

想》等文章中。在这些文章中,胡适抨击西方文明是过于物质的唯物文明的说法,指出承认物质的享受是西方近代文明的特色,绝不是轻视人类精神上的需求,西方文明的本质是理想主义的、精神的,而东方文明的最大特色是知足。同时,他进一步指出,西方文明是在“求人生幸福”的基础上建立起来的,在宗教道德上推翻了迷信,建立了合理的信仰。胡适还列举出了一系列东西方文明的差异,他称人力车文明与摩托车文明的交线即东西方文明的交线。根据胡适的观点,历史悠久的中国文明可以满足过去时代的需求,但已经满足不了今天的需要了,而西方文明的本质是个人主义的和唯物的,它的优越性在于它的高度理想性和精神性。

东西方文明的差距使得胡适在对待中西文化问题上出现了一面倒的倾向。他迫切希望中国先行者能够抛开传统文化的束缚,不断探寻学习西方之路,为中国“去寻一个更新的世界”。20 世纪 20 年代后期,新文化运动方兴未艾,政府却下令提倡旧礼教,新文化运动也遭受了保守派的打击。胡适对新文化运动的内涵赋予的是改造旧文化,再建新文明,因此他劝慰青少年努力进取,挽救国家。

胡适之所以出现这种倾向,是因为他认为中国在西化方面显得犹豫不决,日本的西化是一心一意的。他认为,中国近世学术不如西洋近世学术,“中国方面,除了宋应星的《天工开物》一部奇书之外,都只是一些纸上的学问;……西洋学术在这几十年中便已走上了自然科学的大路了”[①]。西洋的学者先从自然界的实物下手,造成了科学文明、工业世界,然后用他们的余力,回来整理文字的材料。他号召一班有志做学问的青年人“及早回头,多学一点自然科学的知识与技术:那条路是活路,这条故纸的路是死路”[②]。虽说胡适这些“西化”言论,在很大程度上是针对复古思潮的,但胡适受美国思想、受杜威思想影响很深,内心深处早已认定西方文化优于东方文化。他主张学习西方优秀文化教育成果,与杜威一致,但他认为中不如西,却与杜威赞赏某些中国文化、主张客观看待中西文化的观点大不一致。杜威在比较中西

① 胡适.胡适全集(第 3 卷)[M].季羡林,主编.合肥:安徽教育出版社,2003:137.
② 胡适.胡适全集(第 3 卷)[M].季羡林,主编.合肥:安徽教育出版社,2003:143.

文化差异时就说到，东方思想更确实、更健全，东方伦理根据家庭，西方伦理根据个性，中国的家族制中也有团结的精神、孝友的德性，因此不能一概推翻传统文化。杜威一直主张从中国社会的时代要求出发，革新传统文化，根据中国的国情和历史的特殊性有选择地引进并改造西方文化，从而谋求中西方文化的折中调和。

杜威甚至对中国传统文化中的一部分不吝赞赏。他很欣赏儒家的"中庸之道"，甚至认为中国可以把自孟子以来的父母式的皇帝的保民政策变为民主的保民政策。① 胡适与杜威在对待中西方文化上观点相左，但这不代表他们二人思想本质的区别，只是显示了胡适对杜威思想在方法上把握、不在学理上研究的特征。

（三）20 世纪 30 年代"以西代中"的文化教育观

到了 20 世纪 30 年代，胡适则完全走向了我们所说的全盘西化这一极端。1935 年 1 月 10 日，陶希圣、何炳松、萨孟武等十位教授秉承国民党当局的旨意发表《中国本位的文化建设宣言》。对此，胡适指出："十教授口口声声舍不得那个'中国本位'，他们笔下尽管宣言'不守旧'，其实还是他们的保守心理在那里作怪。"②这个时候，胡适明确反对文化折中论，认为这是不可能的，因为文化自有的惰性，只有全盘西化，才能使旧文化的"惰性"成为调和的中国本位新文化。传统文化是深深烙印在中国文化里的，而中国人正是终日沉溺于这种文化教育传统中，变得懒惰、保守，并以此为盾牌，来抗拒对新思想、新事物的接受。他的观点是：中国的旧文化的惰性实在大的可怕，我们正可以不必替"中国本位"担忧。③ 正是基于这种想法，胡适在这场文化论战中也就"完全赞成陈序经先生的全盘西化论"了。

时隔三个月，胡适又发表了《充分世界化与全盘西化》一文，这是在当时社会上热烈讨论"全盘西化""中国本位文化"的背景下产生的。他宣称放弃"全盘西化"的主张而鼓吹"充分世界化"。他还特地阐释

① 袁刚，孙家祥，任丙强.民治主义与现代社会：杜威在华讲演集[M].北京：北京大学出版社，2004：82.

② 胡适.胡适学术文集·哲学与文化[M].姜义华，主编.北京：中华书局，2001：297.

③ 胡适.胡适学术文集·哲学与文化[M].姜义华，主编.北京：中华书局，2001：300.

了避免“全盘”二字的原因：西洋文化中也有历史沿袭的地方，因此不会全盘接受采纳的。[①] 他自己抛弃那文字上的“全盘”来包罗一切在精神上或原则上赞成“充分西化”或“根本西化”的人们。他认为，这样一来，他的敌人如吴景超、潘光旦等人也都是他的同志，而不是论敌了，甚至反对他全盘西化的十教授也是同志了。“充分世界化”与今天的“国际化”“全球化”颇有异曲同工之妙，它蕴含着中西文化融合适应世界发展潮流之意。

胡适之所以主张全盘西化，一方面是针对中国本位文化论者的复古守旧主张，另一方面是他看到了传统文化的惰性过大，需要矫正。当然，全盘西化只是胡适文化变革的手段而非结果。文化变革的结果仍然是以中国为本位的文化。因此，他认为：“只有努力全盘接受这个新世界的新文明。全盘接受了，旧文化的‘惰性’自然会使它成为一个折中调和的中国本位新文化的……我们不妨拼命走极端，文化的惰性自然会把我们拖向折中调和上去的。”[②]正是因为中国文化的强大、保守性，胡适才提出拼命走极端，改变旧文化的惰性。这是胡适在深层思考文化特性后得出的结论，表面看过于武断，其实质有深刻的理论基础。

此时，胡适以西方文化取代中国传统文化的主张已与杜威的思想背道而驰。杜威在中国经历了五四运动和新文化运动，对中国知识界守旧派与趋新派的文化立场深表忧虑。他认为，守旧派只知道一味地保守，盲从古人；趋新派过于急功近利，一味地盲从西方文化。这两派都过于极端。杜威一直主张作为新事物的西方文化应通过民主科学的思想与作为旧事物的传统文化进行调和，正所谓“旧未必全非，新未必全是，东西文化，互有短长，苟能调和融会，于二者之间，而创造一种文化，则社会自不难一新面目矣”[③]。杜威来华，恰逢“一战”结束，中国中西文化交战正在向深层次发展，保守派、激进派和自由派纷纷对中国文化未来走向提出了自己的见解。正是在这样的文化背景下，杜威通过自己对中国思想界的观察，主张文化上的变革，从中国所处的时

---

① 胡适.胡适全集(第4卷)[M].季羡林，主编.合肥：安徽教育出版社，2003：586.

② 胡适.胡适全集(第4卷)[M].季羡林，主编.合肥：安徽教育出版社，2003：582-583.

③ 袁刚，孙家祥，任丙强.民治主义与现代社会：杜威在华讲演集[M].北京：北京大学出版社，2004：550.

代要求出发，要求革新传统文化，谋求中西文化的折中融合。但胡适所处的社会、文化背景与杜威是截然不同的，他深知中国传统文化在国人思想中的根深蒂固，因此他走上了激进极端的全盘西化这条路。虽说这是胡适背离杜威的地方，但这也正是胡适善于师法杜威的方面。同时，胡适也表示，不用担心中国本位的文化会消失，我们通过世界文化的朝气、锐气打掉我们旧文化的惰性，如果我们老祖宗留下来的文化真是无价之宝，自然也会通过科学的洗礼发扬光大的。对于胡适而言，因为当时中国思想界和文化界的具体情况和巨大的传统阻力，他不能把杜威学说的具体内容当作“天经地义”的信条，师法杜威时，他师法了试验主义根据实际作出评判的一面，在中国复古思潮严重情况下，他一步步提出了全盘西化、充分世界化的思想，这一过程体现了试验主义、实用主义的精神。

四、秉持教育救国主张

胡适留学美国目睹了美国的繁荣，他认为，美国的义务教育和美国的大学配合着美国社会经济文化的发展，是重视高等教育的教育救国思想的体现。胡适认为，做好教育才可以做好政治。1914 年，23 岁的胡适在《留美学生年报》上发表了一篇万言长文《非留学篇》，阐明了教育是“立国之本”“实为一国命脉所关”的道理。此时，胡适提教育救国，并不排斥政治救国、经济救国。胡适在美国也从事学生政治活动，这在《胡适留学日记》中都有体现。胡适此时的教育救国思想与比其稍早的梁启超、严复等没有太大区别。胡适在《非留学篇》中首次阐明了他的教育救国主张和见解，他坚定地认为，教育是“百年树人大计”，并决定投身于这一宏伟事业。在哥伦比亚大学留学时，他曾给好友许怡荪致信写道：“故适近来别无奢望，但求归国后能以一张苦口，一支秃笔，从事于社会教育，以为百年树人之计，如是而已。”[①]这可以说是青年胡适对教育的深刻了解后立下的教育救国主张，在以后的时间

① 胡适.胡适留学日记(下)[M].合肥：安徽教育出版社，1999：257.

里，他不断地对此深化、充实。

这时的胡适心怀救国之志，回国后看到军阀政府的腐败、中国社会的混乱，思想有了转变，特别是杜威在华讲学对他影响很大。杜威讲学时多次论述教育救国问题，他曾说：

> 教育对于国家的社会的幸福，是事实的，非理想的，中国不能出此范围。中国精神财产，或用于精神教育，或用于武备，不偏于此，则偏于彼。……我从美国到中国来，与各学员教员讨论的，就是教育为救国的独一问题：一、教育对于国家之秩序；二、教育对于本能的发展。①

杜威认为，教育与社会是紧密联系的，不仅是对国家秩序，还有个人的能力。毫不夸张地说，教育是社会改造的根本力量，教育的目的就是为了解决现实问题和社会问题。胡适对这个观点加以理解吸收，坚定提出要救国“只有咬定牙根来彻底整顿教育，稳定教育，提高教育的一条狭路可走”。②

杜威还曾在《我的教育信条》中认为，学校是社会进步和改革的最基本的和最有效的工具，是每个对教育事业感兴趣的人的任务；教育不是个人的事业，是社会的、公家的、政府的责任，是人类社会进化最有效的一种工具。胡适也指出，教育也是救国的一部分，教育能够使人明智，认清发展方向。他形象地说，教育的功效仿佛给人戴上一副有光的眼镜，使人看得远些、看得清楚些。平时看不出来的毛病，现在看出来了，这便是教育收效的证据。

从此时胡适与杜威一样重视教育对国家之秩序以及对个人发展的影响来看，胡适已是不折不扣的教育救国论者。事实上，胡适的“教育救国论”可以说是杜威的“教育改造决定论”的翻版。杜威认为，社会进步的方法就是教育，要用教育改造社会；胡适认为，中国之所以落后挨打的根源在于教育的落后。他也指出，教育是社会进化和改良的根本方法，教育可以支配人的生活，从而促进社会的进步。为了贯彻这一思想，胡适主张建立世界一流的研究型大学。在担任北京大学校

---

① 袁刚，孙家祥，任丙强．民治主义与现代社会：杜威在华讲演集[M]．北京：北京大学出版社，2004：396．

② 胡适．胡适全集(第4卷)[M]．季羡林，主编．合肥：安徽教育出版社，2003：540．

长期间，胡适一直致力于将北京大学打造成最高端的科学研究中心。因为他认为，欧洲之所以有今日的灿烂文化，都依赖于几十所中古大学，它们培养出了欧洲四大运动的领袖人物，中国的落后无不与缺乏领袖人物和精英人才有关。“五四”时期学生爱国运动高涨之时，胡适再次阐述他的教育救国主张。在《爱国运动与求学》一文中，胡适就提出救国的事业必须要有各式各样的人才，真正的救国的预备在于把自己造成一个有用的人才。

杜威也认为：“美国富强之原，是渐渐以教育造就的。”[①]而“中国现在的政治，是这样的纷扰，社会的秩序，是这样的紊乱，往往使人趋到失望、灰心悲观的地位。故特别忠言申明，务使大家知道教育是救国的根本，教育可以解决一切的问题”[②]。杜威还提出，要使中国人人受教育、个人都能发展能力，才能成就真正德谟克拉西的国家。他指出：“教育不用最经济、最有效的方法，而教员一味注入教授，学生静默听讲，对于中国的前途，着实有关系。”[③]胡适的思想与杜威的这番话都指出，中国要有前途，必须依靠教育。

当时持有教育救国论的人有很多，如蔡元培、陶行知等，但胡适的教育救国思想和实践是比较坚定的。他构建了中国的现代教育体系，注重普及教育、义务教育，提倡白话文，这些都基于科学民主等现代思想。他不像严复那样偏重学习西方的自然科学，而是从人文科学、自然科学等多方面撷取西方文明的精神。相比陶行知、晏阳初、梁漱溟等人的教育救国思想和局部的、小范围的教育试验，胡适的教育救国思想更全面，它贯穿胡适的一生，从国家经济、文化、社会的发展以及民主与科学的进步来看，不乏其教育救国思想的进步性和历史意义。我们这里不对胡适教育救国论做优缺点分析，只是说明胡适与其师杜威一样，希望通过强调教育的作用，提高教育的地位，以此反对各方势

---

① 袁刚，孙家祥，任丙强. 民治主义与现代社会：杜威在华讲演集[M]. 北京：北京大学出版社，2004：396.

② 袁刚，孙家祥，任丙强. 民治主义与现代社会：杜威在华讲演集[M]. 北京：北京大学出版社，2004：603.

③ 袁刚，孙家祥，任丙强. 民治主义与现代社会：杜威在华讲演集[M]. 北京：北京大学出版社，2004：679.

力对教育的利用,但因教育受政治、经济等因素制约,胡适这一思想往往行不通。

五、关注教育与生活的联系

(一) 批评与生活相脱节的教育

胡适的“生活教育”,并非简单地把教育等同于生活,而是认为学校教育有其自身的特点,他强调学校教育必须面向社会生活,注意联系生活实际。胡适曾尖锐地批评学校教育与社会需要严重脱节的现象:

如今中学堂毕业的人才,高又高不得,低又低不得,竟成了一种无能的游民。这都由于学校里所教的功课和社会上的需要毫无关涉。所以学校只管多,教育只管兴,社会上的工人、伙计、账房、警察、兵士、农夫……还只是用没受过教育的人。社会所需要的是做事的人才,学堂所造成的是不会做事不肯做事的人才,这种教育不是亡国的教育吗?①

因此,胡适认为,学生学习的对象,可以不仅向学校里的教师,还可以向社会上接触的各行各业的人,甚至向整个社会学习。胡适根据杜威的生活教育理论,提出了注重生活教育的思想。杜威认为“教育即生活”“学校即社会”,学校作为“社会生活的一种形式”,是“把现实的社会生活简化起来,缩小到一种雏形的状态”,而连接教育和生活、学校和社会的就是“做中学”。杜威的这一生活教育理论,将以往教育与生活、学校与社会相脱节的问题联系起来。胡适在对杜威的生活教育论做了比较深入透彻的理解后也写道:新教育理论,千言万语,只是要打破从前的阶级教育,归到平民主义教育的两大条件,这就是杜威的两大主张。

---

① 胡适.胡适全集(第1卷)[M].季羡林,主编.合肥:安徽教育出版社,2003:597.

一、学校自身须是一种社会的生活，须有社会生活所应有的种种条件。

二、学校里的学业须要和学校外的生活连贯一起。[①]

在胡适一生的教育活动中，特别是刚回国几年，他极力呼吁教育与生活相联系。当他看到一些学校不顾当地实际生活需要，追求课程的完备，盲目开设一些不符合实际的课程，他感到很气愤。他认为这样不注重人民大众实际生活需要，不注意实用的教育，是造不出肯做事又会做事的人才的。他指出："平民主义的教育的根本观念是：教育即是生活；教育即是持续不断地重新组织经验，要使经验的意义格外增加，要使个人主宰后来经验的能力格外增加。"[②]教育必须联系生活实践，适应社会需要，适应新的人生价值指导下的社会生活的需要，学生也不能仅在学校里闭门读书，要多与社会生活相联系。改善学校教育、改善人民生活、改善社会状况，这是胡适生活教育理论所强调的。

（二）提倡教育与生活相联系

1922年10月，胡适被推为制定新学制草案的主要负责人。该学制案宗旨规定：① 适应社会进化之需要；② 发挥平民教育精神；③ 谋个性之发展；④ 注意国民经济力；⑤ 注重生活教育；⑥ 使教育易于普及；⑦ 多留各地方伸缩余地。这七条反映了杜威教育思想对中国的影响，也反映了胡适、陶行知等中国杜威教育学派的基本观点。其中的第三条"谋个性之发展"和第五条"注重生活教育"这两点，最可表现胡适等中国杜威教育学派注重生活教育、注重个性的观点。它们不仅被定为学制宗旨，还在整个学制中有充分体现。它们体现了杜威教育思想的基本精神，比较充分地反映了民主革命时期经济文化发展对教育的需求。这个学制系统自民国时期被沿用至20世纪50年代，它是中国现代教育史上里程碑式的进步。其中，胡适的推进作用功不可没。

---

① 胡适.胡适学术文集·哲学与文化[M].姜义华，主编.北京：中华书局，2001：43.

② 胡适.胡适学术文集·哲学与文化[M].姜义华，主编.北京：中华书局，2001：43.

除在新学制中强调注重生活教育外，胡适还在各级教育以及平日对学生的教育中强调教育与社会相联系、生活与教育相联系。他强调，生活教育要训练、培养学生具有社会所需要的各种实际能力，使之成为适应社会发展的一代新人。为此，胡适十分重视学生运用工具的能力，这里的"工具"包括语言工具和各种基本的科学知识。同时，他特别重视职业教育，在《在北平市立高工成立四十周年纪念会上讲话》一文中呼吁："人在十五到十八的阶段，最为重要，应养成手脑并用，自立自给，能有专门技术，不给国家社会增加负担，而对于社会国家有贡献……陶行知先生对教育改革都受了美国十年教育的影响，即生活就是教育，教学做合一，人人要学些技术……使人能有生活的技能，教育也就是生活。普通教育应该做到自助助人的地步。"①

另外，胡适还多次鼓励学生接近百姓的生活。1935 年 7 月 24 日，胡适致信即将去日本留学的陈英斌，勉励道：

既来求学，须知学不完全靠课堂课本，一切家庭，习惯，社会，风俗，政治，组织，人情，人物，都是时时存在可以供我们学习的。

……

做人的本领不全是学校教员交给学生的。它的来源最广大。从母校、奶妈、什役……到整个社会，——当然也包括学校——都是训练做人的场所。②

可以看出，胡适所说的这些话不仅表达了自己的关切希望，也蕴含了十分浓厚的"生活教育"思想。它适应了中国近代社会经济生活不断发展的需要，对于反对封闭式的传统教育和培养新时代人才具有十分重要的意义。

在胡适的整体思想中，教育与生活、生活与教育是不可分离的。但胡适也指出，教育与生活相联系，并不是简单地把教育等同于生活，学校教育要有其自身的特点。他不赞同教育是"雏形"的社会，不主张学生参与社会政治活动。他在与蒋梦麟合作的《我们对于学生的希

---

① 胡适. 胡适论教育[M]. 陈漱渝，姜异新，选编. 福州：福建教育出版社，2016：154.

② 胡适. 胡适全集(第 24 卷)[M]. 季羡林，主编. 合肥：安徽教育出版社，2003：240.

望》中提出了他对学生参与生活的几点看法。他明确反对学生参与社会政治活动。他希望学生还是要注重课堂里、自修室里、操场上、课余时间里的学生活动，以学校里的教育为依托。他主张的教育与生活联系的生活是有选择的。社会上的学生运动是无论如何不能作为雏形社会走进学校中的，学校的教育不要与这样的生活相联系。教育要与生活相联系，这种生活就是诸如办平民夜校、讲演、破除迷信、改良社会风俗等活动。这样的生活是胡适主张的与教育相联系的生活。他认为，"同胞快醒，国要亡了""爱国是人生的义务"等是空话，说了两三遍就没有了，他主张教育尽量与无关政治的生活相联系。在胡适这里没有"天下兴亡，匹夫有责"一说，学生除好好学习、接触社会外，不应涉足政治。这是胡适注重生活教育所秉持的一个基本点。

从以上我们可以看出，胡适对杜威生活教育思想的认同。不过虽然胡适也强调生活教育，在具体论述中，他对杜威的生活教育的理解稍有偏差。杜威认为"教育即生活"，并进一步强调"教育是生活的过程，而不是将来生活的预备"①，因此，"教育的目的与教育的进行是一件事，不是两件事"②。胡适也注重生活教育，认为"教育即是生活，并不是将来生活的预备"③。但他又认为，教育应当使学生养成将来应付生活环境的能力，职业教育可作为解决学生毕业不能适应社会生活的良策。这样一来，胡适就将教育看成了"将来生活的预备"，这恰是杜威不赞成的。在这一问题上，中国杜威教育学派有两种观点。一种以胡适、蒋梦麟为代表，强调杜威"教育即生活"的命题，注重教育与生活的联系。但在理解上常常背离杜威本意，将教育看作是将来生活的预备，而不是看作生活本身，这是对杜威思想理解的偏差，也是对杜威思想的修正。另一种观点以陶行知、陈鹤琴为代表，他们理解杜威"教育即生活"的含义是：教育就是现在生活。在实践过程中，他们也对杜威的这一思想产生了新的看法，出现了新理论，这可以说是对杜威"教育即生活"思想的再造或改造。这两种观点是对杜威"教育即生活"理

---

① 〔美〕杜威．杜威教育论著选[M]．赵祥麟，王承绪，编译．上海：华东师范大学出版社，1981：4.

② 胡适．胡适全集(第1卷)[M]．季羡林，主编．合肥：安徽教育出版社，2003：314.

③ 胡适．胡适全集(第24卷)[M]．季羡林，主编．合肥：安徽教育出版社，2003：31.

论的不同诠释,他们都是由杜威教育思想衍生出来的。

六、注重个性教育

(一)重视个性发展

在胡适思想中,个人主义是其政治哲学思想常用的词语,这一词语反映到教育中就是个性教育。早在1914年,胡适受穆勒的《群己权界论》和梁启超的《新民说》影响,对个性发展和解放充满希望。1918年,他写《易卜生主义》,积极倡导健全的个人主义。他说:“易卜生的戏剧中,有一条极显而易见的学说,是说社会与个人互相损害;社会最爱专制,往往用强力摧折个人的个性,压制个人自由独立的精神。”[①]面对这种黑暗势力,他呼吁发展人的个性,将自己从这旧势力中救出来,须使个人有自由意志,须使个人担干系、负责任。胡适这一思想既与易卜生一致,也与杜威一致。杜威在天津演讲“真的与假的个人主义”时谈到,个人主义有两种,一种是假的个人主义或为我主义,一种是真的个人主义或个性主义。真的个性主义“一是独立思想,不肯把别人的耳朵当耳朵,不肯把别人的眼睛当眼睛,不肯把别人的脑力当自己的脑力;二是个人对于自己思想信仰的结果要负完全责任,不怕权威,不怕监禁杀身,只认得真理,不认得个人的利害”[②]。简而言之,真个人主义就是独立和负责。杜威的这一论述有力地支持了“五四”宣扬个性的进步思想。胡适在其《易卜生主义》中也高扬同样的思想。

在个人与社会关系上,胡适与杜威一样都强调个性主义的重要性。同时,他们也认为,个人离不开社会,个人和社会是同一的。杜威在批评旧个人主义、强调个性解放的同时,也重视社会的作用。他认为,“个人主义和社会主义是一致的”,离开社会,个性无从谈起;而社

---

① 胡适.胡适学术文集·哲学与文化[M].姜义华,主编.北京:中华书局,2001:383-384.

② 顾红亮.实用主义的误读:杜威哲学对中国现代哲学的影响[M].上海:华东师范大学出版社,2000:195.

会也依赖个人而存在，“政府、实业、艺术、宗教和一切社会制度都有一个意义，一个目的。那个目的就是解放和发展个人的能力”[①]。胡适也认为，相对于个性而言，社会更重要。他指出：

我这个“小我”不是独立存在的，是和无量数小我有直接或间接的交互关系的；是和社会的全体和世界的全体都有互为影响的关系的；是和社会世界的过去和未来都有因果关系的。我这个“小我”，加上了种种从前的因，又加上了种种现在的因，传递下去，又要造成无数将来的“小我”。这种种过去的“小我”，和种种现在的“小我”，和种种将来无穷的“小我”，一代传一代，一点加一滴；一线相传，连绵不断；一水奔流，滔滔不绝；——这便是一个“大我”。[②]

（二）提倡个性教育

胡适在重视个性发展的基础上，提出了个性教育思想。胡适的更大贡献在于他将杜威教育中养成智能的个性，即独立思想、独立观察、独立判断的能力进行输入和推广。杜威的教育哲学将“发展个性的智能”看成是平民教育宗旨的一个极其重要的条件，胡适对其进行了实践。在他领导制定的1922年新学制中，他认为，初等教育的一大长处就是“教育以儿童为中心，学制系统宜顾及其个性及智能，故于高等及中等教育之编课，采用选科制；于初等教育之升级，采用弹性制”[③]。他还把“谋个性之标准”作为拟定《壬戌学制》的标准之一。胡适希望新学制从学生自身的兴趣爱好出发，鼓励学生通过自学发挥潜能。

胡适一直提倡大学选课制度，让学生减少必修课，增加选修课，让学生暗中摸索一点，扩大其研究兴趣。所谓兴趣，不是进了学堂就算是最后兴趣。胡适以伽利略为例说：伽利略的父亲要他学医，他的朋友又劝他学美术，但他都不感兴趣，有一次无意间在补习班偷听了几何学的课程，大有兴趣，最后成为新天文学和物理学的奠基人。其实，胡适自己就是个典型的例子。他在考取官费留学时，他的哥哥建议他

---

① 〔美〕杜威．哲学的改造[M]．许崇清，译．北京：商务印书馆，2004：110．

② 胡适．胡适文存[M]．合肥：黄山书社，1996：100．

③ 胡适．胡适全集（第20卷）[M]．季羡林，主编．合肥：安徽教育出版社，2003：75．

学习矿业或铁路，但他选择了农业，在康奈尔大学农学的课堂上，他发觉自己兴趣不在此，又改读文科，最终在文学领域颇有建树。因此，胡适向青年学生提出“要向自己性情所近，能力所能做的去学”的希望，早年便提出“教育之宗旨在发展人身所固有之材性的特点”的观点。

胡适对即将毕业的大学生演讲时也提到，学生在毕业后择业时，应实现“社会需要”和“个人需要”的有机统一，根据个人的性情爱好，结合社会需求选择职业，不应过多地被他人意见左右。如果个人需要与社会需要二者不能同时兼顾，那么应该将个人需要放在首位。在胡适看来，如果不能根据个人爱好选择职业，在岗位上也不会发挥出自己所长，很难人尽其才，这对个人和社会都是无益的。大学也要“注重学术思想的自由，容纳个性的发展”。他认为，北京大学这几年已成为国内自由思想的中心并引起了学生对于各种社会运动的兴趣，他“祝北京大学的自由空气与自治能力携手同程并进”①。

胡适这种重视个性教育的思想正是杜威教育思想中的一个重要观念。杜威曾在《现代教育的趋势》中大力宣扬这一思想。杜威指出：从前的教育是拿现成的教材做起点的，现在的新教育是拿这个那个儿童、这个那个人做起点的。② 概括起来，杜威这句话有两个意思，一是现在的教育注重儿童、学生的个性发展；二是现在的教授方法要适应学生个性发展的需要。因此，胡适特别注重对学生思维能力的培养和训练，尤其是对大学生。他希望通过科学的训练方法，即杜威的思维五步法和四年有系统的学习，培养出有独立思想、客观判断能力的个人。这正是胡适重视学生个性的现代教育理念的体现和杜威教育思想的映射。

七、强调普及与提高并重

胡适积极地投入教育实践中，他认为，教育有两方面，一个是提高，一个是普及。正是为了推动教育的普及，胡适想先消除文字上的

① 胡适.胡适全集(第20卷)[M].季羡林，主编.合肥：安徽教育出版社，2003：105.

② 袁刚，孙家祥，任丙强.民治主义与现代社会：杜威在华讲演集[M].北京：北京大学出版社，2004：670.

障碍，所以推广白话文。这对提高国民的文化素质起到了推动作用。其实，中国杜威教育学派很多人在这方面都有过论述，其中当属陶行知和胡适论述的最多。通常认为，陶行知注重教育的普及，胡适注重教育的提高，其实不然，胡适在这两方面都有详尽的论述。

(一) 提高与普及并重言论

在普及方面，胡适主要是从国学知识开始。从白话文的推广到1919年发表《新思潮的意义》等一系列考据可以看出，胡适对传统文化的所思、所考。考据本身就是考核、证实还原历史真相的活动，也是对国学的普及和发展的努力，但胡适想通过考据传达的是一个教人思想学问的方法，目标当时是以青年人为主，也是为了普及国学和传统文化。除此之外，胡适发起了"整理国故"运动。他在国立东南大学演讲时提到，现在的一般青年对研究中国本来的学术和文化都缺乏兴趣，整理国故的目的就是要使从前少数人懂得变为人人能理解。这是我们的责任。[①]

不仅如此，胡适还将教育普及推行至国语教育上。他将"国语文"的教材分为三部分。第一部分就是二十部以上五十部以下的白话文小说，第二部分为白话的戏剧，第三部分为长篇的议论文与学术文。胡适自己幼年时就曾在小说里得到过很多益处。他进一步列举了十几本通俗小说如《水浒传》《红楼梦》《西游记》等作为中学生国语教材。这无疑有宣扬国学的用意。胡适对国学的普及还体现在他当时与商务印书馆的合作上，他通过商务印书馆出版了"学生国学丛书"。此外，胡适还提倡女子教育、男女平等的教育。针对绝大部分女子被排除在教育体系之外的传统教育，他认为不容许女性接受教育是一个国家教育的失败，是一个愚蠢的笑话。他在北京大学任教时就扩招女子作为旁听生入学，聘请外国女性教授来北京大学讲演，推行男女同校、平等教化。女子不仅应该接受义务教育，还应该接受高等教育，这其实还是胡适的普及教育思想。

---

① 胡适. 胡适文集[M]. 欧阳哲生，编. 北京：北京大学出版社，1998：91-93.

在《提高与普及》一文中，胡适还强调，提高就是“无中生有”地去创造一切，只有提高才能普及，越“提”得“高”，越“及”得“普”。这是胡适对北京大学创造文化、学术和思想的期望。此时，胡适将目光聚焦在高等教育上，他认为，只有高等教育发展了、提高了，才能更好地普及教育，高等教育是新中国建立的根基。他认为，中国的近代高等教育发轫于晚清，历史短暂。没有好的大学，如何培养出精英人物呢？中国的壮大需要各类精英人物的领导，欧洲之所以有今天的发达，得益于几十所中世纪大学，因此，他寄希望予北京大学学术科研方面的重点建设。

他批评当时或偏重普及或偏重提高的两种倾向，指出：“民国初元，范源濂等人极力提倡师范教育，他们的见解虽然太偏重‘普及’而忽略了‘提高’的方面，然而他们还是向来迷信教育救国的一派的代表。民国六年以后，蔡元培等人注意大学教育，他们的弊病恰和前一派相反，他们用全力去做‘提高’的事业，却又忽略了教育‘普及’的方面。”[①]大学教育要提高，大众教育要普及，只有这样才可救中国，这是胡适教育救国思想的真义。他在1935年明确提出，教育有两种方法：一是普及，二是提高。把它普及了，又要把它提高，这样的教育才有稳固的基础。[②] 他后来甚至偏激地认为，中国社会没有大学、没有普及教育，是国家的耻辱。“一个国家有五千年的历史，而没有一个四十年的大学，甚至于没有一个真正完备的大学，这是最大的耻辱。一个国家能养三百万不能捍卫国家的兵，而至今不肯计划任何区域的国民义务教育，这是最大的耻辱。”[③]

（二）偏重提高实质

胡适努力将着眼点放到教育上，提倡大学做好提高工作，基础教育做好普及工作，这与杜威对中国中小学教育以及大学教育提出的看法一致。杜威访华曾在不同的中小学、大学发表过演讲。他指出，各

---

① 胡适. 胡适全集（第4卷）[M]. 季羡林，主编. 合肥：安徽教育出版社，2003：554.
② 胡适. 胡适全集（第20卷）[M]. 季羡林，主编. 合肥：安徽教育出版社，2003：192.
③ 胡适. 胡适全集（第4卷）[M]. 季羡林，主编. 合肥：安徽教育出版社，2003：504.

级各类教育都具重要作用，不可偏废。然而，因国情背景以及从教经历、生活状况的不同，胡适在看待教育提高与普及方面与其师也有着不尽相同的看法。杜威在讲演社会政治哲学时，就提出了普及教育是思想界以科学代替旧训的方法之一，普及教育也是杜威教育哲学的目标之一。来华后，杜威观察中国经济发展的现状后，结合西方国家工业化的进程，根据工业化带来的贫富差距不断拉大的弊端给中国提供了建议，普及教育就是其中之一。他认为，中国还处于工业革命的最初阶段，办教育的人应该让大多数工人发展知识，预备将来给每个人造就平等机会的能力。因此，他提倡在中国普及平民教育，使工人在工作之余有机会去用脑。相比杜威对普及教育的重视，胡适更重视教育的提高。杜威曾指出："欧战之际，美国因国民教育普及之基础，短时即能召集军队。……他国过去事实，可为中国借鉴的，只有普及教育这一件事。强国之道，在于国民有团结力，而如何使国民具有团结力，不在于政客，而在于教育家。"[①]可以看出，杜威是不主张中国对西方国家的教育生搬硬套的，而是希望中国借鉴西方的普及教育，实行义务教育，先从地方着手，然后推广至全国，在钻研本国、本地的社会需要的前提下，改革旧教育，从而造就中国自己的现代新教育。我们需要注意的是，杜威所说的普及，指的是国民教育、平民教育的普及，这是杜威与胡适见解不同之处。

在杜威来华做的一系列讲座的最后五讲中，他分别就初等教育、中等教育、高等教育、职业教育和道德教育谈了自己的看法。他认为，初等教育比中等教育和高等教育重要，因为儿童时期是吸收力最好的时期，初等教育是打基础的时期，对儿童未来兴趣、能力和习惯的培养都是至关重要的。他对中国长期以来重视高等教育的做法很不赞同。他指出："我信中国在世界上是最注重高等教育的一个国，官吏必须受过高等教育，还要经过一种考试，但是只重高等教育，便忽略了群众教育。所以高等教育，产生的高等人才，成了一种特别的阶级，和没受过教育的就有界限了。"这样，"结果，不过造成社会上的贵族，和一般

---

① 袁刚，孙家祥，任丙强．民治主义与现代社会：杜威在华讲演集[M]．北京：北京大学出版社，2004：403-404．

的平民就裂口了。高等教育越注重,这裂口就越大。现在仍旧还有享特权的贵族,反对普及教育,因为恐怕一般人受了教育就夺了他们的权力。要想成为一个真正的共和国,必须拿这办高等教育的注意去办普及教育”①。

胡适虽然也主张提高与普及并重,但因其长期从事的教育工作,在实际中,他更重视高等教育的发展。1917 年,胡适留美归国后进入北京大学担任教学管理工作,首先提出了选科制,取缔了学科分级制,并且积极倡导各科系建立研究所。他在北京大学哲学研究所担任要职,后制定推行了《北京大学学院规章草案》,在院系的管理上,仿照欧洲国家院系治理模式的三会制(董事会、教授会、校友会),推动了北京大学的改革与发展。从胡适在北京大学的教育实践中可以看到,他对西方高等教育管理理念的理解与吸收,他对高等教育的独特见解与理念,都为我国高等教育的发展提供了一个良好的范式。

当然,胡适也是提倡普及教育的,但他对于当时中国的现状、对普及教育的实施持悲观态度。在这一点上,对普及教育深有感触的陶行知却不赞同胡适的看法。陶行知提倡平民教育、乡村教育都是为了使教育得到普及。他深知当时中国的国情,文盲占了总人口的 90% 以上,师资、办学经费都成困难,普及教育只能办“省钱的学校”“经济实效的学校”。因此,他创造了“空中学校”“小先生制”等多种方法普及教育。对于胡适在普及教育上的观点,陶行知气愤地说:“到那时,不消说得,文学革命的巨子是一变而为英国远东殖民地普及教育之导师了。”②实际上,随着时间的推移,陶行知与胡适二人的确在教育理念上有着相左的地方。胡适在 1930 年的《胡适日记》中曾写道:“一个民治的国家里应该人人识字,但我希望从儿童教育入手,我不赞成今日所谓‘平民教育’”,因为“成人的习惯已成,不易教育,给他们念几本《千字课》,也没有什么用处”③。胡适不主张对大多数没有受过教育的平

① 袁刚,孙家祥,任丙强.民治主义与现代社会:杜威在华讲演集[M].北京:北京大学出版社,2004:626.

② 陶行知.陶行知全集(第五卷)[M].华中师范学院教育科学研究所,主编.长沙:湖南教育出版社,1985:487.

③ 胡适.胡适全集(第 31 卷)[M].季羡林,主编.合肥:安徽教育出版社,2003:674.

民进行教育，也没考虑所有儿童的受教育问题，他这里的儿童教育仅是指对城市内有条件上学的儿童进行教育。他的普及教育也仅是部分地区的教育普及，与广大乡村人口、广大乡村儿童占很大比例的整个中国的教育普及有着天壤之别。相比其在“普及”教育上的用力，胡适更多将着眼点放在“提高”方面，他曾激进地提出：

> 国无海军，不足耻也；国无陆军，不足耻也；国无大学，无公共藏书楼，无博物院，无美术馆，乃可耻也。[①]

杜威更多提倡以普及教育为基础，大学的作用更多是培养领袖人才。他提出：“高等教育的大学专门学校，应当养成专门的人才，不是专门的机械；尤为重要者，须养成专门的领袖人才。在工业、实业、政治、文学各科当中，知道它的方法，使别人能在他所开的一条路子上进步，不但事业上做领袖，还要在本门的学问上做领袖，这是高等教育应该根据的。”[②]而培养领袖人才的基础还在普及教育方面，“中国地大人众，必国民教育普及后，方可得多数之领袖人才”。[③]

在重普及还是重提高方面，胡适与杜威是不一致的。不仅如此，他与中国杜威教育学派其他人如陶行知等也具有不同看法。胡适虽多次提到重视普及教育，但他更重视的是正规的高等教育，而陶行知自始至终将全部精力放到普及教育方面。正因为如此，当他们看到当时武汉大学校园时，产生了完全相反的看法。胡适在日记中提到，校址之佳、计划之大、风景之胜，均可谓全国学校所无，看这种建设，使我们精神一振，使我们感觉中国事尚可为。而陶行知则反对“一动手就是圈它几千亩地皮，花它几百万块钱，盖它几座皇宫式的学院”的做法。他认为用巨款来盖“时髦大学”，不如“用来开办大众大学”“用来发展一些适合国民经济的工业”[④]。

---

① 胡适．胡适全集（第28卷）[M]．季羡林，主编．合肥：安徽教育出版社，2003：57.

② 袁刚，孙家祥，任丙强．民治主义与现代社会：杜威在华讲演集[M]．北京：北京大学出版社，2004：463.

③ 袁刚，孙家祥，任丙强．民治主义与现代社会：杜威在华讲演集[M]．北京：北京大学出版社，2004：407.

④ 陶行知．陶行知全集（第三卷）[M]．华中师范学院教育科学研究所，主编．长沙：湖南教育出版社，1985：72-73.

通过对比胡适与杜威、与陶行知关于普及与提高思想的关系，我们可以发现，他们代表的是教育界普及与提高两种不同观点。实际上，这两条轨道是互相联系、互相制约的。毛泽东曾在《在延安文艺座谈会上的讲话》中指出："普及工作和提高工作是不能截然分开的。"[①]这一论点可作为我们分析胡适与陶行知争论普及与提高问题的一个参考点。

以上通过对胡适作为中国杜威教育学派思想的分析，我们可以发现，胡适作为新文化运动的领导人之一，他更多是从教育哲学领域阐述杜威观点，谈论中国教育问题。他对杜威不进行具体教育学理的研究，只进行方法的研究；他对教育，不关注实际问题研究，而更关注教育方法、教育基本理论研究。从分析中可看出，他对中西文化观、治学方法等方法论问题论述得更充分、更具体，而对生活教育、个性教育等具体的教育问题，则进行的是泛泛的阐述。在中国杜威教育学派中，胡适是对杜威教育哲学思想阐述最多的一位，也最具典型性。

① 毛泽东. 毛泽东选集(第三卷)[M]. 中共中央毛泽东选集出版委员会，编. 北京：人民出版社，1991：861.

第五章　蒋梦麟：变“西潮”为“新潮”

1912年，蒋梦麟以教育科为主科，历史与哲学为副科，毕业于加州大学教育系，然后赴纽约哥伦比亚大学，师从美国著名实用主义哲学家、教育家杜威，攻读哲学、教育学。1917年3月，蒋梦麟在哥伦比亚大学完成了题为《中国教育原理之研究》的博士论文。1919年2月，蒋梦麟与黄炎培、陶行知等于上海创办《新教育》月刊。《新教育》高举“养成健全之个人，创造进化之社会”的旗帜，宣传杜威教育思想，提倡平民主义，呼吁发展儿童个性，反对填鸭式教育。[①] 杜威来华时，蒋梦麟与胡适、陶行知一起在码头迎接。杜威于1919年5月3日、4日做《平民主义之教育》的演讲后，蒋梦麟陪同杜威夫妇到杭州等地游览。1919年，蒋梦麟受聘为北京大学教育学系教授。同年5月9日，蔡元培委托蒋梦麟代他全权处理校务。蒋梦麟协助蔡元培再度改组北京大学，推行“教授治校”，鼓励学生自治，以实现民主精神。这与杜威强调的“自动自治”和民主思想不谋而合。1927年，南京国民政府成立后，蒋梦麟被任命为浙江省教育厅厅长兼国立浙江大学校长；1928年10月，蒋梦麟被任命为教育部长；1945年6月，蒋梦麟出任行政院秘书长，辞去北京大学校长职务，离开教育界。

---

① 蒋梦麟. 蒋梦麟教育论著选[M]. 曲士培，主编. 北京：人民教育出版社，1995：4.

一、平衡中西文化教育

蒋梦麟深厚的中国传统文化根底和他在留美期间对西方哲学、政治、教育等领域广泛而深入的思考使他意识到,中西方文化也有许多相通之处,中国的教育要吸取西方的经验。在他的博士论文《中国教育原理之研究》中,他深入阐述了中西方教育家的教育理论,然后比较了中国教育思想和西方教育思想的差异,提出"要保持中国文化精华,同时要把某些西方理想结合到中国生活中来"的教育构想。① 这可以说是蒋梦麟平衡中西文化教育的思想雏形。后来,五四运动爆发,国人面临西方文化的冲击和碰撞,教育也不例外,但蒋梦麟对此有着自己独特的见解。他认为,当时的中国教育就像希腊在公元前五世纪一样,正处于一个变迁的阶段,因此也可以像希腊哲学家苏格拉底提倡个性为人生价值一样解决中国的问题。这可以说是蒋梦麟"亦中亦西"教育原则的最初显露。

蒋梦麟认为,中西文化各有特点,"讲中不讲西,终觉孤立。讲西而不讲中,终觉扞格。能学兼中西,方知吾道不孤"②。他主张中西结合,找出解决问题的办法。他自己也表示,他在美国时喜欢用中国的尺度衡量美国的东西,回国后他喜欢用美国的尺度衡量中国的东西。他认为,中国教育与西方教育有一致的地方。他说:

从大处着眼,儒家学说实能适合近世之人文主义与自由主义。孔子的"学不厌,诲不倦","有教无类","因材施教",孟子之"得天下英才而教育之"及"性善"之说,为清末民初教育界迎接新教育之媒介。孟子之"民为贵,社稷次之,君为轻",与民治主义之原则相似。③

同时,他也反对所谓的中西"调和"论。他认为,学习西方先进的文化思想就像新陈代谢一样,这是进化论的道理,并不是机械地将二

① 蒋梦麟.蒋梦麟教育论著选[M].曲士培,主编.北京:人民教育出版社,1995:8.
② 蒋梦麟.西潮·新潮[M].长沙:岳麓书社,2000:66.
③ 蒋梦麟.孟邻文存[M].台北:台湾正中书局,1954:62.

者之间进行调和，也不是说引进了西方文化，中国文化就停止发展。由此可见，蒋梦麟与胡适不同，他主张的并非全盘西化，而是以新的态度学习西方文化，以发展新教育和新思想，同时从中国文化中汲取精义。

蒋梦麟可说是早期留学生中能对中西教育求根本研究的人之一。他的这些思想与杜威的思想相符。杜威在华讲演时，蒋梦麟做了大量的翻译工作。杜威在其论述中认为，中国正处于过渡时代，需要对东西文化兼收并蓄，不能只偏向一方，忽视另一方。他认为，中国古代的儒家思想与近世西洋思想有联系处：“我向来主张东西文化的汇合，中国就是东西文化的交点。”[①]同时，杜威也一再告诫中国人，一国的教育，决不可胡乱摹仿别国。他认为：

> 一切摹仿都只能学到外面种种形式编制，决不能得到内部的特别精神。所以我希望中国的教育家，一方面实地研究本国土地的社会需要，一方面用西洋的教育学说作一种参考材料，如此做下去，方才可以造成一种中国现代的新教育。[②]

蒋梦麟对杜威的思想做了具体的实践。他在任教育部长期间，开始思考中国本土教育与外来教育的问题，确定并实施了三民主义教育政策。这个政策以提倡中国固有道德、发扬民族文化为宗旨。蒋梦麟指出：“国民有高尚之观念也，则其国虽小犹大，反之则其国虽大犹小。所谓国民高尚观念者，爱国之观念是也，中国将来世界之位置如何，以国民能有此观念与否为断。”[③]吴俊升评价蒋梦麟推行的三民主义与杜威思想的关系时也认为，这是他视当时的时势取得的均衡，体现了他对中国道德伦理的尊重和个人自由的尊重。

---

① 袁刚，孙家祥，任丙强．民治主义与现代社会：杜威在华讲演集[M]．北京：北京大学出版社，2004：647.

② 袁刚，孙家祥，任丙强．民治主义与现代社会：杜威在华讲演集[M]．北京：北京大学出版社，2004：671.

③ 蒋梦麟．蒋梦麟教育论著选[M]．曲士培，主编．北京：人民教育出版社，1995：50.

二、强调个性发展教育

个性教育是蒋梦麟教育思想的核心。他在《个人之价值与教育之关系》一文中说："新教育之力，即在尊重个人之价值"，"个人之天性愈发展，则其价值愈高，社会之中各个人价值愈高，则文明之进步愈速。吾人视教育为增进文明之方法，则当自尊重个人始"。一方面，蒋梦麟受当时西方提倡的平民教育、平等教育的影响，认识到只有个人得到发展、个人的价值得到实现，才能创造更大的社会价值，从而促进社会的进步；另一方面，这也是蒋梦麟针对当时中国社会的缺陷和实际情况提出的。他认为，当时的中国人民生活在水深火热之中，知识浅劣，教育也没有标准，因此，个性教育显得尤为必要。

当时，第一次世界大战已经结束，蒋梦麟分析了"一战"发生的原因和决定战争胜负的因素，并根据欧美国家的教育举措，联系到中国的教育实际，意识到中国应该趁战后这一关键时期发展教育。在他1918年10月发表的《世界大战后吾国教育之注重点》的文章中，他为中国的教育提出了一系列的建议和举措。这些建议和举措处处彰显着个性教育思想。如"雄伟之经济，强健之个人，进化之社会"是立国之本；在学校教育方面，他提出发展学生的个性以养成学生健全的人格，通过美育、体育等教育培养学生。当然，他也提出了推行义务教育、职业教育等具体建议。

在提出重视个性发展的观点后，蒋梦麟还从社会国家和文化教育两个维度深化了他的思想。杜威阐发他的新个人主义时，力图化解个人和社会之辩的紧张关系，认为个人与社会的发展是一致的，它们之间不存在相互阻碍的问题，个人个性发展了，社会才能有发展。而蒋梦麟认为，对于社会国家来说，个人主义就是平民主义主张的自由平等，保障个人之说也；对于文化教育而言，个人主义就是个性主义，发展个性，养成特才，这样文化才得以发达。① 蒋梦麟同杜威一样，认为

---

① 蒋梦麟. 蒋梦麟教育论著选[M]. 曲士培，主编. 北京：人民教育出版社，1995：77.

个人与社会的发展是一致的。这契合了杜威发展个性的教育原则，同时也体现了他平衡中西文化的思想。

蒋梦麟不仅阐述了个性教育在世界范围内的发展趋势，还提倡将其与学校教育结合起来。在蒋梦麟主编的《新教育》月刊中，在教学法上，他主张自发自动，强调儿童的需要，拥护杜威在《民主主义与教育》中提出的主张。《新教育》杂志的主要目标是“养成健全之个人，创造进化之社会”。“一战”结束后，他提出“雄伟之经济，强健之个人，进化之社会”是立国条件。根据这些条件谈战后之教育时，他提出，学校要进行这些方面的建设：

(甲)发展个性以养成健全之人格。

(乙)注重美感教育以养成健全之个人。

(丙)注重科学以养成真实正当之知识。

(丁)注重职业陶冶以养成生计之观念。

(戊)注重公民训练以养成平民政治精神，为服务国家及社会之基础。①

从上面这些建议不难看出，蒋梦麟的发展个性是与养成健全之人格联系起来的。后任北京大学校长时，他将这一思想贯穿到教学管理中，并规定了“陶融健全品格”为北京大学的职志。在协助蔡元培改革完善北京大学体制时，他还将杜威的思想和教育理论融入他对北京大学的改革中，如“选科制”的实行。他主张将人文与自然科学的学习相结合，确立“文理沟通”方针，这在学则中有体现。由于学习西方文化的需要，学则特别规定外国语文为文科包括国文科、理科等一、二年级的共同必修科，要文理、中外兼优。同时，他还定体育为必修科，改第三院大礼堂为临时健身房，举办第一届全校体育普及运动会。他认为，体育是美育的基础。蔡元培提倡美育，他进一步发展体育，希望两者齐头并进，养成学生健全之人格。从蒋梦麟对个性教育的思考和实践中我们不难看出，杜威思想中个人与社会的关系以及个人主义对他的影响。

---

① 蒋梦麟.蒋梦麟教育论著选[M].曲士培，主编.北京：人民教育出版社，1995：59-63.

三、主张教育与生活相联系

蒋梦麟是杜威的学生，回国后在上海创办的《新教育》杂志中，他就不遗余力地宣传杜威的思想。杜威来华时，他出版《新教育》杜威专号并亲自陪同杜威去全国各地讲演。杜威的"生活教育"思想对蒋梦麟的教育思想与实践影响颇深。在《历史教授革新之研究》一文中，他提出要注重教育与生活的联系，并指出教授中国历史"当以学生之生活需要为主体，目的使儿童生活丰富，活泼灵敏，富有改良环境，解决种种问题的能力"①。他尖锐地批判了充满封建主义的历史教学和重古轻今的旧历史观带来的危害。因此，他提倡教授历史要以学生生活的需要为中心、以平民生活为中心，这反映了他注重教育与生活相联系的教育思想。

蒋梦麟还将视线投入职业教育中，提出以教育联系生活之思想解决职业界人才问题。他认为，当时的职业界岗位虽然不多，但却找不到合适的人，社会上求职的人很多，但适合的人很少，求职的也找不到适合自己的岗位。他认为，原因是教育与实践生活相背驰，教育注重格式，纸上谈兵，不能适应时势的需要。如果普通教育和高等教育不能推广，没有稳固的政治、发达的实业，那么，职业教育中人才的问题也不会得到解决。因此，补救当下职业教育的方法还是要注重职业教育与生活的联系，设立介绍机构，沟通职业教育与实业界适当之联系。

这些可以说是蒋梦麟回国后看到中国的教育发展现状，从而对杜威的"教育与生活相联系"的进一步思考和发展。作为杜威的学生，他本应在各级教育中大力提倡教育与生活相联系，但是当时经常出现学生游行，有些人会把这些看作是教育与社会相联系的一方面，但这与蒋梦麟反对学生运动的观点是背道而驰的。因此，就像他在职业教育中提出的"适当之职业教育"一样，这是他根据当时中国的实际情况所

① 蒋梦麟.蒋梦麟教育论著选[M].曲士培，主编.北京：人民教育出版社，1995：8.

做的变动。但这却使他与杜威那种将社会生活看作学校教育的内容产生了本质不同。

第一，杜威主张“教育即生活”。在学校中，教师要传授知识引导儿童参加活动，从而在活动中实现经验的成长，为在社会中的真实生活而准备；而蒋梦麟提倡教育与生活相联系更多的是要求在日常教学中，教师讲授更多贴近生活的事。这是将教育与生活看作了两件事、两个现象。

第二，在教育与生活之辨上，杜威以社会生活作为学校教育的内容，反对以书本知识为主；蒋梦麟却以学校教育、书本知识为主，让学生将学到的知识应用到生活中，这与杜威有很大的不同。可以说，他也提倡教育与生活相联系，但他是从与杜威相反的方向走向“教育与生活相联系”的。实际上，杜威思想中教育与生活相联系并不是说教育要讲生活中发生的事，它还包含着更广泛的含义。杜威认为，学校教育是社会雏形，教育就要按照社会生活的样式进行，而不仅是说教育中提到社会生活中正在或以前发生的事就可以。蒋梦麟的教育与社会生活联系的范畴在某种程度上说要窄于杜威的本意。从这还可以引出，蒋梦麟是将教育与生活看作了两件事、两个现象，这与杜威将教育与生活看作一件事的两个方面有明显不同。

四、提倡学生自动自治

在蒋梦麟对杜威思想的继承中，自动自治也是其中一部分。杜威指出，自动不是任意去做、去动，动实由心而出，“真正的自动，是有目的地动作，有意义地动作。动了，就可以增进社会的文明，有关社会的进化”[①]。蒋梦麟在《职业教育与自动主义》一文中认为，职业教育应该培养自动的人才，即有远大的眼光、进取的精神；事事图改良，著著求

① 袁刚，孙家祥，任丙强．民治主义与现代社会：杜威在华讲演集[M]．北京：北京大学出版社，2004：107．

进步。人未敢行者,我独敢行之,人未及知者,吾独察先机而知之。[①]这是对杜威主张的"自动"的详尽阐述和深入描绘。

关于自治,杜威是在批评有关对自治的误解中阐述自己观点,并带出自治与自动关系的。杜威认为,自治是与被治于人相对立的,不是教职员不必留意学生而任其所为,或让学生做校内之巡警、侦探以纠正他人不规则之举动。学生自治是自动地去做些事情,管理自己,以便"协助将来社会,使合于共和的"。杜威进一步指出:"现在中国各学校,学生自治的声浪很高,这是很好的现象。但自治必先智识丰富,有判断力,方才可以做到。自治不是个人的私意,一时的感情;要有互助的精神、稳健的方法。不是今天说自治,就能够自治;要有自治的真正精神、自治的完全人格。"

蒋梦麟对培养国民具有自治人格只字未提,但他认为,依据中国的情况,在学校里,特别是大学中,提倡自治是可行的,并且是重要的。

> 学生自治,是爱国的运动,是"移风易俗"的运动,是养成活泼泼的一个精神的运动。学生自治,要有一个爱国的决心;"移风易俗"的决心;活泼泼地勇往直前的决心。没有这种大决心,学生自治是空的,是慕虚名的,是要不得的。[②]

蒋梦麟重视学校的自治,也对学校的自治做了深入的研究。他在《学生自治》中提到,杜威、蔡元培先生已经讲过自治,他再讲时要加添些新意思。他强调自治精神是自治的基础,放在学校里,这个精神就是"学风",学生自治应是爱国的运动、养成活泼精神的一个运动,学生应把提高学术作为学生自治的责任。[③] 可见,他提倡的学生自治还是以促进学生个性发展和健全人格之养成为目的的。他也如杜威一样,提出了几点要求,认为自和治要并重。

蒋梦麟初到北京大学时,在学生欢迎会的演说中就提到,救国之要道,在从事增进文化基础工作,以自己的学问功夫为立脚点,他希望

---

① 蒋梦麟.蒋梦麟教育论著选[M].曲士培,主编.北京:人民教育出版社,1995:8.
② 蒋梦麟.蒋梦麟教育论著选[M].曲士培,主编.北京:人民教育出版社,1995:136.
③ 蒋梦麟.蒋梦麟教育论著选[M].曲士培,主编.北京:人民教育出版社,1995:136.

北京大学的学生，“本自治之能力，研究学术，发挥一切，以期增高文化”①。可见，蒋梦麟对于学生运动是反对的。他提倡的学生自治是在学术上的研究和在学问上打好基础，将来改良社会，承担更加重大的责任。他还希望办学校的人奖励学生自治。他由斯宾塞的“教育是预备生活”、杜威的“教育就是生活。今天受一天教育，就要有一天好生活”引入，指出学生自治就是自动的一个方法。学生自治团体就是学生追求丰富生活的一个团体，学生只有在校生活丰富了，才能达到“教育是生活”的目的。学生自治是养成青年的各种能力，来改良学校社会。② 从这里我们不难看出，蒋梦麟提倡学生自治也是对杜威的“教育即生活”思想的继承与发展。

五、注重学术的提高

杜威在抵达中国的第三天，就做了一场名为《平民主义的教育》的演讲。在他看来，平民教育绝不是口号，是需要国家花费巨大代价付诸实施，让全体公民尽可能接受良好的教育。蒋梦麟十分赞同杜威的平民主义教育思想。他认为，平民主义之教育是养成活泼之个人的开端，从而促进社会进化。在促进社会进化的直接方法中，蒋梦麟对奖励学术做了单独的强调。他认为，这是社会精神进化的方法，“学术者，一国之精神所寄”“欲求学术之发达，必先养成知识的忠实”“学术兴，则中国之精神必蓬勃蒸发，日进无疆”。③ 后来，蒋梦麟主持北京大学期间，将“学术”与“事务”明确分割开来。之前，教授不仅要治学还要处理事务，蒋梦麟为了提高学术，给教授创造了良好的治学氛围，对北京大学进行了裁员缩减经费，实行教授专任制度。他与胡适二人相辅相成共同治理北京大学，使教授专心治学。在学生的培养上，北京大学的教学也偏向专精方面，教育方针以造就学术专家为目的，功课

---

① 蒋梦麟.蒋梦麟教育论著选[M].曲士培，主编.北京：人民教育出版社，1995：119.
② 蒋梦麟.蒋梦麟教育论著选[M].曲士培，主编.北京：人民教育出版社，1995：153.
③ 蒋梦麟.蒋梦麟教育论著选[M].曲士培，主编.北京：人民教育出版社，1995：74.

以高深为主。师生之间形成了研究的风气。蒋梦麟自述在北京大学的那几年："教授们有充足的时间从事研究，同时诱导学生集中追求学问，一度是革命活动和学生活动漩涡的北京大学，已经逐渐转变为学术中心了。"[①]自此，"研究高深学术"是北京大学的性质和标志之一。

在杜威思想盛行中国之时，蒋梦麟就提倡教育部应该奖励学术，激发社会尊重学术的精神。他一直希望通过教育解决社会问题，然而后来北京大学办学经费的问题、经济破产等让他意识到，不能只谈教育，不谈政治。而这之前一年，杜威说他曾听见教育界人说："除非有好教育，中国不能成为一个真正的共和国，但要有好教育须有好政府。"[②]杜威认为这样的说法是不对的，我们要想出自己的办法。"依我看，如果依赖中央政府，好教育是没有的，好像一个圈子是跳不出来的，如果不依赖政府我们自然有法子跳出这个圈子来。什么法子呢？就是各地方人去办各地方，使他都适应各地方的情形，都能这样，便能互相传染，得的结果，一定比我们想象的好得多。"[③]蒋梦麟也意识到了这一点：如果教育家不关心政治，则学生亦将间接受其影响，将来政治之改良，由谁来负责任呢？所以，他认为，政治应该分两个方面来看：一是教育界不应当干涉政党和政事；二是政论，掌管教育权的人应当责无旁贷地剖明是非、伸张正义，养成平民政治之习惯。而且教育作为解决中国种种问题的重要方法之一，不但教育界应注意，政治、经济界也应当关注研究。[④] 这可以说是蒋梦麟对中国的政治与学术、政治与教育的关系思考的一大进步。这也与他一直提倡的"新思想是一个态度"有着密切的关系。鼓励学术是为了鼓励青年学生做学问、钻研学术，这样才能接触新的东西，开阔自己的视野，从而改良社会，促进社会之进步。

正是因为蒋梦麟鼓励学术、重视科研、注重学术的提高，才使北京

---

① 蒋梦麟. 西潮·新潮[M]. 长沙：岳麓书社，2000：310-311.

② 袁刚，孙家祥，任丙强. 民治主义与现代社会：杜威在华讲演集[M]. 北京：北京大学出版社，2004：628.

③ 袁刚，孙家祥，任丙强. 民治主义与现代社会：杜威在华讲演集[M]. 北京：北京大学出版社，2004：628.

④ 蒋梦麟. 蒋梦麟教育论著选[M]. 曲士培，主编. 北京：人民教育出版社，1995：97.

大学成为新文化的中心。蒋梦麟将其比作：“昔欧洲文运复兴，肇自意大利古城。今日吾国之新潮，发轫于北京古城，犹文运之澎湃全欧也。此岂非学术进步之好现象乎？”[①]对他来说，提高学术就是形成北京大学学风的方法。“什么叫学风呢？一个学校里，教员学生，共同抱一种信仰，大家向那所信仰的方向走。前清时代，这种学风就是‘欧化’。自民国六七年间至九年，大家所抱的信仰，就是‘文化运动’。现在我们所能提出的一个办法，就是提高学术。”在他的领导下，师生间风气演变成调查试验、合作研究。可以说，蒋梦麟一生的教育实践主要有两个阶段：一是主持北京大学；二是先后担任浙江省教育厅厅长、南京国民政府教育部长。作为杜威的学生，杜威的思想在他的教育实践中留下了深刻印记。他对杜威思想的实践也是最具体而彻底的，杜威的实用主义哲学对他文化教育思想的形成影响很大，他在中国近代教育史上的地位是无可否认的。

① 蒋梦麟．蒋梦麟教育论著选[M]．曲士培，主编．北京：人民教育出版社，1995：104．

第六章 陶行知：从“教育即生活”到“生活即教育”

陶行知是我国近代著名的教育家。他的一生可以说是探索救国之道、不断追寻真理的一生。他以极大的奉献精神、火热的赤诚之心积极投身于民族解放、社会改革和人民教育中，是中国进步知识分子的典范。

1915年9月，陶行知师从杜威，进入哥伦比亚大学师范学院学习，1917年学成离美归国。陶行知与杜威有多少交往有诸多不确定性，但可以确定，陶行知在哥伦比亚大学和杜威有交往。1916年6月16日，胡适的日记中夹了一张标明陶行知为杜威和安庆人胡天濬拍的合影照片，并记“胡陶二君及余皆受学焉”。

虽然陶行知与杜威早在哥伦比亚大学时期就结识，但陶行知有关杜威思想的教育实践活动在1919年杜威来华后才真正开展。1919年3月12日，陶行知写了第一封给胡适的信，邀请杜威来华访问，并由郭秉文亲自去日本邀请。在杜威来华前，陶行知已经在积极宣传杜威的教育思想。如1919年3月31日，陶行知撰写的《介绍杜威先生的教育学说》就是其中的典型性代表文章。1919年4月30日午后，杜威与夫人艾丽丝和女儿罗茜抵达上海，胡适、蒋梦麟、陶行知等人前去迎接。

在杜威访华期间，陶行知多次为杜威讲演做主持和翻译。如1919年5月3日，在江苏省教育会上，杜威做了题为《用平民主义做教育的目的，用实验主义做教育的方法》(一说《平民主义之教育》)的演讲，黄炎培担任主持，陶行知组织，蒋梦麟翻译；从 1920 年 4 月 6 日起，陶行知还主持、接待了杜威在南京高等师范学校讲授教育哲学十讲、哲学史十讲、试验论理学十讲，为期六周。1921 年 7 月 24 日，陶行知、胡适等人欢送杜威回国。

1923 年，陶行知受杜威教育思想的影响，开展平民教育实践活动。1923 年 5 月，陶行知与黄炎培、朱其慧、晏阳初等人发起成立中华平民教育促进会。陶行知还与朱经农合编《平民千字课》课本。他通过筹办平民学校、平民读书处、平民问字处等来推行平民教育。

陶行知受杜威"教学做合一"教育思想的影响，在 1926 年与国立东南大学赵叔愚等人一起筹办乡村师范学校，并于 1927 年 3 月正式成立晓庄师范，开展乡村教育。1932 年，陶行知在上海创办山海工学团，首创"小先生制"。

陶行知不仅在教育实践活动上与杜威有密切联系，在民族独立和争取民主方面也与杜威交际频繁。1937 年 12 月 4 日，陶行知拜访杜威。在征得杜威同意后，12 月 6 日，陶行知草拟了杜威宣言，杜威博士同意后将所拟宣言及电稿发给甘地(Mohandas Karamchand Gandhi)、罗素、罗曼·罗兰(Romain Rolland)、爱因斯坦(Albert Einstein)四位，征求联名。12 月 13 日，他们共同发表宣言：支援中国抗战，谴责日本侵略，呼吁对日禁运。

1946 年 7 月 25 日，陶行知逝世，杜威、克伯屈等致电陶行知治丧委员会："今闻陶行知博士逝世，不胜哀悼，其功绩，其贡献，对于中国之大众教育，无与伦比。我们必须永远纪念并支持其事业。"

1946 年 12 月 9 日，在纽约举行的陶行知追悼会上，杜威与冯玉祥担任名誉主席，并分别发表演讲，美国教育名流 300 余人参会。

陶行知在赴美求学及杜威来华访问时追随杜威思想，并与杜威有密切的联系。而且他的平民主义教育、乡村师范教育、普及教育、国难教育等教育实践也与杜威的思想有着千丝万缕的关联。

一、深刻批判传统教育

(一) 对传统教育观念的批判

陶行知同其他中国杜威教育学派一样，也深受其师杜威实用主义教育思想的影响，并以此为根据批判日益脱离实际的传统"老八股"教育。他在《为中国教育寻觅曙光——致王琳的信》中对王琳（浙江浦江人，陶行知创办的晓庄师范第一期学生）说道："你说'洋八股'依旧是一个'国粹'老八股，离开整个生活，以干禄为目的，也是千真万真的。我们现在要打倒的就是这八股教育、干禄教育。我们决定再不制造书呆子和官僚绅士们。"[①]

在以"科学""民主"为两面大旗的新文化教育运动中，陶行知是其中的活跃分子。他在新文化运动中毫不留情地批判传统旧教育，并提出了改造旧式传统教育的一系列设想。他指出传统教育存在的诸多弊病，指出在旧式的传统教育中，以"教师讲，学生听""教室学，课堂学"为主，先生们"死教书，教死书"，儿童所受的教育与实际操作、实际生活没有什么关联，其结果自然是培养出无生活力、无创造力的学生。基于传统教育的弊病，陶行知提出改革教育的主张。他认为，首先从影响学校教学最甚且极易见效果的教学法入手，主张将制约教与学的"教授法"改为"教学法"，从而使学生成为教育中的主体。之后，陶行知又对中国传统教育中的儿童观、教师观进行批评，指出了在以往的传统教育中，教学中的极大弊病就是只有教师的教，没有学生的学。

针对传统旧式教育的种种问题，陶行知提出了一种解决方法，那就是实行"活的教育"。以往传统旧式死的教育没有指望，而活的教育我们要让它更活。那什么是活的教育呢？陶行知认为，活的教育不容易下定义，但他将儿童接受活的教育做了生动形象的比喻："活的教育，好像在春光之下，受了滋养料似的，也就能一天进步似一天，换言

① 陶行知．陶行知教育论著选[M]．董宝良，主编．北京：人民教育出版社，2015：198．

之，就是一天新似一天。”陶行知认为，办活的教育我们首先要承认儿童是活的，要按照儿童的心理发展水平进行教育。换言之，儿童的需要有大有小，我们只求能够满足他的需要就是了。陶行知还认为，儿童的特性都是具有天然的好奇心，面对新鲜事物都会跃跃欲试，如果我们承认教育是活的，就要能揣摩儿童的心理，根据儿童的需要为转移。其次，办活的教育，还要注意儿童不仅“对于种种事体的需要有大小，他们能力亦有各种不同”[①]。作为教育工作者，我们要因材施教，根据每个儿童自身的特点来开展适合他的活教育。那如何开展活的教育呢？陶行知认为，需要“用活的人去教活的人”，“拿活的东西去教活的学生”，“要拿活的书籍去教小孩子”。[②] 陶行知的活的教育是活生生的，这种方法相当大程度解决了学生死学的弊病，将儿童从残酷的死学中解放出来。而且在活的教育中，教育工作者要根据儿童的需要和身心发展特点作为教育、教学的出发点，这是对中国传统教育脱离实际的超越，是一次全面的革新，在当时的中国教育界掀起了一股反传统的风浪，带来了一次新的教育理念的洗礼。

陶行知这一思想的出现既是他多年求学以及工作经历使然，也是他受杜威影响的结果。杜威曾在《传统教育与进步教育》中指出，传统教育只着眼于过去的知识，忽视与现实生活的联系；它将外部的、成人的标准强加给正在成长中的儿童，压抑了儿童的个性。杜威曾说道：“传统的计划，本质上是来自上面的和来自外部的灌输。它把成年人的种种标准、教材和种种方法强加给仅是正在缓慢成长而趋向成熟的儿童。”[③]他认为，成年人所学的知识与儿童之间隔着一道鸿沟，成年人规定的种种标准、编写的教材和其他指定的学习行为不适合儿童现有的能力发展，这是无论多么优秀的教师运用多么出色的教学方法也掩饰不掉的。为此，他提出一种新的教育主体论，即儿童中心论，要求将教育中心从教师、教材转移到学生。杜威称这样的变革是哥白尼式的革命。从反传统教育观上看，杜威的上述论点是对以往只注重教师、

① 陶行知．陶行知教育论著选[M]．董宝良，主编．北京：人民教育出版社，2015：73．

② 陶行知．陶行知教育论著选[M]．董宝良，主编．北京：人民教育出版社，2015：76-77．

③ 〔美〕约翰·杜威．学校与社会·明日之学校[M]．赵祥麟，等译．北京：人民教育出版社，2005：244．

忽视儿童的教育的反对，是新的儿童观、教育观。在儿童观上的共识使我们可以看出陶行知与杜威思想的一致性以及陶行知对其师思想的继承。

陶行知认为，“从前的教育是传统政策，单教劳心者，不教劳力者”[①]，致使人们成为一个个“书呆子”和“田呆子”[②]。他认为，这样的传统教育是没有前途的，这也是造成中国危机四伏、处于国难危局的重要原因之一。陶行知认为，要想解除危机挽救中华民族，我们就要对旧式的传统教育进行革新，从“两条路线”上下功夫来办教育：一是教劳心者劳力，即教读书的人做工；二是教劳力者劳心，即教做工的人读书。陶行知认为，只有真正在劳力上劳心才是真的教育，只有用脑的人用手、用手的人用脑，才能造就新型人才。陶行知还批判了旧教育制度重劳心不重劳力的思想。他在《中国教育改造》中提出：

> 在劳力上劳心，是一切发明之母。事事在劳力上劳心，便可得事物之真理……我们必须把人间的劳心者、劳力者、劳心兼劳力者一齐化为在劳力上劳心的人……而我们理想之极乐世界乃有实现之可能。[③]

除“书呆子”“田呆子”之外，陶行知还认为中国存在两种病症：“软手软脚病”和“笨头笨脑病”[④]。这与之前论述相类似的是，中国读书人实践能力差而导致呆头呆脑；工人和农民没有知识而导致粗手粗脚。陶行知认为，一个人若想要对社会做出一些贡献的话，必须将两者有机结合起来，缔结“手脑联盟”，然后才会有所发明、有所创造。

杜威在这方面也有论述。杜威曾在陶行知大力推荐的《民主主义与教育》中批评传统教育是“培养摆阔懒汉、教师、作家和领袖人物的教育”，这种教育与实际生产生活相脱离，与实用教育相抵抗，现时代的教育需要人们更新观念，要重视教育与生产的结合。他在《学校与

---

① 陶行知．陶行知全集(第二卷)[M]．华中师范学院教育科学研究所，主编．长沙：湖南教育出版社，1985：597.

② 陶行知．陶行知全集(第二卷)[M]．华中师范学院教育科学研究所，主编．长沙：湖南教育出版社，1985：598.

③ 陶行知．陶行知教育论著选[M]．董宝良，主编．北京：人民教育出版社，2015:220.

④ 陶行知．陶行知教育论著选[M]．董宝良，主编．北京：人民教育出版社，2015:363.

社会·明日之学校》中指出："声称机会均等为其理想的民主制度需要一种教育，这种教育把学习和社会应用，观念和实践，工作和对于所做工作的意义的认识，从一开始并且始终如一地结合起来。"[①]杜威认为，传统教育实施的是一种与民主精神完全相违背的教育，这种教育虽然比起完全没有接受过一点知识学习要好一些，但是，人民并没有社会民主意识。所以，这也是他所极力反对和批判的。

（二）对传统学校教育观的批判

不仅在反传统教育观念方面，陶行知与杜威存在相似之处，而且在反对传统学校教育方面，他也与其师杜威存在着共同点。陶行知认为："为学校而学校，它的方法必是注重在教训。给教训的是先生，受教训的是学生。改良一下，便成为教学——教学生学。先生教而不做，学生学而不做，有何用处？"[②]他主张有暇进学校的，尽可进学校；无暇进学校的，在自己家里、店里、厂里及任何集团里创起文化细胞来共谋长进，专靠学校来进行教育在中国是很勉强的，且不易做到。即使做到了，也是一种短命教育，没有久远的长进。办教育一定要从广大人民的经济、文化现状着想，不要拘泥于以往对学校、教育的理解。那种认为学校是唯一的教育场所，要想普及教育便非普设学校不可的观点，只是一种守旧的迷信。

陶行知这种思想并非毫无根据，从其师杜威处可以看到其出处。杜威反对传统意义上的学校教育，认为以往的教育只看到生活是琐碎的、狭隘的和粗糙的，主张将各门科目具有极其完备的和复杂的意义的内容揭示出来，教给儿童。陶行知深以为然，他同样也提出："学校生活只是社会生活一部分。学校不是道士观、和尚庙，必须与社会生活息息相通。要有化社会的能力，先要情愿社会化。"[③]杜威认为，这样的学校教育是不够的。首先，它不能保证多数人得到适当的教育，因

① 〔美〕约翰·杜威．学校与社会·明日之学校[M]．赵祥麟，等译．北京：人民教育出版社，2005：373.

② 陶行知．陶行知全集（第二卷）[M]．华中师范学院教育科学研究所，主编．长沙：湖南教育出版社，1985：712.

③ 陶行知．陶行知教育论著选[M]．董宝良，主编．北京：人民教育出版社，2015：170.

为条件有限，许多学生还没有接受完全的教育就已经离开了学校。这无论对个人的发展还是对社会的发展都是有极大的负面影响的。其次，将学校看作精英养成所，在这样的学校中实施的是与民主完全无关的“社会宿命论的计划”[①]。对于劳动人民只进行初步的读、写、算知识的教育，这样的传统教育违反了民主社会的基本要求，违背了民主精神的基本要求，造成了人与人之间事实上的不平等，因此必须改革传统教育。陶行知和杜威有关学校教育的论述显示了他们极力主张改革传统学校教育的愿望。他们共同认为，新的教育必须使教育与生活、学校与社会相联系，只有这样才能解决传统学校教育的弊病，才能建设民主的社会，使人民民主意识觉醒。

在中国杜威教育学派进行的教育实践中，郭秉文、蒋梦麟、胡适的研究视角更多地集中在面向中上层阶级的高等教育、正规学校教育上，在发展中更偏向西方化。陶行知与他们不同，他立足于人民大众、立足于中国国情，提出了社会大学、大众教育思想。由于他们研究领域的不同、思考角度的不同，产生了多样的观点，甚至有些冲突的地方，但他们都认为：中国传统教育弊病繁多，必须加以改革。

二、辩证看待中西方文化教育

陶行知与其他中国杜威教育学派学者相比，不仅仅重视西方文明，而且重视中国传统文化教育。他将二者融会贯通，开展了立足于中国教育现实、立足于民族大众的教育实践活动。

（一）反对“仪型他国”

杜威作为一个美国公民，对美国进步主义、民主和科学教育大加赞扬。杜威极力将适合西方的文化价值观念作为典范传达给中国人，希望中国人仿效。他甚至为中国教育与社会相脱节提出一个美国式

① 〔美〕约翰·杜威.学校与社会·明日之学校[M].赵祥麟，等译.北京：人民教育出版社，2005：373.

的解决方案，希望中国大力发展公立教育。他认为，他不是替美国的民治制度、民治教育鼓吹，而是经过一场空前大战争后，深觉世界上一切非民治制度的大害。杜威看到第一次世界大战带给世界的灾难后，热忱地将西方，主要是美国的思想送给中国，希望中国将其作为理想追求。

虽然陶行知也认同杜威的一些观点主张，并积极推行杜威有关民主科学的思想，但他赞赏学习西方文化时，并不认为西方文明优于中国文明，更不认同中国一定要拿西方来作典范。这点他不仅与杜威对西方、对美国教育的赞美截然不同，也与中国杜威教育学派其他人物存在巨大差异。郭秉文、胡适、蒋梦麟等中国杜威教育学派的学者多数时候主张中国应全面学习西方，从根本上加以改革，祛除中国教育之积弊，彻底改变旧式的传统教育。然而，陶行知却另辟蹊径，他试图通过自己的教育实践说明，要想搞好中国教育，必须立足中国国情，不能不加变通地一味学习西方教育。陶行知深信：一个国家的教育，无论在制度上、内容上、方法上，都不应常靠着因袭，而应遵照那国家的精神和需求去谋适合、谋创造。按照这个思路，陶行知创造性地提出了“生活教育”理论和“教学做合一”的教学法。陶行知回国之初，即发表文章批评教育界“专事仪型”的不良倾向：

> 吾国办学十余年，形式上虽不无客观，而教育进化之根本方法，则无人过问。故拘于古法，而徒仍旧贯者有之；慕于新奇，而专事仪型者有之。否则思而不学，凭空构想，一知半解，武断从事。即不然，则朝令夕罢，偶尔尝试。①

陶行知不仅在思想层面上反对完全西化，也在制度层面上反对“仪型他国”。他批评那些“辄以仪型外国制度为能事”的新人物不问国情，为害匪浅：“现在有一班人，开口就说：西方的物质文明比东方好，东方的精神文明比西方高。这句话初听似乎有理，我实在是百索不得其解。”②陶行知反对教育制度“仪型他国”与其反对西化思想是一

① 陶行知.陶行知教育论著选[M].董宝良，主编.北京：人民教育出版社，2015：13.
② 陶行知.陶行知教育论著选[M].董宝良，主编.北京：人民教育出版社，2015：229-230.

致的。在谈论新学制、制定新学制草案的过程中，教育界出现了一种弊病——囫囵吞枣地一味模仿美国、学习西方，制定的新学制草案缺乏对本国国情的考虑，可以说是美国教育直接照搬到了中国。面对这种情况，许多有识之士表示了不满与抗议。针对新学制草案不问国情，陶行知深有感触。他认为，新学制草案，确实是为适应现在的需求应运而生的，此次新学制拟定的标准对于社会需要和个人需要两种要素已经考虑得比较周全，但对于生活事业本体上之需要，却无明显之表示。[①] 虽然它在中等教育阶段有些许描述，但因为表述过于模糊而无法具体应用。而且仪型外国教育思想、教育制度太过，新学制的制定应当注意结合本国国情。陶行知认为，在新学制的制定过程中一定要依据社会、个人所需的能力和社会生活本体所需要的能力来综合考量。

陶行知对于中西方文化教育的辩证看待在我们现在看来，或许没有什么特别之处，但如果结合当时的背景：一是当时杜威实用主义教育思想正盛，二是陶行知作为杜威的弟子、中国杜威教育学派成员之一，他能够结合中国国情，开展生活教育实践而提出反对完全效法西方，此种勇气与眼界实属不凡，值得我们学习。

（二）重视传统文化教育精华

陶行知认为，传统教育存在很多弊病，比如，与人民群众的日常生活脱节，没有很好地与广大社会发生有机联系等。杜威跟陶行知一同抨击中国传统的旧式教育。杜威认为，在中国传统教育中，教育脱离了平民百姓的生活实际，过于书斋化、理智化、缺乏与社会的联系。而那些专长于同社会实际需要极少相关的人文研究的人因为不事生产，与社会脱离，最终也会被社会抛弃。他主张，办教育就要办以社会一般人民的需要为基础的教育，以一种实用主义教育代替传统书斋教育，让人人都做工，都与生活相联系，这样就会促进民主在社会的发展。陶行知在他最初开办晓庄师范学校时，考虑到与生活相联系，最好的例子就是，让学生开垦荒地、进行一天体力劳动作为晓庄师范入

① 陶行知.陶行知教育论著选[M].董宝良，主编.北京：人民教育出版社，2015:94.

学考试的一部分。

陶行知认为，要坚决祛除传统教育的弊端，但对于传统教育中的精华也需要认真吸收并加以利用。陶行知认为，中华上下五千年，中国有优秀的历史文化传统，“先秦诸子如老子、孔子、庄子、墨子、扬子、荀子等都能凭着自己的经验发表文字，故有独到的议论”[①]。从道家的“真人”说，到墨家的“亲知”说，到儒家的“格物致知”“重民思想”，到王阳明的“知行合一”、颜元的“经世致用”说等，陶行知都进行了认真的批判吸收。

陶行知在借鉴和批判西方现代教育思想的过程中，也积极对中国传统教育进行反思，吸收了不少有益的文化精髓。他在近20年的教育实践中，不仅引进了西方的现代教育观和科学的教育理论与方法，也吸取了博大精深的传统文化，并立足于中国国情，创立了中国化的生活教育理论，丰富了我国教育思想的宝库。

（三）借鉴西方文化教育思想

陶行知重视西方文明对中国教育发展的作用。他明确表示，中国竭诚欢迎外国输入的真知识，但“西方的物质文明比东方好，东方的精神文明比西方高”的观点是片面的、刻板的。在陶行知眼中，精神文明与物质文明是一体的，他将生活教育作为基点，指出衡量一个国家或学校是否进步文明，要以生活工具为出发点。于是，他主张中国要学习西方，千万不要空谈教育，只有教人发明工具、制造工具、运用工具才是真教育、真生活。

陶行知真诚地欢迎国外的先进思想进入中国，他不仅欢迎杜威的实用主义教育理论，与此同时还热忱地宣讲欧美“新教学法”。他在担任中华教育改进社主任干事一职期间，曾与教育界人士一起积极宣传和试验“新教学法”。陶行知十分认可当时颇有影响的设计教学法和道尔顿制。他认为，设计教学法是当时“实行活的教育的两个最时髦

---

① 陶行知.陶行知全集(第二卷)[M].华中师范学院教育科学研究所，主编.长沙：湖南教育出版社，1985：88.

的法子之一”[1],而且是活的教育最不可少的;而道尔顿制是课堂组织最好的教学法。在谈论道尔顿制时,陶行知认为,如果我们要学习道尔顿制,应当有充分的准备才能得到最大的益处。因此,陶行知在帕克赫斯特女士来华前将他所了解的有关道尔顿制的论文、书籍整理成报告介绍给广大的教育界同仁。陶行知还曾表示,中国近几年对新制度和新方法的尝试有很多,但成功的却不多,究其原因:首先,试验者必须要对试验的制度有透彻的了解;其次,还要有掌握试验程序的能力;最后,还需要百折不挠的精神和完成试验最低限度的资源条件。陶行知认为,如果这两种教学法能够恰当地实行,将会对中国传统教学改革大有裨益。他针对中国的情况,并综合上述教学法的优势加以学习,提出了将教授法改为教学法的主张。该主张得到了南京高等师范学校一些师生的支持。

(四) 辩证看待中西文化教育

在陶行知的文化教育观中,他最坚决的即是反对仪型他国,但他也重视世界新教育运动中先进的教育理念、教育方法,重视传统文化中的积极因素。他既没有同其他中国杜威学派的学者一样,完全认同西方的教育理念,主张完全的革新,彻底推翻中国的传统教育,丝毫也不再保留;也没有态度“暧昧”保守地延循旧式的教育模式,或是“点到为止”的改变。陶行知集中西方的教育精粹于一体,革故鼎新,发展出了一条适合我们中国国情的教育之路。陶行知有关中西文化教育的态度是辩证的、是具有批判性的,这种思想放到现今来看也是极为先进的。我们不得不夸赞他的目光之久远,具有高瞻远瞩式的胸怀与谋略。

1. 反传统教育,但不反对优秀的传统文化

陶行知反对升官教育和超然教育,认为这样的教育专靠文字、书本做独一无二的工具,其结果是将中国教育弄到山穷水尽,无路可走。但对于中国固有之美德,他竭诚地拥护。他在吸收传统的《墨辩》有关

---

① 陶行知.陶行知全集(第一卷)[M].华中师范学院教育科学研究所,主编.长沙:湖南教育出版社,1984:553.

亲知、闻知、说知，以及王阳明的“知是行之始，行是知之成”思想的基础上，形成了自己的“行是知之始”的认识论，发扬了中华民族优秀文化。陶行知认为，教育是一种令人快乐的事业。他在《师范生应有之观念》的演讲中讲道：“现任教育者，无不视当教员为苦途，以其无名无利也；殊不知其在经济上固甚苦，而实有无限之乐含在其中。”这是陶行知内心的真实呼唤，也是他对中国传统儒家学派创始人孔子思想的继承——孔子弟子三千，一生诲人不倦，达到了“发愤忘食，乐以忘忧，不知老之将至”。陶行知还有感于曾子“吾日三省吾身”的言论，要求师范生也能自省自己为何求学于教育领域。可见，早年中国传统文化教育启蒙，对他今后探索教育救国、民族解放、社会改革之路都有潜移默化的深远影响。

2. 反洋化教育，但竭诚欢迎外国的真知识

一方面，陶行知反对洋化教育，反对办学不顾中国贫穷落后的国情的做法。他认为，一味照搬照抄发达国家的教育模式，一味办奢侈教育的作风，是不符合中国实际的，从长远来看，也无益于中国教育的发展。另一方面，虽然陶行知反对洋化教育，但是，他反对洋化教育的用意并不是反对外来的知识，他对于外来的真知识是“十二分欢迎”的。陶行知认为，泰西学术，实高出吾人之上，何妨借人之长，以济己之短。在美国留学之初，他已经体会到了美国各行业之兴旺富裕、社会之繁荣发达、人民之幸福安康，所以他是真实地渴慕国外的真知识的。

他自己也在实践中不断借鉴杜威等西方教育家的思想创办教育。他提出的“生活即教育”“社会即学校”“教学做合一”不仅在语序上与杜威的“教育即生活”“学校即社会”“做中学”相一致，就是在思想上也存在着很大的相关性。这不仅仅体现了陶行知曾师从杜威，接受过西方高等教育的熏陶，更重要的是表明了陶行知擅于在中西文化的精华中吸取营养，丰富自己的思想。所以，他才能在前人经验的基础上总结归纳，又立足于中国国情与自己亲身的教育实践，富有创造性和开辟性地创立出生活教育理论。这在一定程度上也坚定了他反对洋化教育，欢迎外国真知识传入的信念。

3. **去与取，只问适不适，不问新与旧**

面对西方的文化还有中国的传统文化，陶行知在进行选择吸收时，有自己的原则，那就是无论西方文化还是中国传统文化，陶行知对其总的指导思想是“去与取，只问适不适，不问新与旧”。这是极为辩证的，在现在看来也是极为合适的。与其同时代的其他杜威学派的中国学者相比，这显示出了他较为客观的一面。

他在讨论学制草案时，提出要用科学的方法，修正出一个适用的学制。这个科学方法就是对于“外国的经验，如有适用的，采取他；如有不适用的，就回避他。本国以前的经验，如有适用的，就保存他；如不适用，就除掉他。去与取，只问适不适，不问新和旧”。而适合的标准就是看是否“适合国情，适合个性，适合事业学问需求”①。陶行知反洋化、反传统，最终目的就是要建立适合我们自己的教育理论与实践，不要直接照搬西方教育的经验，不可“抄袭”式地拿来放置于中国的教育，勿以西方教育、古代教育代替我们目前的教育。直接照搬过来的东西，不一定适合中国的国情。对于西方的经验，我们要有辨别地学习与汲取，决不可舍己从人。陶行知“去与取，只问适不适”的做法是客观的、是科学的，必然也有利于中国教育长远发展。

综上所述，以上三条原则是陶行知处理中西文化教育的基本观点。简而言之就是：“用批评态度，介绍外国文化，整理本国文化。”②多年来，陶行知在从事教育实践活动的过程中都遵循这一原则。陶行知指出，若干年来，中国教育为之努力的就是根据中西文化教育观，建立适合于当今中国的教育理论和实践，这是中国教育可以为之努力的前进方向。陶行知十分重视西方以及中国传统的优秀文化成果，但他认为，更为重要的是，办教育一定要走适合自己国情的道路，不能办与民众生活无关的“老八股”“洋八股”。他坚持要在中国的土壤上培育出适合中国向前发展的教育，建立新的适应农民生活需要的教育理

---

① 陶行知. 陶行知全集(第一卷)[M]. 华中师范学院教育科学研究所，主编. 长沙：湖南教育出版社，1984：190.

② 陶行知. 陶行知全集(第一卷)[M]. 华中师范学院教育科学研究所，主编. 长沙：湖南教育出版社，1984：557.

论与方法。[①] 事实上，他也是这么做的。陶行知创造性地提出了生活教育理论，他的生活教育扎根于中华大地、植根于中国的特殊国情。因此，与其他学说相比，生活教育理论彰显出独有的强大生命力。

三、秉持教育救国论

陶行知早在南京金陵大学求学时，就试图探索国家发展的出路。面对满目疮痍的中华大地，青年陶行知的心中是痛苦的，他想要做些什么，却又感到深深的无力。后来负笈游美，他看到美国社会如此之发达、教育如此之先进、人民文化素质如此之高、各行各业如此之兴旺，思索到底是什么让美国发达而中国却积贫积弱、饱受欺凌，这一切使他产生了教育救国的想法。陶行知留美归国后一直到创办晓庄师范学校再到晓庄师范学校被封前，他一直行走在用教育挽救中国的路途上。他与中国杜威教育学派其他学者——胡适、郭秉文、蒋梦麟等人一样，秉持“教育救国”思想。其间，陶行知虽然有新的有关教育理论、教育实践的探索，但是，他都没有走出“教育救国”的圈子。他始终坚信，教育能够给这个奄奄一息的国家带来生的希望，所以他内心是坚定的、是充满希望的。于是，在行动上，他也是积极的、充满干劲的。

但是，令陶行知没有想到的是，他一心为改变中国破败局面而进行的教育实践的心血——晓庄师范学校被封了。当晓庄师范学校被查封后，特别是“九·一八”“一二·九”运动以后的一段时间内，陶行知开始反思究竟是哪个环节出现了问题。我们相信，此时的他内心一定是极其痛苦的，“教育救国”的希望破灭了，但是作为一个有血有肉的中国人，作为一个对祖国饱含深情的有志青年，作为一个心怀中国命运的、满腹才情的学者，陶行知是不会看着泱泱中华沦为别人手中的鱼肉的。所以，当中国杜威教育学派其他人还在继续强调“教育救国”“学术救国”、反对学生运动时，陶行知并没有停下他探索救国之路

---

① 陶行知.陶行知全集(第二卷)[M].华中师范学院教育科学研究所，主编.长沙：湖南教育出版社，1985：27.

的脚步，而是他的“教育救国”思想发生了转变。他开始由“教育救国”逐渐转向“革命救国”。之所以会发生这种思想的转变，是因为陶行知已深刻认识到单靠教育是救不了国的。他提出：“中国已到生死关头，我们要认识只有民族解放的实际行动，才是救国的教育，为读书而读书，为教书而教书，乃是亡国的教育。”[①]但这时的陶行知只是做出了念头的转变，在行动上并没有完全放弃长期坚持的“教育救国”主张。

在同情革命、赞赏革命的同时，他依然将民族国家发展的希望放到教育改造上。中国的国难不是少数人可以挽救的，我们必须教育大众共同抵抗，中国才能起死回生。[②] 面对中华民族有史以来最严重的亡国危机，陶行知发出最深沉的呼喊。他希望可以通过教育的手段唤醒民众，让全民族大众一起团结起来，共同抵抗危机，一起挽救中华民族于水深火热之中。陶行知秉持教育救国的信念进行了一系列的教育实践，先后开展了普及教育、国难教育、战时教育、全面教育等，为挽救国家危机而努力。

在抗日战争到解放战争期间，陶行知的思想又发生了一些转变：革命在他心中的分量逐渐加深。这不仅仅是因为马克思主义影响的范围和深度愈来愈深远，也由于其对蒋介石政府的日益不满。“我们的抗战是全面抗战，我们的教育也跟着全面抗战的开展而成为全面教育……我们不能坐视中华民族的妈妈病死，必定要起来服侍她。”[③]当中国杜威教育学派其他人正醉心美国的帮助，为国民党文化教育事业服务，被表面的现象蒙蔽之时，陶行知却能够保持清醒，对美国的做法产生质疑，表达了自己的看法。1945 年，他在给杜威的信中指出，希望杜威能一如既往地支持中国的民主事业，号召美国人民不做有害于中国民主的事，他提出自己正站在这样的岗位，推动民主教育，以帮助民主的实现。[④]

---

① 陶行知. 陶行知全集(第三卷)[M]. 华中师范学院教育科学研究所，主编. 长沙：湖南教育出版社，1985：10.

② 陶行知. 陶行知全集(第三卷)[M]. 华中师范学院教育科学研究所，主编. 长沙：湖南教育出版社，1985：10.

③ 陶行知. 陶行知教育论著选[M]. 董宝良，主编. 北京：人民教育出版社，2015：492-494.

④ 陶行知. 陶行知全集(第三卷)[M]. 华中师范学院教育科学研究所，主编. 长沙：湖南教育出版社，1985：930-934.

不难看出，陶行知的言论与杜威以及中国杜威教育学派学者思想的不同之处。但因陶行知一生从事教育，对教育怀有深厚的感情，所以陶行知“教育救国”的观念并未完全消失，他依然将精力投入教育中，希望通过教育改变中国社会贫穷落后的面貌。陶行知虽然仍重视教育的作用，但已不再如前期那样认为教育是万能的，将满心的希望都寄托于教育之上，而是转变了思路，仅仅强调应该如何发挥教育的作用去解决实际问题。

陶行知一直在“教育救国”之路上辛勤探索，基于“教育救国”思想开展的教育实践活动非常丰富。他的“教育救国”思想如下。

（一）教育为立国之根本

陶行知重视教育的作用，他将挽救国家的危亡以及进行国家建设的重任放到教育上，认为教育能“救国”并能“造国”。一个国家教育能造“文化”，也能“造人”；能“造人”，则能“造国”。陶行知认为，教育是一个国家发展最有可为之事，我们要想摆脱亡国灭种的危机，就要从教育上面下功夫，认认真真地做教育。根据陶行知的所见所闻以及留美的亲身经历，他认为，欧美民主国家发达的主要原因就是教育发展得好。他在《师范教育之新趋势》的开篇即提出“教育是立国的根本”。他认为，当时中国具有国民资格的人很少，我们要大力发展教育，提高国民的素质。因此，对于中华民族来说，教育显得更为重要。

在国难教育时期，中华民族陷入了从未有过的绝境。全中国上下都在挣扎，迫在眉睫地需要奋起反抗的力量带领我们走出困境，走出敌人为我们设置的牢笼。陶行知在此时提出了通过教育唤醒民众，使民众团结起来的口号，呼吁：“我们站在教育的立场上，我们应当用教育的力量来建设新中国，我们的使命是要唤醒民众使民众团结起来！……所以我们可以说，现在国民革命还没有成功，因为中华的民众还不能自己团结起来。现在我们只有努力教育，用教育的力量来建设新中华！”[①]“我们要下一个决心，用教育的力量使民众团结起来，叫日本人回到日本去。我们晓庄学校的理想，是要用教育的力量来叫日本人

① 陶行知.陶行知教育论著选[M].董宝良，主编.北京：人民教育出版社，2015:251.

自己回到日本去,是要用教育的力量来建设新中华民国!”[①]陶行知在面对中华民族的深重危机的时候,显示出一个中国知识分子不屈不挠的斗志,用教育的力量来唤醒民众,使人民大众团结起来奋起反抗。只有这样,古老的中国才有一线生机,才有可能从敌人的铁蹄之下得以保全。

1932年,民族危机加深,中华民族陷入了前所未有的危亡之中。为了应对当前的国难,陶行知提出了国难教育。他认为,想要救中华民族于水深火热,还是主要依靠教育来完成。“我们现在要解除国难,先要有力量,因为我们力量不充分,所以才不能对付国难。因此,我们要对付国难,就必须以教育为手段,使我们的力量起了变化,把不能对付国难的力量,变成能够对付国难的力量,这才能达到目的。”[②]因为陶行知从事教育事业,对教育怀有深厚的感情,对教育事业有天然的信心,所以,陶行知希望通过教育使我们的物质变得丰富、精神变得强大,从而使我们有足够大的力量夺取抗日战争的胜利。甚至到1939年,他依然坚定信念,认为教育是具有强大力量的,生活教育理论是有巨大作用的。

陶行知将教育视为打倒日本帝国主义、复兴中华民族的伟大力量。这是他一贯秉持的观点。不过,经过种种事情的洗礼以及现实形势的发展,陶行知的思想观念转变了很多,他已不再如前期那样高谈教育救国。陶行知主张将抗战救国放到首要位置,指出教育要在这个基础上发挥力量并且增加力量。这时,他思想中的革命性达到了前所未有的高度。这也从侧面体现了他思想观念的先进性和科学性。他在《育才学校教育纲要草案》中指出,育才学校的教育是抗战与建国统一的教育。陶行知在之后开展了民主教育、全民教育等教育实践活动。他将注意力转到如何发展教育以促进中国社会发展方面,基本不再谈教育救国、教育为救国之根本。因为他也意识到了,单单只靠教育一项措施来挽救整个国家是行不通的,必须要有政治的、经济的、社会的因素在其中形成合力,方可奏效。教育可以作为一股重要的中坚

① 陶行知.陶行知教育论著选[M].董宝良,主编.北京：人民教育出版社,2015:252.
② 陶行知.陶行知教育论著选[M].董宝良,主编.北京：人民教育出版社,2015:357.

力量来教化人民，形成良好的社会风气，引领社会风潮，使人民团结起来一心向上走，从而建设物质资源丰饶、精神境界较高的社会。所以，在陶行知教育生涯后期，他提出了抗战建国、政治教育等主张。陶行知后期的教育活动已经与前期的教育实践活动有了很大的不同，与其师杜威的教育思想也有了很大的差异。

（二）大众教育为教育救国之基础

陶行知认为，在当前这种濒临亡国的绝境之下，单单依靠少部分人的力量，即小众的力量，是再也无法解决问题的，必须团结全中华民族的力量，团结每一个人的力量，使大众承担起救国的责任。唯有如此，中国才可以得救。那么，大众教育是什么呢？简单概括来说，大众教育就是人民大众自己的教育；大众教育就是人民大众自己办的教育；大众教育就是为人民大众谋福利、除痛苦的教育。大众教育不是简简单单的以数量多就可以称之为大众教育的，大众教育最核心的要点是教大众觉醒。

陶行知将大众教育作为教育救国的基础性工程。他深以为，大众教育水平如何将会决定国家发展的方向。大众教育若办得好，中华民族尚可以有挽救的余地；大众教育若办得不好，那么，中华民族危矣。他曾经在《教育研究方法》中明确表示过：

> 苟无多数健全之公民，利害洞彻，时势明了，取鉴先觉，各尽其职，则有倡无和，事卒不举。故人才教育以外，又当以普通教育为根本，以造成健全之公民。[①]

大众教育应该怎样办呢？根据当年教育部统计，中国有二万万失学成人、七千万失学儿童，如果想要将他们作为大众教育的对象，教育部所能够承担的教育经费肯定是不足的，甚至可以说是捉襟见肘。而且，当时的政府也必定不会将这样一笔巨大的经费投入教育事业中。陶行知认为，虽然情况不尽如人意，但我们不可以不采取行动，毕竟时

① 陶行知.陶行知全集(第一卷)[M].华中师范学院教育科学研究所，主编.长沙：湖南教育出版社，1984：65.

不我待，中华民族正在遭受有史以来最严重的危局。我们可以采取以下几个办法来解决教育资金不足的问题：一是“社会即学校”的方法。大众教育用不着花几百万、几千万来建造武汉大学那皇宫一般的校舍，工厂、农村、店铺、家庭等都可以成为大众教育的学校，客堂、厕所、亭子间等都可以成为大众教育的课堂。即大众教育的场所不必固定，所有的地方都可以开展大众教育，因为社会就是最好的学校。二是“即知即传”的方法。“得到真理的人便负有传授真理的义务。不肯教人的人不配受教育。”[①]陶行知认为，掌握知识的人负有传播知识的责任，先进的知识分子自然是不必说，要行走在推动大众教育的最前列；但是，我们都是学生，都是同学，掌握了知识的大人和儿童也可以成为推动大众教育前进的力量，成为“先生”“小先生”，传递知识，粉碎知识私有。三是“拼音新文字”的方法。陶行知认为，拼音新文字具有极易被掌握的特点，是属于大众的拼音和文字。有了新文字，我们可以使民众快速掌握一种学习的工具，短时间内就可以看到成效，使大众教育快速推广开来。除此之外，新文字还有一个特点，那就是所需投入的教育经费少，不用等待慈善家的赈济。通过这样的方法，我们便可以引导大众组织起来争取更多中国大众的解放，让人民群众自己教育自己、自己解放自己，这便是中华民族需要的大众教育。

陶行知的大众教育设想是极好的，而且他的这一思想与杜威有着一致性。杜威曾经提到过：“教育如架屋，政府如楔顶，国民如基础，必须基础坚固，房屋才能巩固。”[②]社会只有致力于构成它的所有成员的圆满生长，才能尽自身的职责于万一。这里所指出的社会的自我指导，没有什么会比这样学校更为重要。[③] 若要国家富强、社会发展、人民幸福，必须普及教育，人人有平等的接受教育的权利。无论任何一个国家，大国也好小国也罢，最大的资源是它的国民。杜威对比了美国的芝加哥与中国的福建，他认为，芝加哥与福建在一些方面存在很

---

① 陶行知. 陶行知教育论著选[M]. 董宝良，主编. 北京：人民教育出版社，2015：453.

② 袁刚，孙家祥，任丙强. 民治主义与现代社会：杜威在华讲演集[M]. 北京：北京大学出版社，2004：396

③ 〔美〕约翰·杜威. 学校与社会·明日之学校[M]. 赵祥麟，等译. 北京：人民教育出版社，2005：299.

大的相似性,但是,芝加哥却在语言、思想、习惯、宗教等方面比福建更为统一。究其背后原因,杜威认为是在美国,国民教育更为普及,国民于学校中接受教育、于学校中统一思想。他认为,“他国过去之事,可谓中国借鉴者,惟有普及教育一事”①,中国如果能普及大众的教育,能够解决普通大众受教育的问题,那么,中国教育的种种问题,也都可以得到妥善解决。

从上述陶行知与杜威的言论中,我们不难看出,他们师生二人都对发展大众教育、普及教育怀有相当大的热忱。从一方面来看,这可以说是他们师生二人一种不约而同的默契;从另一方面来看,这也是陶行知与杜威思想颇有渊源的联系之处。

(三)平民教育为教育救国之方法

在中国传统的教育思想中,精英主义教育长期以来占据着重要的地位。所以,人们总是天然地将它与特权阶级联系起来,认为它是为少数有钱、有闲阶级服务的教育。在陶行知看来,精英主义教育只能照顾到极少数的人,没有照顾到广大的劳动人民。然而国家的发展不能只依靠精英,国家的繁荣富强离不开广大的劳动人民。虽然陶行知本人接受的是精英主义教育,但他幼年时期家境贫寒,间断性地受教于私塾,中学以后入教会学校读书,所以他能够深刻地体会下层人民群众生活的艰辛。后期,陶行知受教于金陵大学,毕业后又赴美留学,在他身上能够看到一些精英主义教育的影子。陶行知虽然接受过精英主义教育,但是,他并没有忘记自己出身于何处,并未将过多精力投入精英教育的研究,而是将目光投向平民主义教育,反思精英主义教育的不足之处。陶行知认为,中国的繁荣富强不能只依靠精英,中国复兴的希望在于80%的平民阶层,只有他们也接受教育,中国才有可能复兴。所以,陶行知与中国杜威教育学派其他学者一起,积极宣传和实践当时流行于各国的杜威式平民教育、民主教育思想。杜威来华前,陶行知积极奔走,致力于宣传杜威的教育学说。他将杜威平民主

---

① 袁刚,孙家祥,任丙强.民治主义与现代社会:杜威在华讲演集[M].北京:北京大学出版社,2004:401.

义的教育看作是紧要的。杜威访华及之后的一两年内，他也没有停止步伐，继续追随杜威脚步，一直致力于推行平民主义教育。

陶行知开展了轰轰烈烈的平民主义教育。他积极宣讲、四处奔走，不知疲倦地踏遍了全国十几个省市，开展了广阔的“教育救国”实践活动。陶行知认为，现在推行的平民教育是未来普及教育的先声。教育无论对国家还是个人来说，都有莫大的便利。因此，自平民教育开办以来，“各地推行平民教育的时候，军、政、警、绅、工、商、学、宗教各界无不通力合作”[①]。不但各界配合平民教育，而且各个地方也都是配合的——广东、云南、湖南、东三省、四川以及其他各省区都协力进行。陶行知对于这种好现象是十分欣喜的。他认为，只要我们同心同德，虽然目前政治尚不统一，但统一的教育可以促成统一的国家。[②] 自从开展平民主义教育以来，陶行知使成千上百万的民众受到了识字教育。他开办平民读书处来组织不识字的平民百姓识字，这种做法是非常适合中国社会的现实需要的。他将开展平民教育比作给人吃饭：给人吃饭有两种方法，一种是“开饭馆”“来饭馆吃饭”，这是开办平民学校的方法；一种是“设厨房”“弄家常便饭”，这是开办平民读书处的方法。陶行知说道：“社会上顶多十人中有一人可上饭馆吃饭，顶少是有几人要在家里吃家常便饭的。所以要想平民教育普及，就要兼办平民学校和平民读书处。”[③]

从上述陶行知的话语中不难看出，他给予平民教育很大的希望。他希望可以通过平民教育给民众带来实际的知识、带来生活上的便利，可以给国家带来生气、带来社会力量的增长。而且，陶行知对于平民教育开展的情况也是感到十分欣慰的。他将教育救国的抱负施展到平民教育中来，希望人人读书、人人明理。陶行知也将这一目标作为今后开展工作的前进方向。

---

① 陶行知. 陶行知教育论著选[M]. 董宝良，主编. 北京：人民教育出版社，2015：147.

② 陶行知. 陶行知教育论著选[M]. 董宝良，主编. 北京：人民教育出版社，2015：149.

③ 陶行知. 陶行知全集(第一卷)[M]. 华中师范学院教育科学研究所，主编. 长沙：湖南教育出版社，1984：491.

(四)乡村教育为教育救国之重点

上述我们提到了平民教育,在陶行知实施的平民教育中,他所面向的教育对象主要是城市平民。在平民教育失败后,陶行知痛定思痛,进行了深刻反思,重新转换了思路。1925年后,陶行知将目光由城市转向农村,他认为,只有将教育救国的重心放在乡村,才可以达到理想中的效果。对于陶行知来说,这是他区别于其师杜威的一点,也可以说是他对杜威教育思想的发展。纵览在此之前的教育实践,无论在美国还是在中国,杜威教育思想的主要目标都是城市大众。中国杜威教育学派的其他学者如胡适、蒋梦麟等也是将目光更多地集中到城市大众,从未思考过乡村教育的问题。陶行知却基于中华民族的国情考量,创新性地提出了乡村教育,这也是陶行知灵活继承杜威思想的精华而又区别于杜威的独特之处。陶行知在一次演讲中动情地说道:"全国有三万万四千万的人民住在乡村里,所以乡村教育是远东一种伟大之现象。"[①]乡村教育关乎中国民众数以亿计,从全球来看,也占据了世界人口的五分之一。所以,中国乡村教育值得我们关注,我们也要切实地办好乡村教育。

平民教育失败后,陶行知将教育的受众由城市转移到乡村,转而在贫穷落后的中国乡村实施杜威的实用主义教育思想。他认为,乡村教育才应该是国家教育发展的重点。陶行知认为,现在中国的乡村学校不能很好地适应乡村的需要、不能很好地适应农民的需要,所以对乡村教育的改革势在必行。他指出,中华教育改进社成立三年以来,对于乡村教育素所注意,近来更觉得这件事是立国的根本大计。[②] 为此,陶行知以晓庄师范学校为中心开始了农村教育改造试验,并将试验成果推广到全国广大农村,形成了遍及全国的乡村教育救国运动。陶行知希望各省各县都能开展乡村教育运动。他深信,通过乡村教育能使全国上下焕然一新,能够使乡村重新焕发生机,从而使中华民族

---

① 陶行知.陶行知教育论著选[M].董宝良,主编.北京:人民教育出版社,2015:205.

② 陶行知.陶行知全集(第一卷)[M].华中师范学院教育科学研究所,主编.长沙:湖南教育出版社,1984:670.

焕发出新的生机。

毛泽东在谈到湖南农民文化运动时,曾给予这一教育活动好评:

农村里地主势力一倒,农民的文化运动便开始了。试看农民一向痛恶学校,如今却在努力办夜学校。……如今他们却大办其夜校,名之曰农民学校。……他们非常热心开办这种学校,认为这样的学校才是他们自己的。……农民运动发展的结果,农民的文化程度迅速地提高了。不久的时间内,全省当有几万所学校在乡村中涌现出来,不若知识阶级和所谓“教育家者流”,空唤“普及教育”,唤来唤去还是一句废话。[①]

我们可以从毛泽东对农民教育的评论中看出,毛主席是十分赞赏乡村教育的。评论中虽然没有明确指出陶行知的贡献,但从侧面反映出他对陶行知领导的乡村教育给予了很大的肯定,指明了陶行知创办的乡村学校是因时、因国情而办的,他的乡村教育与别的教育不同,他从不空唤普及教育口号,却实实在在地达到了让农民办属于自己的教育、提高农民文化程度的效果。这说明,陶行知的乡村教育是符合国情的、是有生命力的,还说明了乡村教育在当时的中国是走得通的。

(五)科学教育为教育救国之良策

陶行知在平民教育失败、乡村教育受阻后的一段时间里,重新思索教育的出路,国家的未来。此时,陶行知内心一定是极其痛苦的,经过一次又一次尝试,同时也经历了一次又一次失败,内心的希望燃起又破灭,几度波折之后,他痛定思痛,经过慎重思考,又将目光转到科学教育救国方面,将科学教育视为教育救国之良策。虽然直到此时陶行知才正式提出科学教育救国思想,但其萌芽却从他早期接触杜威的著作以及杜威在华演讲时就已悄然产生。

杜威曾提出,科学的发展确实为我们增加了有关教育的知识资本,但更为重要的是,“科学进步以后使我们有新的诚实,有研究事实

① 毛泽东.毛泽东选集(第二卷)[M].中共中央毛泽东选集出版委员会,编.北京:人民出版社,1991:39-40.

的方法和信仰，知道人的智慧，有找出真理，解决天然界事实种种困难的能力，对于事实只是老实说出，这么样就是这么样，然后去找出真理，去想解决纠正的方法，不是弥缝过去就算了”[①]。陶行知认同杜威的思想。他和杜威一样，也认为试验主义是解决问题的一种高度普遍化了的方法论，并且认为科学成果导致物质和精神进步。因此。他重视科学教育对国家的作用，在此后开展了一系列有关科学教育的教育实践活动。

当在日本流亡看到科学教育对日本发展的促进作用时，陶行知深有感触，也将中国的发展寄希望于“教育救国”“科学救国”。1931年，他从日本回来，一边从事于科学教育书籍的编撰，一边创办“自然学园”，一边推行“科学下嫁”。他认为，当时中国教育的通病是“教用脑的人不用手，不教用手的人用脑”[②]，结果自是可想而知，整个社会发展处于无力状态。陶行知在此时提出了“手脑联盟”，“脑筋与手联合起来，才可产生力量，把‘弱’与‘愚’都可去掉”[③]。陶行知认为，科学的教育会使我们现在贫穷落后的中国焕然一新，变成理想中的富强兴旺的国家。

陶行知将救国的希望寄托于科学教育。1931年和1932年，陶行知进行了很多丰富的、有关科学教育的实践活动。他秉持这样一个观点：科学教育必须在儿童身上下功夫。只有有了接受过科学教育的儿童，才会产生科学的中国和科学的中华民族。国难当头之际，他愈益觉得立国根本之教育，更有从速举办的必要。为此，陶行知积极编撰“儿童科学丛书”百种，并阐述希望通过科学教育这条路为中华民族发展找到良策。他给庄泽宣（早年留学美国哥伦比亚大学，时任广州中山大学教授及该校教育研究室主任）的信中提到：“几年以来，我们觉得要救中华民族，必须民族具备科学的本领，成为科学的民族，才能适应现代生活，而生存于现代世界。科学要从小教起……有了科学的

---

① 袁刚，孙家祥，任丙强. 民治主义与现代社会：杜威在华讲演集[M]. 北京：北京大学出版社，2004：448.

② 陶行知. 陶行知全集（第二卷）[M]. 华中师范学院教育科学研究所，主编. 长沙：湖南教育出版社，1985：300.

③ 陶行知. 陶行知教育论著选[M]. 董宝良，主编. 北京：人民教育出版社，2015：366.

儿童，自然会产生科学的中国和科学的中华民族……我们在这次国难当中察出，愈觉科学教育之重要。所以我们今后教育方针，准备瞄准向着这条路线上前进，为中华民族去找新生命。”①

陶行知提出的通过教育使“科学大众化”的思想本意在拯救中国的贫穷落后，但是科学教育思想与人民急需解决眼前的温饱问题的需求有很大的距离。当时，科学教育不仅解决不了中国工农大众的生活问题，更不可能挽救中国。他的科学教育救国思想只能在少部分城市实现，要在广大农村普及几乎是不可能的。因此，尽管强调科学、强调教育，与生活教育理论相比，陶行知并没有发展他的科学教育救国思想，其科学教育观点与杜威基本一致。

（六）师范教育为教育救国之紧要

陶行知认为，教育为国家之根本，国家前途的盛衰，都在师范教育、在教师手中，师范学校则负有培养改造国民的大责任。因此，他将师范教育视为教育救国之紧要。他曾说：“师范教育可以兴邦，也可以促国之亡。”他还说过：

> 教育能养成共和国之要素。共和国有二大要素：一须有正当领袖，一须有认识正当领袖之国民……故又必须养成能认识正当领袖之国民，领袖正当则从之，领袖不正当则去之。由是正当领袖之势力日张，而不正当领袖之势力日蹙。所以教育能巩固共和之基础也。②

陶行知尤其注重师范教育，将教师视为决定国家兴亡的关键。这种观点虽然过于偏激，但其对师范教育的强调、期望通过教育培养人才增进国家的力量才是他强调的重点。而且，唯有对师范教育如此强调，才可以使教育立足于中国。所以，他开展了一系列有关师范教育的实践活动。陶行知感慨于现行师范教育的缺憾以及各种行业施行“艺友制”之实效，决定在南京六校招收艺友。他在《艺友制师范教育答客问——关于南京六校招收艺友之解释》中说道：“师范教育的功

① 陶行知. 陶行知教育论著选[M]. 董宝良，主编. 北京：人民教育出版社，2015：351.
② 陶行知. 陶行知教育论著选[M]. 董宝良，主编. 北京：人民教育出版社，2015：16.

用是培养教师……学做教师有两种途径：一是从师，二是访友。跟朋友操练，比从师来得格外自然，格外有效力。所以要想做好教师，最好是和好教师做朋友。凡用朋友之道教人学做教师，便是艺友制师范教育。”[①]陶行知又提出了“艺友制”的根本方法是教学做合一，而且，只有“艺友制”才真正做到了彻底的教学做合一。“事怎样做便怎样学，怎样学便怎样教。教的法子根据学的法子，学的法子根据做的法子。先行先知的在做上教，后行后知的在做上学。”[②]陶行知还要求中国师范教育要“依据做学教合一的原则，实地训练有特殊兴味才干的人，使他们可以按着学生能力需要，指导学生享受环境之所有并应济环境之所需”[③]。这个定义实际包含了三大内容，即师范学校的工作、中学学校的工作和儿童的生活。陶行知要求这三者必须有机结合、融会贯通，才能建设出适宜的中国师范教育。

在杜威看来，教师更多地是起到教学辅助的作用，除此之外，并没有过多其他作用，所以，在美国时，杜威谈论师范教育以及教师的文章并不多。其思想的转变发生在访华后，杜威在中国的所见所闻影响了他之前的想法。来华后，他多次发表讲话谈及师范教育以及教师问题。如他在南通讲演时提到，教师肩负着巨大的社会责任，因为教育是改造社会的工具，教师掌握着教育的利器，近日的学校，就是他日的社会，所以教师要承担起应有的责任。陶行知也与杜威的思想有吻合之处。陶行知在归国不久即责问：“教育保国究竟是谁的责任？”他认为：“要晓得国家有一块未开化的土地，有一个未受教育的人民，都是由于我们没尽到责任。”[④]陶行知认为，身为教育者，或者是培养教师的师范学校，他们都负担着保卫国家、建设国家的责任。因此，陶行知特别重视教师的作用，认为教师在教育中起着十分重要的作用，将师范教育作为教育救国之紧要。陶行知将师范教育看得如此重要，他自然也以身作则，把一生奉献给教育事业，秉持着教育救国信念，积极投身

---

① 陶行知.陶行知教育论著选[M].董宝良，主编.北京：人民教育出版社，2015：223.
② 陶行知.陶行知教育论著选[M].董宝良，主编.北京：人民教育出版社，2015：224.
③ 陶行知.陶行知教育论著选[M].董宝良，主编.北京：人民教育出版社，2015：181.
④ 陶行知.陶行知全集(第一卷)[M].华中师范学院教育科学研究所，主编.长沙：湖南教育出版社，1984：114.

于民族解放、社会改革和人民教育。他是中国进步知识分子的楷模，是教育界不朽的丰碑，毛泽东称赞他为“伟大的人民教育家”，宋庆龄称赞他为“万世师表”，他的精神值得我辈师范后人永远铭记、学习。

四、提倡民主科学教育

杜威在“民主的教育”这个话题上总结了两大变化，这两大变化使人类生活和思维习惯发生了改变。其中之一即“民主思想的发展”，另一个则是“通过科学发现所带来的变化”[①]。陶行知吸收了杜威思想中的精华。

（一）平民主义教育思想及实践

随着杜威访华与新文化运动轰轰烈烈的开展，平民教育成为五四运动期间最具代表性的教育思潮之一。恰逢其时，陶行知认同并继承了其师杜威的思想，于1920－1923年与晏阳初、朱其慧等人一起开展了一系列平民教育实践活动。

杜威在《学校与社会·明日之学校》中曾指出，民主主义教育“致力于抛弃那种只适合于小部分人和专门阶级的课程，而朝向一种将真正地代表一个民主社会的需要和条件的课程”[②]。在开展平民教育活动的过程中，陶行知始终坚持以杜威民主主义教育思想为总指导。陶行知等开展平民教育运动之初，也要全社会尊重平民受教育的权利，无论什么样的人都有受教育的权利，平民教育最初就包括了大中小学在内的全部教育。起初，陶行知采取了一些暂时性的措施，如夏季大规模的扫除成年文盲的运动。不久他开始去各地旅行，在全国范围内推行平民教育，仅在1923—1924年不足一年的时间内，平民教育运动

① 〔美〕约翰·杜威.学校与社会·明日之学校[M].赵祥麟，等译.北京：人民教育出版社，2005：368.

② 〔美〕约翰·杜威.学校与社会·明日之学校[M].赵祥麟，等译.北京：人民教育出版社，2005：359.

便普及了20个省和自治区。[1] 只是后来，因为中国没受教育的成人太多，他们才将力量放到社会教育，并逐渐将平民教育演变为中国最早的成人教育、扫盲教育。但无论怎样变，其关于平民教育的概念、宗旨等理论思想以及平民教育活动的具体方法实施等都没有背离杜威的平民主义教育思想。

1. 平民教育的观念

陶行知认为："平民教育就是要叫种种人受平民化，一方面我们要打通贫贱、富贵等层层叠叠的横阶级，如贫富、贵贱、老爷小的、太太丫头等等，素来是不通声气的，我们要把他们沟通，又一方面我们要把深沟坚垒的纵阶级打通。"[2]总体说来，陶行知十分看重平民教育，认为平民教育就是要破除贫富差距悬殊的状况，打破各省、各行各业以及男女受教育的疆界，想要以此来达到改革传统教育给人带来的思想上的桎梏，以此来挽救国家的厄运。杜威在华的演讲中特别提到，民主教育意味着教育的平民化和平等化。这与弟子陶行知的观念不谋而合。杜威指明，平民主义的教育，"就是我们必须把教育事业，为全体人民着想，为组织社会的各个分子着想，使得他成为利便平民的教育，不成为少数贵族阶级或者有特殊势力的人的教育"[3]。

陶行知受杜威的影响，十分看重平民教育。他认为，无论是对于个人还是国家而言，平民教育都彰显出强大的力量，都是不可或缺的。他曾经在演讲中说道："若不能读书写字，便非完全的人，简直和禽兽无甚区别！然则我们要用什么法子使不能读写的非完全的人而成为能读能写、智力完全的人呢？唯一的方法，就是平民教育。"陶行知将平民教育看作教人以智慧的手段、人和禽兽相区别的尺度，这样的比喻可见他相信平民教育带给人的深度变革是其他方法无可比拟的。陶行知认为，中华民国空有民国的称号而无民国的实质，原因在于读

---

① 陶行知．陶行知全集（第一卷）[M]．华中师范学院教育科学研究所，主编．长沙：湖南教育出版社，1984：489．

② 陶行知．陶行知全集（第五卷）[M]．华中师范学院教育科学研究所，主编．长沙：湖南教育出版社，1985：55．

③ 袁刚，孙家祥，任丙强．民治主义与现代社会：杜威在华讲演集[M]．北京：北京大学出版社，2004：354．

过书的人太少,人民群众缺少主人翁的知识和能力,麻木地认为中华民国的存与亡与自己无关。

杜威针对平民主义教育提出了许多建设性的想法,如课程要实用;教师应负陶冶无数学生之责任;教育方法得当;注意个性,使各个人所具之自然特长,各得发育遂长。[①] 在这一问题上,陶行知没有进行过多的理论阐述,而是针对中国具体的情况,提出解决方案。他提出了办平民教育教员来源、教师数目以及教师训练等解决方法,也对经费、教育研究、教科书等问题给出了自己的意见。如对教具问题,他指出,教具基本有三种:教科书、影片、挂图。"此刻我们最大的愿望是:一、有不愿赚钱而承印者;二、印得快;三、并且印得好。"他说他就此问题已与商务印书馆进行了磋商,有成效。[②] 陶行知的设想并不是空喊口号,更重要的是他积极将计划付诸实施,体现了杜威学派重视实用、重视实行的特点。在陶行知的积极倡导和推动下,全国平民教育运动开展得轰轰烈烈。

2. 平民教育的实践

陶行知在杜威平民教育理论的基础上,根据中国的实际情况,开展平民教育实践活动。从 1921 年举办平民教育,推进平民识字运动起,陶行知的足迹遍布全国 11 个省,甚至将平民识字推广到一些省市的监狱。到 1924 年,他主编的《平民千字课》推行到了 20 个省区,据说有 40 万人接受了识字教育。在平民主义教育运动中,他基本以杜威有关平民教育的具体措施、方法为指导进行从教活动。杜威指出,各地应利用各种条件开展这种教育,将成人补习教育看作实施平民教育的一大益处。"方今各处多有学界联合会之设,其初志虽系督促政府,唤醒社会,然可利用之实行露天演讲,俾无数未受教育之成人,得享受普通之知识。是亦补习教育之一,于平民教育方面,大有裨

---

① 袁刚,孙家祥,任丙强.民治主义与现代社会:杜威在华讲演集[M].北京:北京大学出版社,2004:357.

② 陶行知.陶行知全集(第一卷)[M].华中师范学院教育科学研究所,主编.长沙:湖南教育出版社,1984:436.

益也。”①

除了主编《平民千字课》外，陶行知还进行了一些平民教育实践。他提出了三种形式的平民教育：一是平民学校；二是平民读书处；三是平民问字处。平民学校与普通的班级教学类似。平民读书处是为社会里有许多人因职务或别种关系不能按照钟点来校上课而想的变通办法。它通常以家、店、机关为单位设立。平民问字处服务于从事流动性质的、小本生意的人或车夫之流。问字处设在有人教字的店铺、家庭、机关里。这些平民教育形式与杜威提倡的利用散处各方的分子，于各地方创办种种教育的思想如出一辙。② 自从开展平民主义教育以来，陶行知使成千上百万的民众受到了识字教育。在这三种形式中，他更注重开办平民读书处来组织不识字的平民百姓进行识字，因为这种做法是非常适合中国社会的现实需要的。他在北京开了一百多个平民读书处，并在自家门口挂起了一块“笑山平民读书处”的牌子（“笑山”是陶父之号）。③

杜威在阐述如何实施民主主义教育的思想时指出：“我们实施平民教育的宗旨，是要个个人受切己的教育；实施平民教育的方法，是要使学校的生活真正是社会的生活。这样看来，人民求学的主旨，就是求生活的道理，这是真正的目的。”④而“若要注意平民的生活上去设施教育，除非把他们日常经验的事情都搬来做学校的教课，这方是平民的教育呢”⑤。陶行知在实践中也注意到这一情形。他根据平民生活，从社会需要、社会能力出发，设立许多平民教育读书处，并在平民教育中，主张读书与“饭碗”发生密不可分的关系。他以自己教安徽教育厅二十一位公役为例，指出：“安徽教育厅有二十一位公役，内中有六个

---

① 袁刚，孙家祥，任丙强．民治主义与现代社会：杜威在华讲演集[M]．北京：北京大学出版社，2004：367．

② 袁刚，孙家祥，任丙强．民治主义与现代社会：杜威在华讲演集[M]．北京：北京大学出版社，2004：25．

③ 陶行知．陶行知全集（第五卷）[M]．华中师范学院教育科学研究所，主编．长沙：湖南教育出版社，1985：243．

④ 袁刚，孙家祥，任丙强．民治主义与现代社会：杜威在华讲演集[M]．北京：北京大学出版社，2004：359．

⑤ 袁刚，孙家祥，任丙强．民治主义与现代社会：杜威在华讲演集[M]．北京：北京大学出版社，2004：357．

人起初不愿意读书。厅长只说了'不愿读书的人不得在厅里做事'一句话,大家都读了。"[①]他认为,这样的平民教育是和平民职业、平民切己生活相关的,具有重大的价值,可以事半功倍。由此,陶行知的平民主义教育实践既有与杜威一致的方面,又有对其发展的一面。

(二)教育科学与科学教育思想及实践

陶行知的教育活动十分关注科学。从美国归来后,陶行知积极从事教育试验,提倡用科学的精神来办教育。作为近代中国留美学生,他目睹了科学给西方国家带来的伟大发展,并且从此深深为科学所折服。1932年,陶行知在给教育家庄泽宣的信中指出:

> 我们觉得要救中华民族,必须(使)民族具备科学的本领,成为科学的民族,才能适应现代生活,而生存于现代世界。……国难当头,愈益觉得立国根本之教育,更有从速举办的必要。[②]

陶行知关于科学教育的思想既是对杜威科学思想继承的体现,也是其对杜威科学教育思想本土化的过程。杜威对于现代科学、教育和民主之间的相互关系极为关切,他在华时曾对世界以及中国科学教育、教育科学化问题做了诸多论述。他认为,现时代是用新的"科学的权威代替传统的权威",这种发展无论对教育内容还是教育方法都有很大影响。

> 在教材方面,科学进步的影响,大概减少从前偏重文科方面的语言文字等学科,而加上些注意实证的(positive)学科。在教授方法方面,科学进步的影响则把从前武断的方法如依据古说遗训、圣经贤传以及强使学生记诵等等,都减少了,而再加上些使学生直接去观察去试验的方法。[③]

---

① 陶行知.陶行知全集(第一卷)[M].华中师范学院教育科学研究所,主编.长沙:湖南教育出版社,1984:454.

② 陶行知.陶行知全集(第五卷)[M].华中师范学院教育科学研究所,主编.长沙:湖南教育出版社,1985:248.

③ 袁刚,孙家祥,任丙强.民治主义与现代社会:杜威在华讲演集[M].北京:北京大学出版社,2004:444.

杜威提出了科学发达在道德方面、知识思想等教育方面的影响以及科学的内容或材料在教育上的关系,使中国文化教育界注意到科学与教育的关系。陶行知关注教育科学化以及如何科学化的问题,又通过各种实践活动,丰富了这一思想,为中国教育科学化做了诸多的贡献。在有关教育科学化的思想中,陶行知体现了对杜威思想进行实践的特点。杜威在中国演讲的基本是有关世界科学与教育理论的阐述,这不是一种适应中国的教育理论。他在理论上所缺乏的,被陶行知在实践中弥补了。陶行知在有关中国教育科学化问题的论述及实践方面,继承和丰富了杜威的科学思想。

1. 呼唤教育试验

因为重视科学思想,陶行知重视科学试验在科学、教育中的作用。他接受杜威的试验主义作为解决问题的一种高度普遍化了的方法论,认为试验之精神,近世一切发明所由来也,"推类至尽,发古人所未发,明今人所未明,皆试验之责任也"[①]。

杜威认为,"试验主义"就是把科学精神应用到社会上去和事情上去。现在科学的应用,既要注意物质上"增高人类的生产力",又要"注意精神方面的道德",而欲达此目的,必须以思想指导行为,而以行为试验思想才好。[②] 现在中国尚在过渡时代,应该极力提倡"试验主义"。陶行知也提倡科学精神,重视教育试验,他认识到:"欧美之所以进步敏捷者,以有试验方法故;中国之所以瞠乎人后者,以无试验方法故。"[③]他在《试验主义之教育方法》中对美中开展教育试验对比后指出,中国办学十余年,形式上虽不无客观,而教育进化之根本方法,则无人过问,而教育没有改进,在于缺乏试验精神。"故欲教育之刷新,非实行试验方法不为功。盖能试验,则能自树立;能自树立,则能发古

---

① 陶行知.陶行知全集(第一卷)[M].华中师范学院教育科学研究所,主编.长沙:湖南教育出版社,1984:95.

② 袁刚,孙家祥,任丙强.民治主义与现代社会:杜威在华讲演集[M].北京:北京大学出版社,2004:274.

③ 陶行知.陶行知全集(第一卷)[M].华中师范学院教育科学研究所,主编.长沙:湖南教育出版社,1984:60.

人所未发,明今人所未明。"[1]从这里我们可以看出,早期陶行知受美国及杜威思想的影响,他希望通过教育试验,提高中国的教育水平,发展科学教育,振兴民族。

1919年,杜威在与南京教育界人士进行座谈时指出:"教授科学,不重试验,其弊甚多。盖以学生所得者,空而无用,于审思明辨毫无裨益。"[2]他认为,从前教育不重视试验,什么事只是定了章程,永远遵守;或怀疑态度,完全没有计划,过了今日,不知明日怎么样,都各有利弊。正确的做法是:"我们应该先有一个计划,步步以试验的结果来更变","学校应有试验的计划,办学的,做教师的,都随时随地试验,随时随地修正,复以各地试验的结果,互相报告,彼此交换意见,彼此纠正;集合大家试验的结果,成为有弹性的教育精神"。[3] 杜威认为,这不是形式上的统一,而是有试验做保证的"精神上的统一"。

陶行知也主张要进行教育科学研究和试验。他一直以现实为着眼点,力求通过教育试验解决生活中的实际问题。陶行知认为,试验人才、试验组织、试验基地、试验精神都是以"做"为核心的教育试验的最重要因素。他强调教育试验要用科学的方法,它们是"建设新教育的利器",如观察法、统计法、测验法等。1921年,陶行知发表了《中学教育试验之必要》等文章。陶行知试验教育的主要论点大致有:第一,试验是教育创新的必由之路。他说:"试验者,发明之利器也。"第二,唯有试验才能创立适合国情的教育。陶行知之所以提倡教育试验,是因为他认为只有通过教育试验才能创立适合中国国情的教育。第三,教育试验必须要有科学的方法。教育试验是一个复杂的创新过程,开展教育试验,必须要有科学的教育方法。第四,教育试验要有缜密的计划,因为教育试验以人、以学生为对象。第五,主张设立试验学校,从教育试验的实际需要出发,设立相应的试验学校。

---

① 陶行知.陶行知全集(第一卷)[M].华中师范学院教育科学研究所,主编.长沙:湖南教育出版社,1984:62.

② 袁刚,孙家祥,任丙强.民治主义与现代社会:杜威在华讲演集[M].北京:北京大学出版社,2004:657.

③ 袁刚,孙家祥,任丙强.民治主义与现代社会:杜威在华讲演集[M].北京:北京大学出版社,2004:453.

尽管陶行知与杜威关于教育试验的论述不完全相同，但是他们都认定试验是解决教育问题的良策，学校教育应有试验精神。总而言之，会试验的教育家和会试验的国民都是试验教育所要养成的。试验教育对于当时中国教育发展、社会进步来说都具有重大意义。

2. 开展教育试验

在将西方教育科学知识引入中国后，陶行知开展了教育试验活动。他指出，我们现在所有的学校，大概都是按着一定的格式办的，目的有规定、方法有规定，变通的余地很少，不能发现新理。并且师范学校的附属学校，有为实地教授的，也有为模范设的，但为试验教育原理设的，简直可以说没有。这样对于全国实行的课程、管理、教学、设备究竟是否适当，无人过问，也无从问起。因此，办好教育，他主张要有教育试验，并且也要管理好教育试验。"为今之计，凡是师范学校及研究教育的机关，都应当注重试验的附属学校；地方上也应当按着特别情形，选择几个学校，做试验的中心点。不过试验的时候，第一要得人，第二要有缜密的计划。随便什么学校，如果合乎这两个条件，就须撤销一切障碍，使它得以自由试验。"①

杜威提出的教育试验是一种理论上的见解，陶行知将其实践化、中国化。陶行知创办的晓庄师范学校最初即取名为"试验乡村师范学校"，晓庄乡村师范学校内的一切教育教学活动都不是沿袭旧历，而是有所试验、有所创新。它可能有成功之处，也可能有失败之处，无论怎样，这是发展中国教育的一条新路。陶行知指出，他以及中国教育改进社的人是"抱着研究的态度、科学的精神，以实际乡村生活"进行乡村教育试验的。当时的晓庄师范学校是陶行知试验他的教育理想的场所，在晓庄师范学校，各种建设都很简陋，因为时值国民革命高涨之秋，陶行知也主张在教育上进行革命。他在晓庄试验乡村师范学校的演讲中指出："本校的办法，是主张在劳力上劳心。本校全部生活，是'教学做'……我们的实际生活就是我们全部的课程；我们的课程就是

---

① 陶行知．陶行知全集（第一卷）[M]．华中师范学院教育科学研究所，主编．长沙：湖南教育出版社，1984：110-111.

我们的实际生活。”[①]除此之外，陶行知还提到了晓庄师范学校基本的生活包括：早晨时进行寅会、武术，上午进行阅读，下午进行农事和简单仪器制造，晚上在平民夜校做笔记、日记。晓庄师范学校是陶行知提出的教育试验设想的具体实践。他对晓庄师范学校的规划体现了他尊重中国当时的国情，并没有照搬西方国家的经验，而是采用灵活的、变通的方式改革教育。这也与杜威给中国教育试验的建议不谋而合。

陶行知重视教育试验并力行试验，这既使杜威的关于科学试验的思想在中国得到实施，又使他生活教育理论的发展得到了强有力的保证。他进行教育科学试验、提出生活教育理论以及有关教育的信条，为当时以及后来中国教育的试验奠定了基础。我们今日对教育试验的重视，各地的实验小学、实验中学，即从那时开始的。

3. 重视对儿童进行科学教育，编写教科书

陶行知回国初始即提倡科学教育、提倡教育试验，但那时他更多是引进外国科学教育思想，在中国进行理论阐述。1931 年，他从日本回国后，则开始了另一种科学救国运动，即强调从儿童时期开展科学教育，使儿童从小打下科学教育的烙印。他指出：“科学要从小教起。我们要造成一个科学的民族，必要在民族的嫩芽——儿童——上去加功夫培植。有了科学的儿童，自然会产生科学的中国和科学的中华民族。”[②]他在杭州师范学校的演讲中提出，我们应当有一个科学的中国，而承担起这个责任的是小学教师。陶行知之所以这么说是因为他认为，科学的中国首先要中国人个个都知道科学[③]，只有在小孩子身上施加科学教育，培养他们对科学的兴趣，才有可能产生一个科学的中国。陶行知鼓励杭州师范学校学生不要惧怕科学是很高深、精微的学问。他生动形象地举了两位著名科学家——富兰克林和爱迪生的例子来激励男教师学做“富兰克林的父亲”，女教师学做“爱迪生的母亲”。从

① 陶行知. 陶行知教育文集[M]. 胡晓风，等编. 成都：四川教育出版社，2005：241.

② 陶行知. 陶行知全集(第五卷)[M]. 华中师范学院教育科学研究所，主编. 长沙：湖南教育出版社，1985：247.

③ 陶行知. 陶行知教育名篇选[M]. 董宝良，主编. 北京：人民教育出版社，2012：432.

中我们可以看出，陶行知十分渴望中国成为科学人才辈出的国家。因此，他极其重视对儿童的科学教育，这也与杜威的教育观点不谋而合。

杜威虽没有为中国科学教育提出明确的课程，但他经常以物理、化学、生物等自然学科为例讲述科学教育、教授等问题。同时，他还告诫中国教育者对儿童进行科学教育要使科学与日常的生活、知识相连属。他还设计了几个中国进行植物、电学、农艺的课程如何去教的问题。

陶行知认为，手脑结合是对儿童进行科学教育的最为科学的方法。根据这一方法，他编出了适合儿童教育的教学做合一的教科书。他批评旧教科书的无能，提倡新编科学教科书，且亲自为晓庄师范学校编制了七十种生活力和教学做指导用书。其中，第二十一种至第五十种属于科学生活，科学教育在教学做合一的教科书编制中占据了最大的分量。这些教科书涉及物理、电学、生理卫生、建筑、光学等学科，使儿童从接触简单的科学知识开始，渐渐了解复杂知识。陶行知有关科学教科书的论述，既是他在晓庄师范学校试验基础上提出的，同时也是他在吸取杜威有关科学教育思想的基础上提出的。杜威认为，一切科学都是应生活需要而起。所谓科学教材，也无非是把日常经验之事物用这个方法把它组织一下子罢了。陶行知也指出，他的生活用书或教学做指导，“最先须将一个现代社会的生活或该有的力量，一样一样的列举，归类组成一个整个的生活系统，即组成一个用书系统”①。对科学教材，他们都强调要适合不同生活的需要，强调对儿童进行科学教育，培养儿童进行科学生活的能力。

虽然陶行知与杜威在儿童科学教育方面的思想不尽一致：杜威侧重在理论上提醒中国教育界进行科学教育，陶行知注重在实践中开展面向儿童的科学教育，但他们都注意到中国科学教育的不足，并提出了具体的建议、措施。杜威有关科学教育的教材、教法等阐述也给陶行知的儿童科学教育思想提供了理论支持，使陶行知的实践有了保证，也使陶行知对在中国推广科学教育充满信心和决心。只是当时中

---

① 陶行知. 陶行知全集(第二卷)[M]. 华中师范学院教育科学研究所，主编. 长沙：湖南教育出版社，1985：295.

国社会状况不断恶化，人民处于水深火热之中，更需要及时地、具体地解决他们日常生活中的实际问题，而这与杜威、陶行知提出的长远的科学教育计划产生了矛盾。最终，杜威、陶行知的科学教育、教育科学化不了了之。

五、重视对学生自治的研究

在陶行知的教育思想中，关于学生自治的部分虽不多，但却是其教育思想中非常重要的一个方面。其中，专门讲述自治的只有《学生自治问题之研究》一篇，在论述育才学校、普及学校时，他也曾提到自治。陶行知践行学生自治的最重要事件是他在开展民主教育运动时，创办的晓庄师范学校。在普及教育的活动中，他提倡将学生组织成一个集体，让学生在集体中进行自我管理与自我教育。陶行知对于自治的观点如自治是什么、如何进行自治等问题，与杜威有的看法基本一致。二者的区别在于：陶行知的自治思想在于如何在学校里贯彻执行学生自治，而杜威的自治思想更多是从哲学、教育的角度进行理论上的阐述。

（一）自治含义及作用

陶行知认为，学生自治是相对于被治而言，它要求学生自己管理自己，但自治不是打消规则、不是放任，也不是和学校宣布独立，它是一种练习自治。在这个有关学生自治思想的认识论的基础上，陶行知提出："学生自治是学生结起团体来，大家学习自己管理自己的手续。"[①]陶行知还指出，学生自治与别的自治稍有不同，因为学生还在求学时代，就有一种练习自治的意思。从学校这方面来说，就是"为学生预备种种机会，使学生能够大家组织起来，养成他们自己管理自己的

① 陶行知.陶行知全集(第一卷)[M].华中师范学院教育科学研究所，主编.长沙：湖南教育出版社，1984：132.

能力”[①]。依这个定义说来，学生自治，不是自由行动，乃是共同治理；不是打消规则，乃是大家立法守法；不是放任，不是和学校宣布独立，乃是练习自治的道理。

陶行知认为，自治是共和国的公民必备的能力。专制国需要的公民，是要他们有被治的习惯；共和国需要的公民，是要他们有自治的能力。在一个国家中，人民能够自治，就可以得到太平。当时，平民主义的潮流来势凶猛，使人想挣脱束缚，渴望自由。人民需要被给予机会获得自治的权利，要将自由的欲望约束在一定的范围之内。从这点上来看，自治也就是克制、守法。有了自治能力，可以养成几种主要习惯：“一是对于公共幸福，可以养成主动的兴味；对于公共事业，可以养成担负的能力；对于公共是非，可以养成明了的判断。”[②]杜威在中国访问时，也同样注意到中国学校儿童被动学习的情况，提出希望学生自动学习的想法。他指出，现代教育是“学校以儿童为中心，社会以青年为中心，所以最希望学校养成一种有生气的儿童，社会养成一种有生气的青年。要怎样能养成呢？就是从自动始”[③]。

陶行知关于自治的诸种好处在杜威这里都早有论述。杜威以上海一职业学校为例，指出学校实行自动自治对学生发展的几大益处：第一，学生自治可为修身伦理的试验；第二，学生自治能适应学生之需要；第三，学生自治能辅助风纪之进步；第四，学生自治能促进学生经验之发展。另外，杜威认为，自治可以发展精神。“我们遇着一件事情，必先审度能动与否；再想动了怎样，怎样变化，怎样应变，它最后的胜利怎样，最后的胜利在哪一方面；然后从善的一方面去动。必如此动作，才能算是改良或创造。”陶行知与杜威都认为，自治可以使学生习知社会行事道理，自治可以发展学生的判断力，他们主张学生练习自治。谈到学生自治对国家的作用时，陶行知认为：“共和国所需要

---

① 陶行知．陶行知全集（第一卷）[M]．华中师范学院教育科学研究所，主编．长沙：湖南教育出版社，1984：133．

② 陶行知．陶行知全集（第一卷）[M]．华中师范学院教育科学研究所，主编．长沙：湖南教育出版社，1984：134．

③ 袁刚，孙家祥，任丙强．民治主义与现代社会：杜威在华讲演集[M]．北京：北京大学出版社，2004：108．

的公民，是要他们有共同自治的能力。中国既号称共和国，当然要有能够共同自治的公民。想有能够共同自治的公民，必先有能够共同自治的学生。所以从我们国体上看起来，我们学校一定要养成学生共同自治的能力，否则不应算为共和国的学校。”①

杜威在讲自治时注重“自”与“治”之间的联结作用，他指出：

现在人们讲自治，往往注意“自”字而忘却“治”字，所以曰言自治，乃至被治于人。被治于人，固非假自治之名而欲以治人，亦非学生在校提倡自治，每以为藉自治之名，可以避教职员之督责，或取得教职员之职权而反以治教职员。②

陶行知也指出，学生自治，不是自由行动，乃是共同治理；不是打消规则，乃是大家立法守法；不是放任，不是和学校宣布独立。他主张，学生要有自治的经验，就要让学生在自治的实践中去培养学生的责任感，就必须让学生去自负解决问题的责任。学生“自觉得越多，则经验越发丰富”。如果由教师或其他人代为解决问题，纵然暂时结束，经验却也被旁人拿去了。③ 从某种意义上说，陶行知这一自治自主思想不仅仅是一个教育思想，更是一种民主思想、一种教育民主的思想，同时又深深有着政治民主的烙印。这都可以从他论述学生自主自治的重要性中得以印证。杜威认为：“人类都不喜欢被人夺去自己的权力。极琐屑的问题，也往往载在法律，使人不能逾越。其弊终至处处受法律的束缚，自由意志不能发表，一些事也不能做。所以一切的法律章程，都是愈简愈好，只要能够解释清楚为什么要有这一种法律。”杜威还指出，中国许多学生自治团体失败的原因在于为着制定法律、规则的时候，未经详细的推究、得舆论的赞同。因为“在学生团体之中，偶一不慎，也要有像军阀派一样的人物，从中操纵一切”④。

---

① 陶行知．陶行知全集（第一卷）[M]．华中师范学院教育科学研究所，主编．长沙：湖南教育出版社，1984：136．

② 袁刚，孙家祥，任丙强．民治主义与现代社会：杜威在华讲演集[M]．北京：北京大学出版社，2004：128．

③ 陶行知．陶行知全集（第一卷）[M]．华中师范学院教育科学研究所，主编．长沙：湖南教育出版社，1984：134．

④ 袁刚，孙家祥，任丙强．民治主义与现代社会：杜威在华讲演集[M]．北京：北京大学出版社，2004：114-115．

陶行知认为，学生自治对建设民主国家非常重要。因此，学生自治是共和国学校里一件重要的事情。我们若想得美满的效果，须把它当件大事做、当个学问研究、当个美术去欣赏。当件大事做，方才可以成功；当个学问研究，方才可以进步。这两种还不够，因为自治是一种人生的美术，凡美术都有使人欣赏爱慕的能力；那不能使人欣赏的、爱慕的，便不是真美术，也就不是真的学生自治。所以学生自治，必须办到一个地位，使凡参加和旁观的人，都觉得它宝贵，都不得不欣赏、爱慕它。办到这个地位，才算是高尚的人生美术，才算是真正的学生自治。陶行知还论述了学生自主自治精神在公民政治素养中的作用："我们既要能自治的公民，又要能自治的学生，就不得不问问究竟如何可以养成这般公民学生，所以养成服从的人民，必须用专制的方法；养成共和的人民，必须用自治的方法。"①陶行知也意识到了政治民主后会出现民主泛化的危险，因此提高学生自主自治还有其欲抵消平民主义的负面影响之考量，使他们自由的欲望可以自己约束，以除自乱的病源。② 在这个意义上，学生自治很好地把握了民主的理念，并同时巧妙地避免了过分民主带来的弊病。

（二）如何练习自治

陶行知关于培育学生自治自主精神的思想，不只是停留在文字上，更是身体力行、积极实践，并在实践中发展理论。他在 20 世纪 20 年代从事乡村教育时，在乡村学校里就始终贯彻"自立、自治、自卫"的方针。在晓庄师范学校的办学实践中，陶行知提出了"自立与互助""平等与责任""自由与纪律""大同与不同"四条方针。他要求晓庄人"滴自己的汗，吃自己的饭，自己的事自己干"。③ 晓庄要求每个学生每段时间制订自己的计划并按自己的计划进行，但至于是什么计划、如

① 陶行知．陶行知全集（第一卷）[M]．华中师范学院教育科学研究所，主编．长沙：湖南教育出版社，1984：140-141．

② 陶行知．陶行知全集（第一卷）[M]．华中师范学院教育科学研究所，主编．长沙：湖南教育出版社，1984：140-141．

③ 陶行知．陶行知全集（第一卷）[M]．华中师范学院教育科学研究所，主编．长沙：湖南教育出版社，1984：134．

何实现,便是学生个人的自由了。晓庄以学生的志愿为志愿、学生的计划为计划、学生的贡献为贡献,格外体现出自由的意义。这也是陶行知练习学生自治的重要手段与方法。

对于如何练习自治,陶行知认为,事怎样做就须怎样学。譬如游泳要在水里游,学游泳,就须在水里学。若不下水,只管在岸上读游泳的书籍,做游泳的动作,纵然学了一世,到了下水的时候,还是要沉下去的。所以,“专制国要有服从的顺民,必须使做百姓的时常练习服从的道理;久而久之,习惯成自然,大家就不知不觉的只会服从了。共和国要有能自治的国民,须使做国民的时常练习自治的道理;久而久之,习惯成自然,他们也就能够自治了”①。他认为,现在我们要养成自治公民,一定要拿自治方法给学生,如果用专制的方法,可以养成自治的学生公民,那么,学生自治问题,还可以缓一步说;无奈自治的学生公民,只可拿自治的方法将他们陶熔出来。杜威认为,“要养成自治的习惯,须渐渐而来”,自治的组织,乃不断的进行,仿佛登楼,必须一级一级的上升。② 在专制国家的学校中,采用专制的方法,养成学生依赖的心性。在共和国家,民主精神发达的社会之下,这种专制的方法就不适用了。

陶行知与杜威都强调自治是要通过训练得来的,要练习道德的行为,养成学生对于公共事情上的愿为、智力、才力。自治还需学生根据生活经验,适应学生的需要,自立规矩,自订法律。经过同学之间的切磋和教师的辅助,犯了错也可以有机会纠正,避免在社会上因没有练习而犯错走上害己害国的路。在自治问题上要注意,学生自治不是叫学生争权,有了权力来管理其他学生,出现“治人”的现象,这是和民主相违背的。当然,自治也要配合学校管理,不和学校对立。在练习自治的过程中,同学之间互相切磋,教员尽心尽力地进行指导,学校要从整体上指导参与。陶行知在《学生自治问题之研究》一文中指出,施行学生自治要注意的要点:

---

① 陶行知. 陶行知全集(第一卷)[M]. 华中师范学院教育科学研究所,主编. 长沙:湖南教育出版社,1984:140-141.

② 袁刚,孙家祥,任丙强. 民治主义与现代社会:杜威在华讲演集[M]. 北京:北京大学出版社,2004:116.

第一，学生自治是学校中一件大事，全体学生都要以大事看待它，认真去做。

第二，学生自治如同地方自治。

第三，学生自治之有无效力，要看本校对于这个问题是否有相当了解兴味。

第四，法是为人立的：含糊启争，故宜清楚；繁琐害事，故宜简单。

第五，推测一校学生自治的失败，一看他的领袖就知道。

第六，学校与学生始终宜抱持一种协助贡献的精神。

第七，学校与学生对于学生自治问题，要采取一种试验态度。①

陶行知论述学生自治的言论是杜威有关培养自治国民法律事宜在学校和社会上的具体应用。因此，陶行知关于自治问题的论述，基本上是对杜威自治思想的一种再次创新性的阐释与贯彻，二者之间是一种继承、一致的关系。

六、提出“生活即教育”“社会即学校”观点

陶行知在生活教育等方面实践并创造性地发展了杜威的教育思想。杜威重视教育与生活的关系，倡导“教育即生活”与“学校即社会”，提出中国的教育与生活、学校与社会之间的紧密联系。陶行知与中国杜威教育学派的其他人一样，也重视教育与生活的关系，但与杜威及中国杜威教育学派其他人不同，他反对将他的生活教育理论说成是教育与生活相联系。陶行知认为，一提到联系，便含有彼此相外的意思：

生活教育是以生活为中心之教育。它不是要求教育与生活联络。一提到联络，便含有彼此相外的意思。倘使我们主张教育与生活联络，便不啻承认教育与生活是两个个体，好像一个是张三，一个是李

① 陶行知.陶行知全集(第一卷)[M].华中师范学院教育科学研究所，主编.长沙：湖南教育出版社，1984：140-141.

四，平日不相识，现在要互递名片结为朋友。①

“生活即教育”“社会即学校”理论是陶行知生活教育理论与实践的主要命题。命题从形式上看是对杜威“教育即生活”“学校即社会”的颠倒，实际上却是陶行知本人实践创造的结果。它与杜威理论既有相连、相承性，又有本质的差异。这两个命题与“教学做合一”经常被放在一起谈论，并且它们之间有着密切联系性。但在陶行知的论述中，我们可以看到，“生活即教育”“社会即学校”常被伴随阐发，“教学做合一”则有相对的独立性；“生活即教育”“社会即学校”是生活教育理论，“教学做合一”是生活教育的方法论。

（一）“生活即教育”与“社会即学校”思想的形成及意义

瑞士教育家裴斯泰洛齐（J. Pestalozzi）在八十岁总结自己教育经验时曾提出一个原则：“生活教育具有教育的作用。”②他认为，自然的生活能给人的德育、智育和实际技能等各方面发展带来影响。

1897 年，杜威在《我的教育信条》中提出：“教育是生活的过程。”③这个学说将教育与现实生活联系起来，改变了以往教育与社会生活相分离、教育是为将来生活做准备的状况。这是教育思想的一大变革，较之裴斯泰洛齐的思想更进一步。1918 年，陶行知受裴斯泰洛齐、杜威的影响，在其著作《生利主义之职业教育》中提出：“生活主义包含万状，凡人生一切所需皆属之，其范围之广，实与教育等。”④ 1919 年，陶行知又对“生活教育”做了进一步解释：“生活的教育为生活而教育，也就是为生活的提高、进步而教育。”他分析了学校与社会的关系，认为：“学校是小的社会，社会是大的学校。所以要使学校成为一个

---

① 陶行知. 陶行知全集（第二卷）[M]. 华中师范学院教育科学研究所，主编. 长沙：湖南教育出版社，1985：182.

② 陶行知，等. 生活教育文选[M]. 胡晓风，等编. 成都：四川教育出版社，1988：6.

③ 〔美〕约翰 · 杜威. 学校与社会 · 明日之学校[M]. 赵祥麟，等译. 北京：人民教育出版社，2005：6.

④ 陶行知. 陶行知全集（第一卷）[M]. 华中师范学院教育科学研究所，主编. 长沙：湖南教育出版社，1984：78.

小共和国，须把社会上一切的事，拣选它主要的，一件一件的举行。"[①]这是陶行知"生活即教育""社会即学校"思想的初步提出。他将教育与生活看作是具有密切关系的两件事物，将学校看作是精心选择教学内容、排除外界不良影响的机构。

1929年前后，陶行知正式形成生活教育理论。他在《晓庄三岁敬告同志书》中提出：当初，生活教育戴着一顶"教育即生活"的帽子。自从教学做合一的理论试行以后，渐渐觉得"教育即生活"的理论行不通了。一年前，我们便提出一个"生活即教育"的理论来代替。在提出"生活即教育"的同时，陶行知还指出：与"教育即生活"有联带关系的就是"学校即社会"。"学校即社会"是跟着"教育即生活"而来的，现在我也把它翻了半个筋斗，变成"社会即学校"。[②]

"生活即教育"是陶行知生活教育思想的主要内容，这一思想对生活与教育的关系重新做了阐释，具有重大意义。它从根本上消解了人们对于"生活教育"的误解。从生活与教育的关系上来看，生活决定教育，有什么样的生活就有什么样的教育；教育对生活具有反作用，良好的教育会催人奋进，进而改造我们的生活，推动社会的进步。生活无时无刻不在变化，这就要求教育也要随之发生改变。所以，陶行知认为，生活的过程就是进行教育的过程，这就扩大了教育的内容和范围，主张人人都要主动参与到生活中去，在生活中接受教育。"生活即教育"，承认一切非正式的东西都在教育范围以内。它"是叫教育从书本的到人生的，从狭隘的到广阔的，从字面的到手脑相长的，从耳目的到身心全顾的"[③]。从此，生活教育的内容、方法便脉脉贯通了。

"社会即学校"是陶行知生活教育理论的重要组成部分，同样具有重大意义与影响。"社会即学校"打破了传统的学校观——认为只有学校是学习的场所，是受教育的地方。学校的定义十分狭隘，用围墙

① 陶行知.陶行知全集(第一卷)[M].华中师范学院教育科学研究所，主编.长沙：湖南教育出版社，1984：126.

② 陶行知.陶行知全集(第二卷)[M].华中师范学院教育科学研究所，主编.长沙：湖南教育出版社，1985：181.

③ 陶行知.陶行知全集(第二卷)[M].华中师范学院教育科学研究所，主编.长沙：湖南教育出版社，1985：199.

将学校与社会隔开,每天固定的时间上课,在时空上限定学校,束缚了学生的视野和创造力。“社会即学校”不是简单的学校社会化,而是要求拆去学校与社会中间的围墙,使我们可以达到亲民、亲物的境界。“主张教育的材料,教育的方法,教育的工具,教育的环境,都可以增加扩大,学生、先生也可以更多起来。”①“社会即学校”把社会教育、学校教育和家庭教育连贯成一个整体,将整个人生和整个社会都纳入生活教育的范围。人人可以受教育,处处可以受教育,这样一来,人的教育范围更加广泛。陶行知提出生活教育理论在当时的历史背景下具有重要意义与作用:

一、我们认识教育只是民族大众人类解放之工具。二、我们认识生活之变化才是教育之变化,便自然而然的要求真正的抗战教育,必须通过抗战生活。三、我们认识社会即学校,便不会专在后方流连。四、我们认识人民集中的地方便是教育应到的地方。五、我们认识集团的生活的力量大于个人的生活的力量,即认识集团的教育力量大于个人的教育力量。六、我们认识“生活影响生活”以及人人都能即知即传,故不但顾到成人青年而且顾到老年人与小孩子,整个民族不分男女老少都必然的要他们在炮火中发出力量来。七、我们认识教学做合一及在劳力上劳心为最有效之生活法亦即最有效之教育法,便自然以行动为中心而不致陷落在虚空里面。八、我们认识到处可以生活即到处可以办教育。②

(二)“生活即教育”“社会即学校”对“教育即生活”“学校即社会”之突破

“生活即教育”与“教育即生活”,“社会即学校”与“学校即社会”,表面为词语顺序的颠倒,实则反映了不同的教育实践、不同的教育努力方向。杜威的生活教育以改进学校教育为目标,而陶行知的生活教

① 陶行知.陶行知全集(第二卷)[M].华中师范学院教育科学研究所,主编.长沙:湖南教育出版社,1985:201.

② 陶行知.陶行知全集(第四卷)[M].华中师范学院教育科学研究所,主编.长沙:湖南教育出版社,1985:184-185.

育则以改进大众教育为目标。经过多年的教育实践，陶行知已明显地认识到杜威及其进步主义教育思想在中国的不适合性以及他们理论的局限性。杜威等教育思想立意虽好，但却只重视在学校教育中的“做”，忽视了实际生活中的“做”“行动”的环节。[1]

陶行知一再指出杜威教育理论是对中国传统教育进行批判的有力武器。生活教育就是针对传统教育而言的，生活是教育内容的来源，教育是为了更好的生活。传统教育是让人死读书、读死书，读书为了考试升学和做官发财，这种教育使人的头脑僵化，不利于人的能力的培养，也不利于国家和社会的进步。但是，一旦抱着解决被排斥在公立学校之外的农民及其子弟的问题时，杜威的理论又不能原封不动地适用于中国现实，它必须得到改造。虽然“生活即教育”“社会即学校”与“教育即生活”“学校即社会”看起来只是顺序颠倒，实际它们代表着不同的理念，反映了杜威、陶行知对中国教育问题的关注、正视。[2]杜威关注的是以建设发展为任务的发达国家的学校教育；陶行知虽然也关注中国的学校教育，但他更认识到中国民族大众教育的严峻性、迫切性。为了使广大民众受到必要的教育，他提出办效力极大的生活教育，反对将眼光局限在偏狭的学校教育上。他指出：“教育可以是书本的，与生活隔绝，其力量极小。拿全部生活去做教育的对象，然后教育的力量才能伟大，方不至于偏狭。”[3]

陶行知对生活教育理论的论述，明显地反映出他与杜威思想的不同，即存在一定的突破性。杜威提倡“教育即生活”“学校即社会”，学校的教育是一种事先设计好的内容、是有意识地专门针对一定年龄的儿童进行教育。这样的学校是雏形的社会生活，它反映的是“大社会生活的各种类型的作业”，是对社会生活的模仿，不是现实的社会生活。杜威反对以直接获得生活技能为目的的技能性学习，而认为学生

---

① 陶行知．陶行知全集(第二卷)[M]．华中师范学院教育科学研究所，主编．长沙：湖南教育出版社，1985：199．

② 陶行知．陶行知全集(第四卷)[M]．华中师范学院教育科学研究所，主编．长沙：湖南教育出版社，1985：184-185．

③ 陶行知．陶行知全集(第二卷)[M]．华中师范学院教育科学研究所，主编．长沙：湖南教育出版社，1985：199．

技能学习只是起点,学生最终应了解的还是适应未来生活的知识。[①]陶行知的理论尽管可能使学生开展的活动以及活动结果与杜威提倡的一致,但其源头、理论指导思想是不一致的。陶行知认为,生活就是教育,他指的生活是一种广泛的生活,教育也是一种广泛的教育。他主张学生学习的内容就是真实的社会情境,这种情境较之杜威的设定好的情境要粗糙,晓庄的整个生活就是晓庄的教育。

陶行知思想与杜威思想的不同还在于二者对教育概念、命题的理解以及生活教育的实践不同。在这基础上,他们开展了不同的教育实践活动。而他们理论、实践的立足点不同又是二人最根本的不同。陶行知立足于中国土壤,开展了适合中国社会发展的乡村教育、大众教育,杜威则立足于发达资本主义国家提出了普及教育后的教育问题。陶行知曾说,杜威不能和他主张的一致,因为美国是资本主义国家;杜威的理论也不能在中国实现,因为它不适合中国。他认为,生活教育才是我们这个国土上的教育。到 1936 年,陶行知对以往生活教育理论与实践经验进行总结,写出了《生活教育之特质》一文,明确指出生活教育的基本特征:① 生活的;② 行动的;③ 大众的;④ 前进的;⑤ 世界的;⑥ 有历史联系的。[②] 从陶行知提出的这些生活的特质,我们可以看出,生活教育理论,即“生活即教育”“社会即学校”“教学做合一”已成为与“教育即生活”“学校即社会”“做中学”完全不同的两种思想。陶行知提到的适合中国生活、前进的、大众的、有历史联系的生活教育扎根于中华民族土壤,它既吸取了历史上以及国外的优秀成果,又具时代特点。

杜威提出“教育即生活”,把生活拉进学校里,让学校成为小社会,这就好比动物关在笼子里,失去了自由,这是不行的。陶行知先生对于杜威的理论是批判地继承:教育要紧扣生活主题,围绕社会生活进行,要用好的生活来教育不好的生活。“生活即教育”是生活教育理论

① 陶行知.陶行知全集(第二卷)[M].华中师范学院教育科学研究所,主编.长沙:湖南教育出版社,1985:182.

② 陶行知.陶行知全集(第三卷)[M].华中师范学院教育科学研究所,主编.长沙:湖南教育出版社,1985:25-27.

的核心，是生活教育体系的主体框架，是生活教育的本质。“学校即社会”的概念，目的是把学校的各个方面延伸到自然界。从某种意义上说，陶行知将杜威的“学校即社会”创造性地转化为“社会即学校”，类似于当代美国一些教育改革家，使他们的学校走向社区和社会。

综上，陶行知的“生活即教育”“社会即学校”理论与杜威的“教育即生活”“学校即社会”有着深刻的联系。这一理论既是对杜威思想的继承，又是对杜威理论的超越。陶行知的“生活教育”是以生活为中心的教育，将教育的范围从学校扩展到整个社会生活，使社会也成为教育的场所，把生活和教育密切联系在一起。他在践行“生活即教育”思想的过程中，采用的教学方法是“教学做合一”，着眼于当时中国的实际，寄希望于教育，希望教育上的变革能够带来国家的稳定、人民的幸福。

七、提出“教学做合一”观点

“教学做合一”是陶行知“生活教育”理论的切入点，同时也是一种新的教学方法。这一理论的中心即是“做”。它既是学的中心，也是教的中心。在陶行知看来，“教学做”是一件事，而不是三件事，不能把教、学、做分开。若将其分开，把传授知识看作是教师自己的工作，把学知识看作是学生的任务，只注重理论知识的传授，忽视实践的重要性，就会重蹈传统教育的覆辙。这就要求教师在传授知识时要在做上教，学生要在做上学，只有做到教、学、做三者的统一，才是真正的教育。生活教育必须是“教学做合一”的教育，是知行合一、理论与实践合一的教育。它反对传统教育的形式主义，要求学生手脑并用，提升自身的综合能力。陶行知“教学做合一”这一方法论的提出对于教育发展具有重要作用。他指出：

“教学做合一”的教育方法，它是以社会为学校，以生活即教育，它使得教育活动不再在旧的纯观念的小圈子里打转，而是走向了实践的新时代，它使教育不再回避现实而大胆地面对现实，它又使得教育不再空自卖弄玄虚，而是具有了坚实的基础和活生生的内容了。[①]

（一）“教学做合一”思想的形成过程

1918年，陶行知提出改革传统教育方法的主张，即以“教学法”取代“教授法”，但在南京高等师范学校遭到保守势力的强烈反对。后来，他借助五四运动、新文化运动的影响，改革才得以进行，不久即为全国教育界所采用。1919年7月，他在浙江省立第一师范学校演讲时，又依据杜威“教育即经验改造”的定义，提出了教和做的关系。他指出，新教育要“依据经验，怎样做的事，就应当怎样教”[②]。随后，他在《学生自治问题之研究》一文中又提到做和学的关系，指出：“事怎样做，就须怎样学。”[③]这时期，陶行知关于“做学教”进行的只是零散的论述，其理论带有明显的杜威“做中学”的痕迹。如杜威主张“从活动中学”“从经验中学”，使学校的知识与实际生活联系起来，陶行知也提出依据经验进行做事、教学，使知识与学生兴趣相符合。

后来，随着其对中国情况了解的深入，随着实践经验的丰富，陶行知不断走出杜威思想的束缚，并于1922年新学制制定过程中，形成了自己独特的“教学做合一”理论。他指出：“事怎样做就怎样学，怎样学就怎样教，教的法子要根据学的法子，学的法子要根据做的法子。”[④]这是陶行知首次对“做学教”三者的关系进行理论阐述，标志着“教学做合一”理论开始形成，但这时“教学做合一”名称还未清晰出现。1925年，他在南开大学演讲时，受中国杜威教育学派另一代表人物张伯苓的启发，才明确提出了“教学做合一”的名称。[⑤]“教学做合一”理论形成后，很长一段时间没有大的发展。直到1926年，陶行知从平民教育转

---

① 陶行知，等.生活教育文选[M].胡晓风，等编.成都：四川教育出版社，1988：220.

② 陶行知.陶行知全集(第二卷)[M].华中师范学院教育科学研究所，主编.长沙：湖南教育出版社，1985：41-42.

③ 陶行知.陶行知全集(第一卷)[M].华中师范学院教育科学研究所，主编.长沙：湖南教育出版社，1984：133-134.

④ 陶行知.陶行知全集(第一卷)[M].华中师范学院教育科学研究所，主编.长沙：湖南教育出版社，1984：133-134.

⑤ 陶行知.陶行知全集(第二卷)[M].华中师范学院教育科学研究所，主编.长沙：湖南教育出版社，1985：42.

向乡村教育、师范教育，在《中国师范教育建设论》一文中，为回答师范学校“教什么？怎样教？教谁？谁教？”的问题，才完整地阐述了“教学做合一”理论。

教的法子要根据学的法子；学的法子要根据做的法子。教法、学法、做法应当是合一的。我们对于这个问题所建议的答语是：事怎样做就怎样学；怎样学就怎样教；怎样教就怎样训练教师。①

1927年3月15日，晓庄师范学校正式成立，校训就是“教学做合一”五个字。7月2日，陶行知针对有些同志仍不明了校训的意义，就做了《教学做合一》的演讲并形成专文，“教学做合一”思想真正确立。陶行知“教学做合一”理论既是对杜威“做中学”的批判性继承，也是其对中国传统教学方式反思改革的结果。陶行知在美国时，美国重视实践、重视做的教育思想给他留下了深刻印象。当他回国看见国内学校里“先生只管教，学生只管受教的情形”②就认定中国学校一定要改革教学法。随即于1927年11月，陶行知发表《教学做合一》一文，把他的教学改革主张进一步系统化。他说：“教学做是一件事，不是三件事。我们要在做上教，在做上学。在做上教的是先生，在做上学的是学生。从先生对学生的关系说，做便是教；从学生对先生的关系说，做便是学。先生拿做来教，乃是真教；学生拿做来学，方是实学。不在做上用功夫，教固不成教，学也不成学。”③依据此理论，陶行知提出了不同的“教学做合一”方式。创办晓庄学校时，他提出乡村师范的“教学做合一”；抗战前后，他提出民族解放的“教学做”；民主教育阶段，他提出民主学校的“教学做合一”的方法。这些都真实地反映了陶行知善于实践、敢于实践，并勤于总结的“行知精神”。

杜威和陶行知二人都倡导从生活实践中学习知识、能力和本领，都强调实践的重要性。因此，杜威的“做中学”和陶行知的“教学做合

① 陶行知．陶行知全集（第一卷）[M]．华中师范学院教育科学研究所，主编．长沙：湖南教育出版社，1984：638．

② 陶行知．陶行知全集（第一卷）[M]．华中师范学院教育科学研究所，主编．长沙：湖南教育出版社，1984：638．

③ 陶行知．陶行知全集（第一卷）[M]．华中师范学院教育科学研究所，主编．长沙：湖南教育出版社，1984：42-43．

一”都是以“做”为中心，践行各自的教育理念。总之，杜威和陶行知都强调实践的重要性，主张理论与实践相结合，教育与生活是一个不可分割的整体。

(二)“教学做合一”对“做中学”思想的突破和创新

从“教学做合一”理论的最初产生，到“教学做合一”实践的初步展开，到成熟的“教学做合一”理论，再到实践，陶行知的“教学做合一”经历了漫长、复杂的过程。在这个过程中，“教学做合一”逐渐突破“做中学”的束缚，成为适合当时中国教育实际的崭新理论。[①] 这些创新性主要体现在以下几方面。

1.“教学做合一”突破了“做中学”的认识论基础

杜威的“做中学”是以知行合一于行的观点为理论依据的，陶行知的“教学做合一”是以“行是知之始，知是行之成”观点为其认识论依据的。[②] 杜威和陶行知都重视“知行合一”，杜威是从互动方面理解知行关系，陶行知则从先后维度谈“知行合一”。杜威重视“行”的方面，据此提出了著名的“做中学”论点，主张学生通过实际的“行”“做”去获得生活的知识技能，然后在此基础上进一步去做、去改造社会。在其“做中学”中，只有行，没有其他，甚至“知”就其本义而言也就是做。杜威认为，知行中，只有行动才可以有知识。他提出：“我闻中国古代‘知之非艰，行之惟艰’的话。试验的方法，却与之相反。这是只有行然后可以知，没有动作，便没有真的知识。”[③]

陶行知也谈“知行合一”，但他从不同的方面来谈此问题。他认为，在人的认识过程中，知行各具独立性，不能以知代行或以行代知，知和行在认识过程中都出现：知行中，行先知后。他曾指出：

阳明先生说：“知是行之始，行是知之成。”我以为不对。应该是：“行是知之始，知是行之成。”他举例道：小孩起初必定是烫了手才知

---

① 陶行知.陶行知全集(第二卷)[M].华中师范学院教育科学研究所，主编.长沙：湖南教育出版社，1985：152.

② 〔美〕杜威.杜威五大讲演[M].胡适，译.合肥：安徽教育出版社，1999：138.

③ 〔美〕约翰·杜威.民主主义与教育[M].王承绪，译.北京：人民教育出版社，2001：362-363.

道火是热的,冰了手才知道雪是冷的;吃过糖才知道糖是甜的,碰过石头才知道石头是硬的……凡此种种,我们都看得清楚"行是知之始,知是行之成"。①

陶行知认为,有行动才能得到知识,有知识才能创造,有创造才有热烈的兴趣。基于行先知后的观点,陶行知提出了"教学做合一"思想,要求无论教师还是学生都要通过"做"得到一定的知识,然后将知识教给其他人或者用以改造生活。陶行知本人在教育实践中也这样做,并通过实践坚信"行是知之始,知是行之成"的正确性。他的教学做思想最初是在南京高等师范学校和一些中等学校实行。学生只学课本不是真学,学生要多进行社会实践,将所学的理论与社会生活结合起来,来判断课本上的知识是否符合社会实际。如果唯书是举,势必会成为书呆子,就不是真学。学游泳不在水里练习是学不好的,学画画不在纸上实践也是学不好的,一定要亲自做。当然,"做"不是蛮干,要以实际生活为中心地做,是有目的的、有思维的做。通过做,师生获得直接经验,然后经过思维加工,从感性认识上升到理性认识,把握客观事物的发展规律,这样才能为社会生活创造价值。

因为具有一定的理论基础及理论实践,"行是知之始,知是行之成"理论指导下的"教学做合一"在当时的中国产生了广泛的影响。

2. "教学做合一"突破了"做中学"教育理念的束缚

杜威主张通过"做"来学习。他认为,学校是社会的雏形,"做中学"要在校内通过模仿社会的生活实行。他不主张从社会的、实际的事上进行学习,因为那样,社会上的不良事物将会进入学校,影响学生的发展。陶行知也以"做"为中心,但他主张的学习则是要在实际生活中,通过实际生活来做、来学、来发展。这样"教学做合一"涉及的范围要比"做中学"更广泛、更深远。

"做中学"的"做"是让儿童从事游戏、手工这样的活动,这是一种模仿现实的虚拟活动,不是社会实践。而陶行知的"做"既包含了校内的试验活动,也包括了真实的社会实践以及革命运动实践。按柏拉图

① 陶行知.陶行知全集(第二卷)[M].华中师范学院教育科学研究所,主编.长沙:湖南教育出版社,1985:152.

在《理想国》中所描述的来分析，杜威“做中学”的“做”是现实生活的影像，而陶行知“教学做合一”的“做”是真实的生活。看到影像的人总是得不到真实的情况，甚至得到的是虚假的，他们对世界的认识有偏颇、有局限，只有看到真实事物的人才能真正认识世界。

陶行知在《思想的母亲》中也提及“做中学”缺乏实际行动的弊病，他指出：

> 我拿杜威先生的道理体验了十几年，觉得他所叙述的过程好比是一个单极的电路，通不出电流。他没有提及那思想的母亲。这位母亲便是行动。路走不通，才觉有困难。走不通而不觉得困难，这是庸人。连脚都没有动而心理却虚造出万千困难，这是妄人。走不通而发现困难，便想出种种法子来解决困难，不到解决不止，这是科学家。所以我要提出的修正是在困难之前加一行动之步骤，于是整个科学的生活之过程便成了：行动生困难，困难生疑问，疑问生假设，假设生试验，试验生断语，断语又生了行动，如此演进于无穷。懒得动手去做，哪里会有正确的思想产生，又何能算是科学生活？[①]

杜威“做中学”理论主要在学校及课堂描述了教师与学生的关系，强调教师与学生相互交往。其中，教师在交往活动里扮演参与者和组织者的角色，但它几乎没有谈到学习之余的师生相处问题。而陶行知从“生活即教育”出发，更加重视教师与学生共同生活，在生活中共同发展，达到教学相长。他尤其强调师生共甘苦，师生平等和互相学习。陶行知结合时代的需要，认为学习不仅局限于课堂，认识到学习能冲破学校进入生活，这在当时乃至现在都是难能可贵的思想。陶行知更加重视生活实际行动的思想、理念，符合中国教育的现状，使得“教学做合一”在中国具有更大的实用性，成为中国教育家认识、改变中国教育现状的有力手段。

3. “教学做合一”突破了“做中学”“教”与“学”的限制

杜威主张“从做中学”，强调“做”的重要性。他强调在实践中获得

---

① 陶行知. 陶行知全集(第二卷)[M]. 华中师范学院教育科学研究所，主编. 长沙：湖南教育出版社，1985：404.

知识，不是一味地在课堂上对学生灌输理论知识，而是引导他们在亲身“做”的过程中获得经验。对于我国传统教育时期的中小学来说，教学过程只注重学生的学习成绩，过于关注理论知识的传授，束缚了儿童思维的发展。正如杜威所阐述的那样：“这种不调动儿童内在动力而填鸭式的灌输知识，无异于强迫没有眼睛的盲人去观看万物，无异于将不思饮水的马匹牵到河边强迫它饮水。这种忽视天性和压迫天性的教育显然是愚蠢的。”①

陶行知曾将杜威的教育思想运用于我国基础教育改革之中，试图用杜威的教育思想来拯救落后的中国。但由于当时的特殊国情，在实践过程中，他多次碰壁，最后以失败告终。陶行知在学习杜威教育思想的基础上，根据中国的具体国情，并结合自身的教育实践经验，提出了“生活教育”思想。陶行知首先在教学手段上摒弃了杜威的从“做中学”的思想，提倡“教学做合一”的教学方法。陶行知的“教学做合一”不再是教师一味地只教课本，学生也不是单纯地只学课本；而是教师要在“做”上教，学生要在“做”上学。另外，陶行知的“教学做合一”与杜威的“做中学”虽然都强调以“做”为中心，但在陶行知这里，他的“做”是牵着“教”和“学”两端的，他希望通过做，教师和学生能共同完成属于自己的任务。② 但在杜威这里，“做中学”是以反对传统书本、课堂、教师为中心的被动式教育面目出现的。杜威认为，被动式教育培养出来的学生在学校里只会服从教师的命令，在社会上只会服从长官的权威，这种教育“是与一个以创造和独立为原则以及每一个公民都应当投身于共同利益的事务之中的民主社会，是不协调的”③。他希望在民主社会里，学与做相结合的教育将取代由教师传授学问的被动式教育。因此，在杜威的理论中，他更强调“做”和“学”，相对忽视了教师在教学过程中的主导作用。杜威曾说：狭隘的课堂、繁重的功课以及

① 〔美〕约翰·杜威．学校与社会·明日之学校［M］．赵祥麟，等译．北京：人民教育出版社，2005：311．

② 陶行知．陶行知全集（第一卷）［M］．华中师范学院教育科学研究所，主编．长沙：湖南教育出版社，1984：500．

③ 袁刚，孙家祥，任丙强．民治主义与现代社会：杜威在华讲演集［M］．北京：北京大学出版社，2004：384．

默然静坐吸收繁复的事物，都是不适合幼年儿童的。他反对教师传授、儿童静听的传授知识形式。他认为：

教师在学校中并不是要给儿童强加某种观念，或形成某种习惯，而是作为集体的一个成员来选择对于儿童起着作用的影响，并帮助儿童对这些影响作出适当的反应。①

陶行知在教育实践活动中，更加重视教师的主导作用。在"教学做合一"中，老师的教和学生的学紧密联系，教师不仅传授知识，更重要的是教会学生学习的方法，学生学习不能蛮干，一定要掌握适合自身的学习方法，做到"教学相长"。他将小先生看作是教师，让小先生担负起普及教育的责任。比如：中学数学教学，教师先不直接告知学生公式和定理，而是通过数学逻辑一步步推导，得出公式和定理，这就是实践的过程，使学生明白公式和定理的由来。然后由学生进行推导，得出正确的公式和定理，获得学习方法。最后进行实战演练，从而真正掌握公式和定理，并由会的学生教给不会的学生，解决师资不足问题。杜威也认为，程度高的生徒可以教低能生徒，但他认为这只是学生间正当的互助，不是将程度高的生徒看作教师。② 教和学必须以"做"为基础，只有在实践中探索，才能找到教和学的方法，也只有实践，才能产生宝贵经验。他指出：

我们最注重师生接近，最注重以人教人。教职员和学生愿意共生活，共甘苦。要学生做的事，教职员躬亲共做；要学生学的知识，教职员躬亲共学；要学生守的规矩，教职员躬亲共守。我们深信这种共学、共事、共修养的方法，是真正的教育。③

通过上述有关"教学做合一"对"做中学"突破的几点阐述，作为生活教育理论的方法论，"教学做合一"在生活教育理论体系中居于重要

---

① 〔美〕约翰·杜威. 学校与社会·明日之学校[M]. 赵祥麟，等译. 北京：人民教育出版社，2005：8.

② 陶行知. 陶行知全集(第二卷)[M]. 华中师范学院教育科学研究所，主编. 长沙：湖南教育出版社，1985：152-153.

③ 陶行知. 陶行知全集(第一卷)[M]. 华中师范学院教育科学研究所，主编. 长沙：湖南教育出版社，1984：500.

位置。陶行知“教学做合一”与杜威“做中学”的不同点说明了“教学做合一”对“做中学”思想的进一步创新与发展。

（三）“教学做合一”对“做中学”的继承

尽管“教学做合一”与“做中学”有着不同，但它源自“做中学”，与“做中学”具有共性、与“做中学”始终有着紧密的联系。它的创新是在“做中学”基础上的创新，“教学做合一”本质上是对“做中学”思想的继承。

1. “教学做合一”与“做中学”思想基础的相近性

杜威“做中学”的理论来源是新的教育定义，即“教育是经验的连续不断的改造”。为了实现改造经验的教育，杜威提出了重视行动的“做中学”思想，认为“做中学”是实行新教育、实现改造个体与社会经验的方法论。[①] 陶行知也认可这一定义。他指出，教育不仅是社会经验的传递，更是社会经验之改造。对于经验，他如杜威一样将其分为个人经验与社会经验，并认为“教学做合一”是改造全社会经验、改造教育的有效方法。同时，他还认为，要改造社会经验，必须以个人的直接经验、以“行”为基础。他以“接知如接枝”来说明此道理，认为我们要以从自己经验里生发出来的知识做根，才能接得上别人的相类经验，然后才能了解或运用人类全体的经验。[②] 这一思想与杜威很一致。杜威的“做中学”本身就是一种运用直接经验去获得更多社会经验的活动。学校组织学生走进大自然去郊游，这是让学生贴近大自然，获得直接的感官陶冶，培养学生的审美观和良好的情操，比老师在课堂上讲解大自然的效果要好很多；利用假期，学校组织学生卖报体验生活，让学生体验现实生活，感受工作的艰辛，培养学生吃苦耐劳的品质，这是很好的实践。这些活动有利于学生接触社会，促其成长。

虽然二人的论点一致，但陶行知的论证过程却与杜威不一致。陶行知论证直接经验的作用以及直接经验与间接经验的关系，没有用杜

---

① 袁刚，孙家祥，任丙强．民治主义与现代社会：杜威在华讲演集[M]．北京：北京大学出版社，2004：384.

② 陶行知．陶行知全集（第二卷）[M]．华中师范学院教育科学研究所，主编．长沙：湖南教育出版社，1985：152-153.

威式言语论述这一命题，而是以中国墨家思想来论述。他根据《墨辩》将知识分为闻、说、亲三种，认为自己的直接经验，即"亲知"是教育的基础，在这基础上才能吸收人类全体的经验。他指出闻知、说知、亲知的关系，认为闻知是别人传授进来的；说知是自己推想出来的；亲知是自己经验出来的。依据"教学做合一"理论，他归纳亲知是一些知识的基础，亲知即"教学做合一"中"做"的功夫。没有亲知做基础，闻知和说知皆不可能。可以说，重视教育是经验的改造，重视直接经验是陶行知与杜威的一致之处。[①] 但共同之中也有不同。除论据不同外，他们的论点也略有不同。陶行知的"做""教育改造""亲知"已有实践的意思，这里经验改造的背景更广阔，它是在整个生活中"做"，而不仅仅是在学校中"做"；杜威的"经验改造""做"是在学校中，在社会生活的缩影中来进行。他的"做"与陶行知相比，在很大程度上还是以间接经验为主，没有与学生自身生活中的直接经验相联系。可以说，他们两人对直接经验、经验以及教育的理解是不同的，并且陶行知的"经验的改造""做"是让学生同农民交朋友，为农民子女办识字班。他的"做"以学生实际生活为出发点，其对象、范围要广。杜威的"做"是让儿童在"雏形社会"这种学校里做日常生活的事，在很大程度上，杜威的"做"是对实际生活的模仿，而陶行知的"做"本身就是在实际生活中做。

在重视"做"的经验即重视直接经验中，他们的论述模式、论证依据并不一致。陶行知从中国传统思想的角度来论述与杜威一致的观点，没有用杜威式话语作为立足点，这与中国杜威教育学派其他人以杜威式话语为主要指导思想，兼及中国文化恰好相反。这是中国杜威教育学派鲜有的脱离杜威式话语进行的"经验"论述，它反映了陶行知立足于中国民族土壤，借鉴西方先进文化的思想特性。这点也辩证地体现了陶行知与杜威思想相同之外的不同之处。

2. "教学做合一"与"做中学"对"做"的理解的相近性

"做中学"强调"做"，强调体力和脑力两方面的活动。陶行知的

① 陶行知.陶行知全集(第二卷)[M].华中师范学院教育科学研究所，主编.长沙：湖南教育出版社，1985：152-153.

“教学做合一”理论也集中在“做”上。陶行知指出：“做”字在晓庄有个特别定义。这定义便是在劳力上劳心。单纯的劳力，只是蛮干，不能算做，单纯的劳心，只是空想，也不能算做，真正的做只是在劳力上劳心。①

劳力上劳心要求手到、心到，单一的手动、心动，劳心或劳力都不能算是做。“做”必须包括身体自动和精神自动。以往人们认为学习活动是属于精神方面的，与身体动作无关，陶行知认为这是错的。“教学做合一不但不忽视精神上的自动，而且因为有了在劳力上劳心，脚踏实地的‘做’为它的中心，精神便随‘做’而愈加奋发。”②“教学做合一”的“做”是劳力上劳心，身体与精神两方面都要活动。杜威也一再强调“做中学”对身体、精神两方面发展的重要性。他指出：“理论和实际、思想和实行，两相分离，这是从前的人所深信的。……现在我们所注重的，是发动的、有精力的、有生气的性行。身体上的动作，分外应当注意。”③如此一来，于理智方面的训练，必定大有利益。没有身体的自动，只有死读书本的活动，这不是“学”，只有“做中学”才是真正的学。强调“做”是“教学做合一”与“做中学”最本质的思想，这一指导思想的一致，说明了“教学做合一”对“做中学”的基本继承性，即二者对“做”理解的相近性。

3. “教学做合一”与“做中学”重视“创造性”思想的相近性

陶行知认为，“做”不仅是劳力上劳心，用心以制力，还要有所发明创造。为了怕人用“做”字当招牌而安于盲行、盲动，陶行知明确指出：“‘做’含有下列三种特征：(一)行动；(二)思想；(三)新价值之产生。”④随后他进一步指出：“做是发明，是创造，是试验，是建设，是生产，是破坏，是奋斗，是探寻出路。”⑤杜威“做中学”也很重视创造性，反

① 陶行知. 陶行知教育论著选[M]. 董宝良，主编. 北京：人民教育出版社，2015：263.

② 陶行知. 陶行知教育论著选[M]. 董宝良，主编. 北京：人民教育出版社，2015：271.

③ 袁刚，孙家祥，任丙强. 民治主义与现代社会：杜威在华讲演集[M]. 北京：北京大学出版社，2004：374.

④ 陶行知. 陶行知全集(第二卷)[M]. 华中师范学院教育科学研究所，主编. 长沙：湖南教育出版社，1985：289.

⑤ 陶行知. 陶行知全集(第二卷)[M]. 华中师范学院教育科学研究所，主编. 长沙：湖南教育出版社，1985：290.

对盲从，“做中学”本身就是创造性活动。杜威也要求在活动中具备创造性品质。他曾指出：“活动需要积极的品行——有活力、主动性、创造性——这些品质比在执行命令中哪怕是最完美的忠诚来说对世界更有价值。”[①]“做中学”的各种作业，都有培养学生创造性的一面，而与传统的书本知识的教学存在明显差异。在晓庄，陶行知各项“教学做合一”的活动都旨在培养创造性。这种创造性不仅针对学生，也针对教师，是对晓庄所有人。陶行知曾以天热晓庄打井吃水为例，说明解决打井、解决吃水不均问题是一项真正的“生活教育”活动，而这一活动的“教学做合一”培养了晓庄人创造性解决问题的能力。

杜威与陶行知二人强调的“做”不是蛮干，都是以实际生活为中心的做，是有目的的、有思维的做，通过做，师生获得直接经验，然后经过思维加工，从感性认识上升到理性认识。二人充分调动学生的积极性和主动性，要求教学方法多样化。陶行知在生活教育理论中指出，课堂要用教学法取代教授法，其原因就在于重视创新人才培养。创造教育是陶行知生活教育思想的精髓。陶行知先生主张的生活教育思想把教育和社会生活、社会创造结合起来。他主张：创造不限时间和空间，任何人也都能创造。培养的人才要具有“健康的体魄，农人的身手，科学的头脑，艺术的兴味和改革社会的精神”[②]。可见，陶行知先生对于创新人才的培养有自己独到的见解，对中国创新人才的培养有重要启示。

4. “教学做合一”与“做中学”看待系统书本知识学习的相近性

陶行知认为，教育的内容应该源自生活的需要，学校应该变革死板的书本教育，采用以生活为中心的教育内容。陶行知认为，教材应从社会及自然中提取“活”的内容。教材的内容要源于自然及社会生活，对其去粗取精，并充分考虑受教育者的需求，建议多以生活浓缩的案例形式展现。教育者应该充分认识到教材的作用。陶行知说：“该给教员们以试验或选择书本之自由。”他指出：

---

① 〔美〕约翰·杜威. 学校与社会·明日之学校[M]. 赵祥麟，等译. 北京：人民教育出版社，2005：383-384.

② 陶行知. 陶行知全集(第二卷)[M]. 华中师范学院教育科学研究所，主编. 长沙：湖南教育出版社，1985：291.

生活教育指示我们说：过什么生活用什么书。教学做合一指示我们说：做什么事用什么书。这两句话只是一句话的两样说法。我们对于书的根本态度是：书是一种工具，一种生活的工具，一种“做”的工具。工具是给人用的；书也是给人用的。[①]

陶行知与其师一样反对传统的、脱离实际的书本教学，要求随着“作业”不同、生活不同而提供给学生不同的教材。杜威认为，在“做中学”中，没有儿童使用相同的教科书，没有儿童进行一样的系统知识的学习，儿童的教材根据“作业”不同而不同。各种符合儿童生活实际、体现人类优秀文化的内容都可成为儿童在学校使用的教材。[②] 杜威并不反对教学使用教材，而且认为书本和读书对于经验的阐明和扩充是重要的。但在他这里，教材已失去原本含义，成为一种宽泛的知识汇集册。“做中学”成为理论上存在的教材，实际上却没有可操作性教材的状况，系统书本知识学习也随之化为乌有。[③]

陶行知强调，我们要以生活为中心的教学做指导，不要以文字为中心的教科书做指导，有什么样的生活就有什么样的教科书。在他的生活教育与“教学做合一”中，他归纳出七十种生活力，相应地提出了七十种教学做指导。他认为，“教学做合一”的理论不是不要书，它要用的书的数目之大，比现在的教科书要多得多。虽然陶行知认为“教学做合一”也需要教科书，但这种根据生活而编制的指导，实在是泛之又泛，其中心已背离了我们通常所说的进行系统知识教学所需的教科书。[④] 其在实际教学活动中，也很少提供给学生教材，除经济原因外，与他这种宽泛的教材理念、书本知识理念也分不开。从以上简要的分析中可以看出，陶行知先生的“教学做合一”主张，是针对传统教学的弊病，通过研究现实需要而提出的。他的这种极富独创性的主张，对

---

① 陶行知. 陶行知全集(第二卷)[M]. 华中师范学院教育科学研究所，主编. 长沙：湖南教育出版社，1985：291.

② 〔美〕约翰·杜威. 学校与社会·明日之学校[M]. 赵祥麟，等译. 北京：人民教育出版社，2005：383-384.

③ 〔美〕杜威. 杜威教育论著选[M]. 赵祥麟，王承绪，编译. 上海：华东师范大学出版社，1981：324.

④ 陶行知. 陶行知全集(第二卷)[M]. 华中师范学院教育科学研究所，主编. 长沙：湖南教育出版社，1985：291.

我们今天的教学改革无疑是很有启发的。

整体而言,杜威和陶行知的生活教育观点,都是在特定的国家社会背景中产生的,体现了时代的特点。杜威的"教育生活"思想是为了解决美国工业化转型时期经济发展与传统教育之间的矛盾而提出的。他倡导生活与教育密切联系,主张儿童应主动参与到生活中、教育中。这种教育思想不仅对当时美国的社会发展起到了至关重要的作用,而且在今天看来仍然具有重要意义。陶行知的"生活教育"思想是在吸取杜威教育思想精华的基础上,经过长期的考察、实践,结合我国当时半殖民地半封建社会的具体国情提出来的。他提倡兴办平民教育、乡村教育、普及教育、国难教育和民主教育,其教育思想对 20 世纪的中国产生了深远影响。没有杜威的思想,就没有我们今天在讨论的陶行知的思想。但是,陶行知并不是仅以拿来主义看待杜威的思想,他通过亲自实践,发现了不同于杜威的、适合中国国情的教育思想。陶行知作为中国近代著名的人民教育家,继承和发展杜威的教育思想,融合、实践中西教育思想,体现了先进性、时代性、民族性和现实性。陶行知揭示中国当时社会教育规律,提出中国教育改革的思想。陶行知教育思想对当前教育工作有重大指导意义。他一生致力于中国教育的研究,他的很多教育思想都具有一定的前瞻性,尤其是其生活教育思想对现今中国教育的影响更是深远。

杜威与陶行知都是一代著名的教育家,他们留下来的生活教育理念突出了生活和教育之间的关系,是极具实践性的教育观点,对当今开展学校教育工作具有重要的指导意义。对二者教育观点的整理与分析,有利于我们更好地理解两位教育家教育观点的内涵,提炼其中对于当前教育工作开展的指导性观点。我们要以与时俱进的思想学习二位先哲的思想和方法,指导当前社会的教育现实问题。我们当前进行终身教育体系构建、素质教育和基础教育,都可以从杜威的民主主义教育和陶行知的生活教育思想中汲取营养、改革完善我们的各类教育工作,为实现中华民族伟大复兴而奋斗!

第七章　陈鹤琴:开创“活教育”

1914年,陈鹤琴赴美留学,先后就读于霍普金斯大学(Johns Hopkins University)和哥伦比亚大学师范学院,专攻教育学和心理学,获霍普金斯大学文学学士、哥伦比亚大学教育硕士学位。从1919年9月起,陈鹤琴先后担任南京高等师范学校教育科教授、国立东南大学教育部主任等职位。他研究儿童心理,致力于儿童教育。陈鹤琴于1921年加入中华教育改进社,与胡适、陶行知等杜威弟子一起从事教育教学改革。在之后的日子里,他秉承着杜威教育思想的精华,开展了一系列教育活动。1923年秋,陈鹤琴在南京鼓楼自己的住宅内开办鼓楼幼稚园,试验科学化、中国化的幼稚教育。他以儿童为中心,教人“做人”,培养现代儿童,这符合杜威“儿童中心”的思想。1929年7月,他创建中华儿童教育社,成为当时国内规模最大、人数最多的儿童教育学术团体,充分践行杜威的儿童教育思想。1940年,他提出了“活教育”理论,随后的7年间对这一思想进行了实践,最终形成了一套完整的“活教育”理论体系。“活教育”的三大目标即“做人、做中国人、做现代中国人”的目的论、“做中学、做中教、做中求进步”的教学论、“大自然和大社会都是活教材”的课程论。这是对杜威“教育即生活”“学校即社会”“教育无目的论”“儿童中心”的继承,也是中国儿童教育科学化实践的成果。1946年,陈鹤琴与陶行知一道成立生活教育社,筹办社会大学。陶行知逝世后,陈鹤琴主要致力于自己教育思想的实践和推广。

一、提倡“活教育”

(一)“活教育”思想的诞生

陈鹤琴幼时在私塾读过书,对中国传统的私塾教育深有感悟。虽然私塾教育对中国传统文化的传承有着积极作用,但它压抑了儿童的童心,把活的教学内容变成了“死教育”。以陈鹤琴为例,他曾这样描述自己的私塾生活:“读了十部书,大概认识了四千多块头字,书中的意思,可说茫然不知,块头字的意义也多半不了解。八股文章没有开过笔。一封信、一张字条也写得不通。”[①]因此,可以说,“活教育”思想与他幼时所接受的私塾教育有着很大关系。他想要以一种新的教育方式将儿童从牢笼中真正地解放出来。与幼时私塾经历不同的是陈鹤琴在美国留学期间所接受的教育。霍普金斯大学中,教师直观生动的教学方法,给他的思想造成了很大的冲击,他曾提到:“教授的教法又新颖又实际。他不是空讲的,每次讲演总有许多标本给我们看。”[②]在哥伦比亚大学师范学院读书期间,陈鹤琴师从杜威的学生克伯屈,也受到了杜威实用主义教育思想的影响。杜威的实用主义教育理论对20世纪前期世界范围内的教育改革运动有着极其重要的影响,对陈鹤琴“活教育”思想的诞生也有一定影响。陈鹤琴自己也承认:“‘活教育’并不是一项新的发明。它的理论曾被世界上不同的教育界权威创导过。当作者从1914年到1919年在美国接受教育时,最知名的教育家之一杜威博士提倡美国进步教育,对形成中国的‘活教育’运动起了相当的影响。”[③]

“活教育”思想首先应该是对杜威实用主义教育思想的继承。陈鹤琴说:“我提倡的‘活教育’是和杜威的学说配合的,因为‘活教育’

① 陈鹤琴.我的半生[M].上海:三联书店,2014:88-89.

② 陈鹤琴.我的半生[M].上海:三联书店,2014:143.

③ 陈鹤琴.陈鹤琴全集(第六卷)[M].陈秀云,陈一飞,编.南京:江苏教育出版社,2008:239.

和杜威学说，其出发点如所走的路子、所用的方法有相似之处。”[1]但同时，“活教育”思想又不单单是直接照搬，而是对杜威教育思想进一步的发展。“我们为什么要提出儿童教育思潮的趋势和杜威的学说呢？因为我们现在提倡的‘活教育’是接受着世界新教育的思潮，并和杜威一样地在创造理论，也创造方法。”不只是继承，更多的是在创造，创造一种理论和方法，来改变当时中国的教育状况。[2] 综上可知，陈鹤琴“活教育”思想理论体系是内外因素综合作用的结果。自诞生以来，它就结合杜威教育思想，对中国教育进行改造，成为教育史上的宝贵财富。

（二）“活教育”理论体系

陈鹤琴提出的“活教育”理论是他长期从事中国教育改革和探索经验的概括和总结。这一理论充分吸收了杜威“尊重儿童，尊重实践”的思想。“活教育”思想体系包括目的论、教学论、课程论和德育论等。

1. “活教育”的目的论

“活教育”的目的论包含三部分，即“做人，做中国人，做现代中国人”。生而为人，首先是万千同类中的一员，所以要有一种跨越种族、宗教、阶级的大爱，热爱人类；同时，还应该热爱真理，要不惜一切代价来捍卫真理。此为“活教育”的第一层目的，即“做人”。这一层目的与杜威的“教育即生长”相符合。杜威认为，教育除了其本身之外并无其他目的，人的生长和发展就是教育的本来目的。但是，人是社会性的动物，总是要生活在特定的环境中，基于此，陈鹤琴提出了“活教育”的第二层目的，即“做中国人，做现代中国人”。他说：“今天我们生在中国，是一个中国人，做一个中国人与做一个别的国家的人不同。”作为中国人，必须爱自己的祖国、爱自己的同胞，一个国家的人们应该团结起来，“尽力来提高中国在世界各国中的地位”，“为自己国家的兴旺发达而努力”。“活教育”理论产生的时代背景是：中华民族处于水深火热之中，中国人民肩负着争取民族独立，实现民族复兴的历史使命。

① 陈鹤琴.陈鹤琴文集[M]. 陈秀云，陈一飞，编.南京：江苏教育出版社，2007：380.
② 陈鹤琴.陈鹤琴文集[M]. 陈秀云，陈一飞，编.南京：江苏教育出版社，2007：378.

正如陈鹤琴所说："中国还处于半封建半殖民地的境遇，人民生活的艰苦，有如水深火热，但亦正因为如此，每一个人都担负了一个历史任务，那便是对外反对帝国主义的干涉，争取民族独立；对内肃清封建残余，建树科学民主，这便是中国人当前的生活内容与意向，而活教育就是要求做这样的中国人，现代的中国人。"[①]1942年发表在《活教育》上的《活教育要怎样实施》中，他明确提出现代中国人应该具备以下五个条件：[②]

第一，要有健全的身体；
第二，要有建设的能力；
第三，要有创造的能力；
第四，要能够合作；
第五，要服务。

"活教育"的第二层目的和杜威的"教育即生活""学校即社会"有相似之处。杜威认为，儿童的学习要适应社会生活，学校所呈现出来的一定是"对于儿童来说真实而生气勃勃的生活"，学校应该是简化版的社会，是社会的雏形状态。杜威也曾论述过教育与社会的关系："我相信——教育是社会进步及社会改革的基本方法。"[③]这一论述充分肯定了教育之于社会的作用。在杜威看来，教育就是一种以"社会意识"为基础的个人活动，个人通过活动来适应社会改造。陈鹤琴在此基础上结合我国的国情，提出了更深层次的目的：教育不仅仅要适应当前的社会，还需要培养人才以争取民族独立和富强。"活教育"目的论体现了人发展的基本规律，从"做人"出发，逐步赋予个体以国家意识、民族观念，直至胸怀天下，成为世界中的中国人。

2. "活教育"的教学论

在教学原则和方法上，陈鹤琴主张"做中学，做中教，做中求进步"。他曾在文章中指出："杜威博士提出从做中来学。在这里，我们

---

① 陈鹤琴.陈鹤琴文集[M].陈秀云，陈一飞，编.南京：江苏教育出版社，2007：436.

② 陈鹤琴.陈鹤琴文集[M].陈秀云，陈一飞，编.南京：江苏教育出版社，2007：410-412.

③ 〔美〕杜威.杜威教育论著选[M].赵祥麟，王承绪，编译.上海：华东师范大学出版社，1981：11.

更近了一步。不但要从做中学，我们还提出从做中教，从做中求进步。正像杜威博士在芝加哥的试验学校那样，我们强调儿童各类生活活动都要在户外……他们在做与教中取得的直接经验，则是求得进步的主要因素。”[①]“做中学，做中教，做中求进步”的思想包含了他对“学生主体”和“教师指导”关系的认识。在师生关系上，陈鹤琴一改往日教师“专制”的局面，要求教师转变自己的身份，不再做发号施令者，而是要充当指导者和引路人。更重要的是，教师要将儿童看成是有思想、有灵魂的个体，尊重儿童的想法，在教学的过程中与儿童共同进步。另外，我们也不难看出他对儿童身心发展规律的了解。以往的教学通常是注入式的，尤其是古代的私塾教育，整个教学过程呆板无趣，儿童的天性被牢牢地束缚住，教师只一味地传授知识，对儿童的要求也只是背会即可。“活教育”则恰恰相反。陈鹤琴指出要打破当前死气沉沉、毫无生机的教育现状，改变儿童在传统教育中一直处于被动的局面。在“活教育”中，儿童享有充分的权利，他们能够亲身参与到实践中去，在生活中、在自然中汲取知识。“活教育”把学习的过程分为以下四个步骤。[②]

① 试验与观察：这是学习的第一步，孩子们需要从试验和观察中获得知识。

② 广泛阅读和运用参考资料：在观察的基础上，孩子们需要阅读更多的书和参考资料，以便从中可以获得更多更有用的知识。

③ 发表与创造：基于上述两步所得到的知识，孩子们可以发表自己的看法，甚至可以有所发明创造。

④ 批评与研讨：孩子们的认知水平还不够高，其认识可能存在欠缺或偏差，这时就需要与同伴共同讨论和研究，必要时可以请老师讲解，使得知识的学习更加准确。

陈鹤琴以小孩子学习有关青蛙的知识为例来解释这四个步骤：在学习的开始，他需要观察和研究活的青蛙，这是第一个步骤，即“试

① 陈鹤琴．陈鹤琴文集[M]．陈秀云，陈一飞，编．南京：江苏教育出版社，2007：373.
② 陈鹤琴．陈鹤琴文集[M]．陈秀云，陈一飞，编．南京：江苏教育出版社，2007：374.

验与观察”；有了这个基础，他就可以去看参考书，无论是科学小品、故事还是儿歌均可，都是为了进一步了解青蛙，这是第二个步骤，即“阅读参考”；有了实践获得的经验和参考的书本资料，他就可以写一篇观察报告或者编一个木偶戏，这是第三个步骤，即“发表与创造”；有了前三步，孩子心中已经大概掌握了有关青蛙的知识，这时就需要和同伴或老师进行讨论，以达到准确无误、精益求精的效果，此谓第四个步骤，即“批评与研讨”。为了更加具体地阐述自己的教学思想，陈鹤琴又提出了“活教育”的 17 条教学原则。[①]

原则一：凡是儿童自己能够做的，应当让他自己做

原则二：凡是儿童自己能够想的，应当让他自己想

原则三：你要儿童怎样做，就应当教儿童怎样学

原则四：鼓励儿童去发现他自己的世界

原则五：积极的鼓励胜于消极的制裁

原则六：大自然、大社会是我们的活教材

原则七：比较教学法

原则八：用比赛的方法来增进学习的效率

原则九：积极的暗示胜于消极的命令

原则十：替代教学法

原则十一：注意环境，利用环境

原则十二：分组学习，共同研究

原则十三：教学游戏化

原则十四：教学故事化

原则十五：教师教教师

原则十六：儿童教儿童

原则十七：精密观察

从这 17 条教学原则中，我们不难发现杜威教育思想的影子：首先，在教学中，陈鹤琴十分强调儿童要亲自去做，这与杜威的从“做中学”有着十分密切的关系。其次，他十分重视儿童直接经验的获取，这

① 陈鹤琴. 陈鹤琴文集[M]. 陈秀云，陈一飞，编. 南京：江苏教育出版社，2007：444.

与杜威推崇的“以活动为中心”和“以经验为中心”不谋而合。杜威曾说：“儿童的社会生活是他的一切训练或生长的集中或相互关系的基础。”[①]因此，陈鹤琴提出教育过程中要注意利用环境。最后，“活教育”的教学论体现了要尊重儿童的特点。陈鹤琴曾说道：“儿童的活动组织我们依据两个原则来拟定。第一个原则是‘根据儿童生活需要’，第二个原则是‘根据儿童的学习兴趣’。”[②]而杜威在其“儿童中心论”中也提出了要尊重儿童的主体地位。杜威认为，“教育上的问题在于怎样抓住儿童的活动并予以指导”[③]，还提出，“兴趣是生长中的能力的信号和象征”，认为作为教育者要时常关注儿童的兴趣。这些兴趣能够体现出儿童的发展状态，并以此来判断“儿童将进入那个阶段”。成年人要不断地对儿童的兴趣“予以同情的观察”，只有这样才能够进入到儿童的生活中，才能真正读懂儿童。[④]

除以上几个特点，我们还能发现，“活教育”的教学论是陈鹤琴以心理学知识为依据，在了解儿童心理发展特点的基础上，结合我国的实际状况而提出的，是对杜威教育思想的继承和发展。另外，陈鹤琴还提到了教学方法：教育儿童要采用积极的鼓励，尽量避免“禁止做……”式的教育，要对儿童进行积极的暗示，其中包括父母、师长要以身作则，通过暗示来让儿童学会道理。教学还可以采用比较、替代的方法等，这些方法均建立在心理学的基础上，对变革教学方法具有重要意义。

陈鹤琴“做中学，做中教，做中求进步”的思想继承了杜威的“儿童中心论”“做中学”的思想。同时，他还是对杜威的“儿童中心论”思想进行实践的先驱。在他的实践中，学校的一切设施和开展的活动都以儿童为中心，给儿童自由，并对儿童表现自己的兴趣进行了相应的指导。

---

① 〔美〕杜威．杜威教育论著选[M]．赵祥麟，王承绪，编译．上海：华东师范大学出版社，1981：6.

② 陈鹤琴．陈鹤琴文集[M]．陈秀云，陈一飞，编．南京：江苏教育出版社，2007：415.

③ 〔美〕杜威．杜威教育论著选[M]．赵祥麟，王承绪，编译．上海：华东师范大学出版社，1981：33.

④ 〔美〕杜威．杜威教育论著选[M]．赵祥麟，王承绪，编译．上海：华东师范大学出版社，1981：10.

3. “活教育”的课程论

在课程方面,陈鹤琴主张“大自然、大社会都是活教材”,反对以课程和教材为中心。在中国传统教育里,课程是固定的。在学校中,学生学习的内容被叫作“书”,教师教授的内容也被称作“书”,仿佛“书”就是“教育”。这严重束缚了儿童的思想,阻挡了儿童看世界的目光。陈鹤琴说:“把一本教科书摊开来,遮住了儿童的两只眼睛,儿童所看见的世界,不过是一本6寸高、8寸阔的书本世界而已。一天到晚要儿童在这个渺小的书本世界里面去求知识,去求学问,去学做人,岂不是等于梦想吗?”①在这样的教育环境中,儿童都很死板,毫无生气和创造力可言。在教学内容上,杜威提倡学校教育“应当采取儿童在家庭里已经熟悉的活动”②,要以“儿童自己的本能和能力”为教育的素材,以吸引儿童的注意力和兴趣。陈鹤琴亦这样认为。在“活教育”中,课程和教材不再那么死板无趣,都是符合儿童心理和社会需要的,大自然、大社会都可以成为儿童学习的教材。陈鹤琴说道:“活教育的课程是把大自然、大社会作为出发点,让学生直接去向大自然、大社会学习”,并将其看作是“活的知识宝库”,是可供儿童学习的。③ 此处可以看出陈鹤琴对杜威教育思想的发展。杜威提倡的“做中学”还是在学校这个环境中进行的,而“活教育”则是跳出了学校这个圈子,认为儿童学习不仅仅要在学校中,更重要的是要去学习大自然和大社会中的“活”的知识。

杜威认为,课程的中心是“儿童本身的社会活动”。儿童之所以对所学知识感到厌倦,是因为他们所学习的内容与实际生活之间的差距过大,往往不能学以致用。“学校必须呈现现在的生活,即对于儿童来说是真实而生气勃勃的生活”④,使儿童学习到的知识成为儿童经验的一部分。“活教育”亦是如此。陈鹤琴虽然反对传统的以书本为中心

---

① 陈鹤琴.陈鹤琴全集(第五卷)[M].陈秀云,陈一飞,编.南京:江苏教育出版社,2008:70.

② 〔美〕杜威.杜威教育论著选[M].赵祥麟,王承绪,编译.上海:华东师范大学出版社,1981:4.

③ 陈鹤琴.陈鹤琴文集[M].陈秀云,陈一飞,编.南京:江苏教育出版社,2007:416.

④ 〔美〕杜威.杜威教育论著选[M].赵祥麟,王承绪,编译.上海:华东师范大学出版社,1981:4.

的教育，但是他并没有否定书本和教材所发挥出的价值。他认为，书本和教材要更有针对性，要适应不同学生的不同个性和需求。陈鹤琴说：“如果恰当地用作参考资料，书本是有用的，但不应像过去那样，把书本作为学校学习的唯一材料。”①另外，杜威反对分科教学，认为分科教学会使知识的统一性受到破坏。他在文章和讲演中多次论述了分科教学的弊端：“儿童一到学校，多种多样的学科便把他的世界加以割裂和肢解。”“已经归了类的各门科目，是许多年代的科学的产物，而不是儿童经验的产物。”在此基础上，杜威提出“教材心理学化”的主张：“因此，就需要把各门学科的教材或知识各部分恢复到原来的经验……它必须心理化。”②同样，陈鹤琴也不赞同分科教学。学前和小学阶段的儿童还没有形成学科的概念，而传统的分科教学很明显不符合教育和心理学的原理，它将知识割裂开来，使得儿童所学到的都是碎片化的知识，很难统一起来，很难形成对世界的完整印象。因此，“活教育”提出了“五指活动”来代替传统的学科教学。“五指活动”具体包括儿童健康活动、社会活动、科学活动、艺术活动和文学活动。陈鹤琴指出：“它之所以称为‘五指活动’是因为这‘五种活动’正像一只手的五个指头，各个指头相互联结构成一个整体。五个中缺少一个就会破坏这个活动的目标。”③这说明了五种活动之间既相互关联，又相互独立，共同促进儿童身心的发展。这是对杜威教材“心理学化”的发展。“五指活动”寓教育于活动之中，将儿童从传统教育的束缚中解放了出来，让儿童在活动中学习，以适应儿童的心理发展特点。

4.“活教育”的德育论

杜威认为，“家庭是社会生活的一种形式”。在家庭当中，儿童可以获得一定的教养和道德上的训练，而学校的任务是要将他在家庭中所获得的道德知识和教养进行扩展和加深。他提出：“社会机体以学

---

① 陈鹤琴.陈鹤琴全集(第六卷)[M].陈秀云，陈一飞，编.南京：江苏教育出版社，2008：243-244.

② 〔美〕杜威.杜威教育论著选[M].赵祥麟，王承绪，编译.上海：华东师范大学出版社，1981：89.

③ 陈鹤琴.陈鹤琴文集[M].陈秀云，陈一飞，编.南京：江苏教育出版社，2007：374.

校为它的器官,决定道德的效果。"[①]因此,学校具有对儿童进行道德教育的任务。在进行道德教育时,学校除了要教给学生一定的道德知识,还需要让学生在学校和社会中进行实践。他认为最好和最深刻的道德训练"是人们在工作和思想的统一中跟别人发生适当的关系而得来的"。陈鹤琴也十分重视学校的德育功能。他曾说:"训导工作在整个的教育工作上可说是最繁重最重要的。"[②]在《训育的基本问题——确立训导原则》中,陈鹤琴提出了十三条训育原则,具体论述了如何对儿童进行道德教育。

①从小到大
②从人治到法治
③从法治到心理
④从对立到一体
⑤从不觉到自觉
⑥从被动到自动
⑦从自我到互助
⑧从知到行
⑨从形式到精神
⑩从分家到合一
⑪从隔阂到联络
⑫从消极到积极
⑬从"空口说教"到"以身作则"

从这13条基本原则中可以看出陈鹤琴的德育思想。例如,他强调儿童的自觉,认为儿童身上存在潜在的力量,教师的作用就是要将儿童的自觉性唤醒,在唤醒自觉的基础上才可以产生"自动"。他也强调对儿童施行道德教育时,学校、家庭和社会要打破之前的隔阂,要对外保持一致,以保证学生习得的德性是受用的。杜威曾说,在对学生

① 〔美〕杜威.杜威教育论著选[M].赵祥麟,王承绪,编译.上海:华东师范大学出版社,1981:11.

② 陈鹤琴.陈鹤琴文集[M].陈秀云,陈一飞,编.南京:江苏教育出版社,2007:488.

进行道德教育时“不能有两套原则”[①]。在这一点上，二人的观点是一致的。陈鹤琴还强调，教师不能高高在上，要和学生处在同一水平线上，这有利于师生间的交流和沟通。另外，他还批判了传统教育中智育和德育“分家”的状况，提出全体教师都有对学生进行道德教育的责任，以“润物细无声”的姿态对学生的品格形成影响。另外，负责德育的教师也要提升自己的文化修养，从而改善德育工作。杜威也提到了学校中智育和道德训练呈现了可悲的分离状态，这对于学校德育工作来说是有害的。陈鹤琴还提出，在对学生进行道德教育时，要注重引导学生进行正确的活动，而不是对学生进行消极的防止和制裁。这一点我们可以从杜威的思想中找到源头，即“当把重点放在矫正错误行为，而不是养成积极服务的习惯时，训练是病理的”[②]。杜威还认为，学校的道德训练有形式主义的色彩，学校提倡的诸如“敏捷、整齐、不干扰别人的工作”等良好习惯或多或少是“不真实的”，儿童真正需要的是“发现一切有利于社会秩序和社会进步的事物，并实行这些原则的兴趣”[③]。陈鹤琴也认为，传统教育中的学校大多只注重对学生进行外部行为的约束和要求，恰恰遗忘了其内部的动机。因此，学校要注意引导学生形成对道德的内在认同，即转化为学生“自动自觉”的状态。

这些原则对当代的学校德育还有很大的借鉴意义，对形成学生的良好品德具有十分重要的作用。

（三）“活教育”的实践

为了实践自己的教育思想，杜威开办了自己的试验学校，虽然最终因为内部人事问题而停办，但在世界范围内产生了很大影响。在试验学校中，杜威坚持“教育即生长”的原则，主张不给儿童施以外界的压力，而是让他们在团体中自动生长。在课程上，杜威坚持课程的开

① 〔美〕杜威. 杜威教育论著选[M]. 赵祥麟，王承绪，编译. 上海：华东师范大学出版社，1981：99.

② 〔美〕杜威. 杜威教育论著选[M]. 赵祥麟，王承绪，编译. 上海：华东师范大学出版社，1981：103.

③ 〔美〕杜威. 杜威教育论著选[M]. 赵祥麟，王承绪，编译. 上海：华东师范大学出版社，1981：104.

办要适应儿童的心理条件、关注儿童的兴趣，以此来吸引儿童的注意力，让儿童能自动、自发地学习。杜威还强调，儿童在学习时要遵照“做中学”的学习方法，为此，试验学校开办了一些诸如烹饪、木工、缝纫等课程来供儿童学习。但同时，杜威又说，学校里的这些“作业”并不只是学习某种职业的手段和方法，也不是为了学生能获得某种技术，而是将它们作为“理解自然的原料和过程的活动中心”，作为引导儿童“认识人类历史发展的起点”。[①] 教学材料也不再是一成不变的书本，而是从儿童的日常生活出发，将学校看作家庭生活的延续，让儿童学习经验性的知识。陈鹤琴这样评价杜威的试验学校：“杜威建立自己的试验室——试验学校，是当他在哲学与心理学上已获得了特殊的理解之后，他迫切希望有这样一个场所，使他的理论和原则得以经受实践应用上的考验。”“杜威创办试验学校，是准备以他们的努力来改造传统教育的积弊的。”[②]

与杜威一样，陈鹤琴在践行自己的“活教育”时，主要在自己创办的幼稚教育机构中进行。我们可以说，自“活教育”诞生以来，陈鹤琴就在持续不断地进行他的教育改革试验和实践。此处，我们只以江西省立试验幼稚师范学校为例来看陈鹤琴“活教育”思想的实践。

1940 年 10 月，江西省泰和县文江村大岭山松林中出现了一所幼稚师范学校——江西省立试验幼稚师范学校。为顺利开办学校，陈鹤琴亲自选定地点、画好图样、采办材料，条件虽然简陋，但校内教室、寝室、大礼堂、阅览室、诊疗室、练琴室等一应俱全。并且，陈鹤琴还带领教师发现了泉水，解决了学校和当地村民的饮水问题。此外，他还和师生一起开荒、筑路、辟操场、编草、种菜、养猪养鸡，开辟出了一个“荒山中的乐园”。在教学中，陈鹤琴始终坚持将“活教育”贯穿其中，教学目标首先是做人、做中国人、做现代中国人；其次才是培养优良的幼稚教师。他坚持“大自然大社会都是我们的活教材；活教法是在做中学、做中教，做中求进步；活教师用活教法，教活教材，才有活学生；活教

---

① 〔美〕杜威. 杜威教育论著选[M]. 赵祥麟，王承绪，编译. 上海：华东师范大学出版社，1981：20.

② 陈鹤琴. 陈鹤琴全集(第五卷)[M]. 陈秀云，陈一飞，编. 南京：江苏教育出版社，2008：114-117.

师，活学生，集中力量，改造环境，才有活社会”①的教学原则。他选用公民、体育及游戏、卫生、国语、自然、社会、美术、家事、音乐、教育概论、儿童心理、保育法、幼稚教育、时事研究、农艺、工艺、实习等共18门课程，从生活教育、试验课程、活动课程等方面来开展教学。此外，从校歌中也能发现当时学校教育的特点：“做中教，做中学，随作随习。活教材，活学生，活的教师。大自然，大社会是我们的工作室。还要有手脑并用，文物合一。”自1940年成立到1946年撤并，在“活教育”思想的指引下，江西省立试验幼稚师范学校共设立了专科部、师范部、小学部、幼稚园、婴儿园五部分，另设有国民教育试验区，形成了一个完整的儿童教育和幼稚师范教育体系。

总之，杜威的实用主义教育思想对陈鹤琴“活教育”理论的提出和体系的构建具有深刻的影响。这种影响并不是简单的复制，而是有着陈鹤琴自己的思考和对当时中国国情的恰当认识。自诞生之日起，“活教育”思想就对中国的教育产生了深刻的影响，其中包含的教育理念值得我们深思。

二、强调家庭教育

1918年，陈鹤琴回国，后在南京高等师范学校教授“儿童心理”一课。在教学过程中，他对于儿童心理有了深厚的了解。1920年，他的长子一鸣出生，他将自己的儿子作为观察对象，对他的生活进行了密切的观察，特别是他的身心变化，并且在生活当中还进行了各种教育试验。在试验中，陈鹤琴认识到：“儿童之心理与学习之性质及原则，以为施行家庭教育之基础。”②但是在中国封建时代，由于受到封建宗法制儿童观的影响，家长习惯将自己的子女当作自己的所有物来对待，强调自己的支配地位并要求子女服从。陈鹤琴批评某些家长以声

① 陈鹤琴.陈鹤琴文集[M].陈秀云，陈一飞，编.南京：江苏教育出版社，2007：392.

② 陈鹤琴.陈鹤琴全集(第三卷)[M].陈秀云，陈一飞，编.南京：江苏教育出版社，2008：12.

色俱厉的言行去对待自己的孩子,好像专制时代的主人们对待他们的奴隶一样。家长对于孩子的心理并不了解的现状,让陈鹤琴不断研究儿童心理,并提出了家庭教育的思想。

陈鹤琴认为,家庭教育不仅是父母与孩子之间亟待解决的问题,这同样是挽救中国所应该重视的问题。他说:"儿童是振兴中华的希望,儿童教育是整个教育的基础,关系到我们伟大祖国的命运。"①陈鹤琴认为:"小孩子的知识之丰富,思想之发展与否,良好习惯之养成与否,家庭教育实应负完全的责任。"②他还指出:"幼儿个性形成的最初基础,也是在家庭中奠定的。家庭对幼儿的思想和行为习惯的影响是极大的。家长是子女的第一个老师,父母应尽到教育好孩子的责任。"③在研究家庭教育的过程中,他受到了杜威实用主义教育思想的影响。杜威批判不顾儿童个性特点的行为,重视以儿童为中心。杜威指出:"如果对于个人的心理结构和活动缺乏深入的观察,教育的过程将会变成偶然性的、独断的。"④陈鹤琴同样是在研究儿童心理的基础上提出了他的家庭教育思想。陈鹤琴让人们了解儿童的心理,提出了如何根据儿童的心理进行教育。在进行教育的过程中,他认为最为重要的就是以儿童为中心。

(一) 家庭教育的原则

1. 只有了解儿童,才能教好儿童

杜威关于儿童心理的研究指出:儿童先天的本能是儿童心理发展及接受教育的基础;遗传和生理的因素是造成个体差异的原因之一;人的个性主要是在和社会及外界环境的交往及相互作用中形成的;个人对外在事物的内在倾向性在一定程度上会影响个性的形成。⑤

---

① 陈鹤琴.陈鹤琴教育文集(上卷)[M].北京市教育科学研究所,编.北京:北京出版社,1983:587.

② 陈鹤琴.陈鹤琴全集(第三卷)[M].陈秀云,陈一飞,编.南京:江苏教育出版社,2008:2.

③ 陈鹤琴.陈鹤琴教育文集(上卷)[M].北京市教育科学研究所,编.北京:北京出版社,1983:216.

④ 〔美〕杜威.杜威教育论著选[M].赵祥麟,王承绪,编译.上海:华东师范大学出版社,1981:2.

⑤ 杨汉麟,周采.外国幼儿教育史[M].南宁:广西教育出版社,1998:261,264-265.

在幼儿的发展问题上，杜威考虑到遗传、环境、教育及其自身条件等多种影响因素，表明杜威对于儿童心理进行了一定程度的研究。而了解儿童心理才能够更加有针对性地对儿童进行教育。陈鹤琴同样认为，家庭教育必须根据儿童的心理行之，若不明儿童的心理而妄施以教育，那教育必定没有成效可言。儿童心理特点是家庭教育的基础，只有了解儿童的心理才可以实施相对应的教育。他将儿童的心理总结为七个方面。

第一，小孩子是好游戏的；
第二，小孩子是好模仿的；
第三，小孩子是好奇的；
第四，小孩子是喜欢成功的；
第五，小孩子是喜欢野外生活的；
第六，小孩子是喜欢合群的；
第七，小孩子是喜欢称赞的。[①]

这七条是儿童心理的主要特点。根据这些特点，家长们应该采取相对应的措施，如“准备良好的设备使小孩子得着充分的运动”，“事事谨慎，务使己身堪有作之价值”[②]，“赞许心，我们做父母的教育小孩子时应当利用，然而不可用的太滥，一滥就失掉它的效用，反不若不用为妙”[③]。陈鹤琴指出的这些特点和应对的方法，都是帮助父母在保护孩子天性的基础上进行教育。杜威同样指出：“教育必须从心理学上探索儿童的能量、兴趣和习惯开始。”[④]陈鹤琴说：“儿童不是‘小人’，儿童的心理和成人的心理不同，儿童时期不仅作为成人之预备，亦具他的本身价值，我们应当尊敬儿童的人格，爱护他的烂漫天真。”[⑤]

2. 了解儿童的学习性质与原则

陈鹤琴认为，我们要想使孩子学习与成长，就应该知道儿童是怎

① 陈鹤琴．陈鹤琴全集(第三卷)[M]．陈秀云，陈一飞，编．南京：江苏教育出版社，2008：2-10.
② 陈鹤琴．陈鹤琴全集(第三卷)[M]．陈秀云，陈一飞，编．南京：江苏教育出版社，2008：3.
③ 陈鹤琴．陈鹤琴全集(第三卷)[M]．陈秀云，陈一飞，编．南京：江苏教育出版社，2008：9.
④ 〔美〕杜威．杜威教育论著选[M]．赵祥麟，王承绪，编译．上海：华东师范大学出版社，1981：2.
⑤ 陈鹤琴．陈鹤琴全集(第一卷)[M]．陈秀云，陈一飞，编．南京：江苏教育出版社，2008：7.

么学的，他们的学习有什么原则。他认为："儿童生来就有三种基本能力，即感觉、联念和动作。"[①]学习就是先感觉外界的刺激，然后把感觉到的事物与所有的感觉联合起来，再发生相当的动作去反应外界的刺激。刺激和反应是能看出来的，而联念是看不出来的。根据这些特点，他提出了学习的原则：第一，刺激的原则。小孩子的头脑简单，不能够用抽象的事实去教他，应该先具体后抽象，这要从父母的以身作则开始、从一个良好的成长环境做起，使孩子获得良好的刺激。第二，联念的原则。陈鹤琴提出："凡能使小孩子快乐的刺激容易印刻在小孩子的脑筋里。""凡刺激发生的时间愈长次数愈多，那联念也愈坚固。"[②]所以，想要使小孩子学习，就要让他们对于所学的知识产生兴趣；想要使小孩子的知识联系紧密，就要不断地巩固。第三，动作的原则。在这一原则中，陈鹤琴提出要重视小孩子开始的学习。"无论什么事，第一次做的好，就容易做的好；反之，第一次做错，第二次也容易做错。"[③]所以，父母要对孩子的第一次格外注意。在养成习惯的问题上，他强调不能够有例外；在学习的问题上，要注意让孩子自己做、自己动手，父母要给予他学的机会。这些都是父母应该了解的。杜威曾提出："理想的家庭还要有一个小型的试验室，以指导儿童的研究探索。"[④]这也强调了家庭当中的学习。

（二）家庭教育的原则和方法

陈鹤琴以他总结的儿童心理规律为基础，提出了家庭教育当中应遵循的一系列原则。

1. 以身作则

家长在孩子面前树立良好的榜样，用自身的行为去影响和教育孩子。孩子的模仿能力很强，父母在家中的行为很自然地会被子女模

---

① 陈鹤琴.陈鹤琴全集(第三卷)[M].陈秀云，陈一飞，编.南京：江苏教育出版社，2008：13.

② 陈鹤琴.陈鹤琴教育文集(上卷)[M].北京市教育科学研究所，编.北京：北京出版社，1983：607.

③ 陈鹤琴.陈鹤琴全集(第三卷)[M].陈秀云，陈一飞，编.南京：江苏教育出版社，2008：18.

④ 〔美〕杜威.杜威教育论著选[M].赵祥麟，王承绪，编译.上海：华东师范大学出版社，1981：32.

仿。为了正确地教育自己的子女，父母要时时注意给孩子正面的影响。陈鹤琴提出：“我们晓得小孩子生来是很好的，也是无知无识的，父母怎样做，他就怎样学。做父母的一举一动都直接或间接影响小孩子的。所以做父母的是怎样一种人，他们的小孩子大概也做怎样的一种人……总之，做父母的行为好，做小孩子的行为大概也是好的。反过来说，做父母的行为坏，他小孩子的行为大概也是坏的。”[①]陈鹤琴强调父母的行为对子女的影响，重视在生活的点滴小事中对孩子的暗示和以身作则。并且在对待子女的方式方法上，家长之间不要矛盾、对立，这样才能让孩子在生活中、行动中朝着正确的方向发展。

2. 养成教育

陈鹤琴认为，在幼儿的时候没有养成良好的习惯，错过了培养关键期，以后再进行补救是很困难的。所以，从幼年开始就应该对孩子进行训练和培养，在生活当中长期训练，多次重复加以巩固，养成良好的习惯，尤其是卫生习惯。

3. 宽严适度

陈鹤琴强调，父母要给孩子真正的爱，而不是溺爱。没有原则的爱，会损伤孩子的身心发展。尤其是当小孩子以哭来要挟的时候，做父母的应当绝对地拒绝他。陈鹤琴提出：“凡是小孩子能够自己做的事情，你千万不要替他代做。”[②]除了溺爱，陈鹤琴还提出了专制教育的危害。他认为这种管教方法，只能摧残儿童的创造力，束缚儿童的思想。两种教育“都失其平，不得谓之良教育”。教育孩子要从孩子的实际出发，由浅入深，针对孩子的情况提出合理的教育要求，才能够给予孩子积极的影响。

4. 教育一致

家长对待子女的态度要一致，家长之间不要矛盾、对立，不能“一个唱红脸，一个唱白脸”。这样会使孩子无所适从，引起轻视父母之心。只有步调一致，才能使儿童按着统一、正确的方向发展。这一原

---

① 陈鹤琴. 陈鹤琴教育文集（上卷）[M]. 北京市教育科学研究所，编. 北京：北京出版社，1983：750.

② 陈鹤琴. 陈鹤琴教育文集（上卷）[M]. 北京市教育科学研究所，编. 北京：北京出版社，1983：735.

则还表现在家庭教育与幼稚园教育要有一致性这一方面。陈鹤琴提出:"幼儿园的老师一定要和家长密切配合,共同教好儿童。"[1]因为幼儿教育不是家庭和幼儿园能够单独胜任的,需要双方的配合,即"家园共育"。

5. 责罚慎重

正确的批评惩罚,往往会收到良好的效果。进行惩罚,首先就要平心静气地考察他到底做错了没有,"做父母的不应当迁怒于子女"。惩罚的时候要顾及孩子的羞恶之心,尊重他们的人格。

陈鹤琴还总结了家庭教育的方法,包括游戏教育法、积极暗示法、正面奖励法、环境熏陶法和实地施教法。它包含了陈鹤琴多年总结的教育经验,并切实地影响着家庭教育的效果。在游戏教育法这一方面,陈鹤琴认为,在家庭教育阶段,儿童在生活当中接触最多的就是游戏,从游戏当中可以获得多种经验。他认为,游戏能够锻炼儿童的多种能力,提高儿童的生活技能。他提出:"游戏就是工作,工作就是游戏。"[2]儿童通过阅读图画可以提高鉴赏美术的能力并陶冶情操;通过剪图可以锻炼大脑;通过剪纸可以锻炼灵活的双手和表达自己的想法;讲话可以认识植物;锤击可以锻炼耐性和动作的发展等。可以看出,孩子要有运动、充分游戏的机会,使孩子在游戏中快乐成长,获得各方面的提高。杜威也强调了游戏的重要作用:"任何时代的任何人,对于儿童的教育,无不在很大程度上依赖于游戏和娱乐。"[3]杜威认为:"幼儿生活中的最主要时间,是消磨在游戏上的,不是从事他们从大点的儿童那里学来的游戏活动,就是玩他们自己发明的游戏。这些发明的游戏通常也不外是对年长点的人的活动的模仿。"[4]杜威关于游戏方面的见解使陈鹤琴对于家庭教育当中的游戏教育法尤为重视。

---

① 陈鹤琴.陈鹤琴教育文集(上卷)[M].北京市教育科学研究所,编.北京:北京出版社,1983:217.

② 陈鹤琴.陈鹤琴全集(第三卷)[M].陈秀云,陈一飞,编.南京:江苏教育出版社,2008:107.

③ 〔美〕约翰·杜威.学校与社会·明日之学校[M].赵祥麟,等译.北京:人民教育出版社,2005:277.

④ 〔美〕约翰·杜威.学校与社会·明日之学校[M].赵祥麟,等译.北京:人民教育出版社,2005:279.

陈鹤琴的教育方法遵循儿童的心理发展阶段，适应儿童心理，与杜威的“儿童是中心，教育的措施便围绕着他们组织起来”[①]一样，他们都以儿童为中心组织教育活动。

（三）家庭教育的根本任务

杜威指出，幼儿期是人生打基础的时期，不但是以后接受中高等教育的基础，尤其是他们一生事业、习惯、嗜好的基础。[②] 幼儿期的发展不仅是为了以后的学习打基础，更是为了幼儿的一生做准备，所以不能仅仅培养幼儿学习方面的能力，而是要培养幼儿多方面的能力。陈鹤琴认为，家和幼儿园一样，同样需要培养儿童多方面的能力，家庭教育的内容也不是单一的，它承担了德智体美等多种任务。陈鹤琴看到了中国人民的身体状况之后认为：“强国必先强种，强种必先强身，要强身先要注意幼年的儿童。”[③]所以，陈鹤琴强调儿童良好生活习惯的培养，希望通过生活习惯的养成，改变中国人民体弱多病的现状。不仅是身体上的健康，他同样重视心理的健康，因为只有身心健康才是真正的健康。在德育方面，他强调要从小抓起，教育子女如何“做人”。要教育孩子有同情心，做诚实的人。在智育方面，陈鹤琴主张要让孩子多与外界社会接触，大胆探索，这样也可以丰富儿童的生活常识。只要是他们自己能够做的事情，父母千万不要代替他们去做，要让他们充分发挥自己的探究心和好奇心，让他们在与自然和社会的接触中获得直接经验。在美育方面，陈鹤琴希望能够创造一个好的家庭氛围，使孩子在与音乐、美术等的接触中，陶冶情操，增强审美意识，形成良好的审美习惯。

总之，从陈鹤琴家庭教育思想当中、从他对于儿童心理特点的研究和所提出的多种教育原则中，我们可以看出他“儿童本位”的思想内核。他重视顺应儿童心理特点进行教育，强调游戏式教育。他的思想

---

① 〔美〕杜威. 杜威教育论著选[M]. 赵祥麟，王承绪，编译. 上海：华东师范大学出版社，1981：32.

② 杨汉麟，周采. 外国幼儿教育史[M]. 南宁：广西教育出版社，1998：261，264-265.

③ 陈鹤琴. 陈鹤琴全集(第一卷)[M]. 陈秀云，陈一飞，编. 南京：江苏教育出版社，2008：117.

和实践也可以看出杜威实用主义教育理论对他的深刻影响。这种影响不仅仅是简单的重复，而是在他的多种研究和实践，并结合中国国情基础上的进一步发展。杜威在书中提到："有一句平常话说，一个人离开学校之后，教育不应停止。"[①]教育不仅限于学校之中，而是要在生活中学习，家庭教育也是其中重要的一部分。陈鹤琴家庭教育的思想受杜威的影响，并且根据中国国情和他对儿童心理的研究，做了进一步的发扬。

三、重视学前教育

"五四"前后，杜威实用主义教育哲学，以及当时国外流行的种种教学方法，都被陈鹤琴加以借鉴和吸收。正如陈鹤琴所说："最近的教育思潮是注重试验，这是从美国试验主义派的哲学来的，杜威、米勒的主张得最得力……幼稚教育是各种教育之一种，当然也应该依着试验的精神去研究。"[②]在这一背景下，陈鹤琴创办了鼓楼幼稚园，作为儿童教育的试验研究基地。他对幼儿园课程、教材、教学方法、玩具、设备、儿童习惯、幼儿园的日常管理等方面都进行了全面、细致的研究。在鼓楼幼稚园开办以后，特别是1925年开始系列试验之后，陈鹤琴等人即注意试验成果的总结。1927年3月，他发表了《我们的主张》一文，提出了关于学前教育发展的十五条主张。其中"幼稚园应与家庭密切合作""幼稚园的课程应以自然和社会为中心""应采用游戏式的教学法"等观点可以看出杜威等先进教育思想对陈鹤琴的影响。杜威提出"做中学"，而陈鹤琴的学前教育思想融合了他的"活教育"思想后在"做中学"的基础上更进一步提出，"我们要在做中教，在做中寻求进步"。陈鹤琴对于学前教育的研究有很多，主要表现在以下两个方面。

---

① 〔美〕杜威. 杜威教育论著选[M]. 赵祥麟，王承绪，编译. 上海：华东师范大学出版社，1981：156.

② 陈鹤琴. 陈鹤琴全集(第二卷)[M]. 陈秀云，陈一飞，编. 南京：江苏教育出版社，2008：20.

（一）对课程的研究

杜威重视儿童在教育和课程当中的作用。他说：“儿童是起点，是中心，而且是目的，儿童的发展，儿童的生长，就是理想所在，只有儿童提供了标准，我们必须站在儿童的立场上，并且以儿童为自己的出发点，决定学习的质和量的是儿童，而不是教材。”①儿童是杜威课程理论的中心，组织课程要围绕儿童的需要和经验，促进他们发展自我的本能，发挥他们的主动性和创造性。

陈鹤琴也十分重视儿童在课程当中的地位。他提出，幼稚园课程有两个基本原则：重视生活和儿童的中心地位。从生活原则出发，幼稚园的课程要从儿童的实际生活与经验出发，“用适应目前生活需要的方法，去达到将来生活中必会出现的事情”②。从儿童中心地位出发，他认为，不仅课程要根据儿童的生活与经验，而且还要适应个别不同能力和兴趣的儿童，包容儿童的多样性。幼稚园的课程要富有弹性和灵活性，使他们的个性得到充分发展。陈鹤琴反对学校教育不顾儿童心理特征将教学内容划分的过多、过细。分科教学将各门课程分得清清楚楚，课程之间缺乏联系，这种分离的教学内容很难引起儿童的兴趣，可能导致儿童在“莫名其妙”中接受教育。杜威认为，学校教育的所有学科都是在这个伟大的共同世界的各种关系中生成的，儿童生活也处在各种各样具体生动的联系之中。杜威指出：“使学校与生活联系起来，那么一切学科就必然相互联系起来。”③陈鹤琴根据学前儿童心理反映的特点，主张把各门功课打成一片，系统地教儿童学习。从生活和儿童出发，陈鹤琴的教育理念不仅体现在课程上，还体现在教学方法上。陈鹤琴认为，幼稚园的课程应该游戏化。这一时期的儿童还不能将游戏和学习完全分开，他们感兴趣的是活动的过程而不是结

---

① 〔美〕杜威．杜威教育论著选[M]．赵祥麟，王承绪，编译．上海：华东师范大学出版社，1981：279.

② 陈鹤琴．陈鹤琴全集(第二卷)[M]．陈秀云，陈一飞，编．南京：江苏教育出版社，2008：27.

③ 〔美〕约翰·杜威．学校与社会·明日之学校[M]．赵祥麟，等译．北京：人民教育出版社，1994：66.

果，如果在活动过程中一味地强调活动结果，会使儿童缺乏兴趣和动力。要使学习过程吸引儿童，就要使活动过程游戏化。教师要创设环境，提供材料使活动更加有趣。

从陈鹤琴的这两个基本原则可以看到杜威"教育即生活""以儿童为中心"的思想的痕迹。杜威认为，儿童的生长要素有游戏、讲故事、观察、手工等。学校要从生活的各个方面入手对儿童进行教育，而不是专注于书本。同时，对儿童的教育要尊重他们自己的意愿，引导他们发挥自己的天性，对知识进行探索，而不是强迫他们学习书本。这在陈鹤琴的两大基本原则当中都体现了出来。陈鹤琴还对故事、图画、读法、游戏、玩具等方面进行了试验研究，分析这些教学方法对儿童的影响。他坚持以儿童为中心，使教学方法与教学设计符合儿童心理，以促进儿童积极、全面、自主地发展。

（二）对幼稚园管理的研究

陈鹤琴认为，幼儿园的管理主要以受教育者为中心，顺应幼儿的身心发展特点。幼稚园的目标要求应该表现得具体、明确、分化，以便能够具体对照检查，并且尽量运用图片等方式，生动形象地让幼儿理解老师的要求。在幼稚园的管理中，有一项重要的目标就是养成幼儿良好的生活习惯。陈鹤琴建议在校园内贴出图画，如"纸屑入篓""关门要轻"等，图画应由人物及其动作形态和相关物件组成，具体明确，警示幼儿。

幼稚园管理除了要注意目标分化、方法生动形象以外，还应该注意与家庭之间的联系与合作。家庭和幼稚园是相互联系、相互促进的。父母可以为孩子创造良好的家庭环境，对孩子产生潜移默化的影响；而幼稚园是向幼儿实施全面发展教育的专门机构，它可以通过专门的教育者，在专门组织的环境中对幼儿进行教育。所以，幼稚园教育应该与家庭教育相互配合，并承担对幼儿教育的主导责任。幼稚园可以通过恳亲会、讨论会、报告家庭、探访家庭等方式，"了解幼儿在家的情况，借此与家长交流感情，便于在必要时间相互合作"[①]。早在

① 陈鹤琴.陈鹤琴全集(第二卷)[M].陈秀云，陈一飞，编.南京：江苏教育出版社，2008：77.

1896年，杜威也曾经在芝加哥大学开办过实验学校，最初称为“大学初等学校”，后又改为“芝加哥大学实验学校”。在办学中，他主要围绕四个方面开展工作，其中一个方面就是密切学校和家庭与社会的联系。这与陈鹤琴倡导的幼稚园与家庭教育相互配合关系密切。陈鹤琴重视幼稚园的条件和资源，如设备、师资等。他还特别强调了审美的环境与科学的环境对于儿童的重要影响。“在儿童日常的生活中，提倡为儿童创设有益的、游戏的、劳动的、科学的、艺术的以及阅读的环境，其中艺术的环境包含了音乐的、图画的与审美的环境。”对于当时的学前教育，陈鹤琴提出儿童、教材和教师是教育的三大要素。三者的关系是：儿童是主体，教师度量儿童的能力与个性，用种种最适宜的方法，把教材介绍给儿童。[①] 这与杜威强调经验的生长、强调儿童兴趣的观点相似。陈鹤琴提出，幼稚园课程的原则有很多，其中非常重要的两条就是：“所有的课程都要从人生实际生活与经验里选出来；富有弹性的课程，可以适应个别不同的兴趣与能力的儿童。”[②]陈鹤琴在学前教育中的种种观点受到了杜威的影响，并且结合中国学前教育的情况，对杜威教育思想进行了发展，将它变成了适合中国国情的学前教育思想体系。

四、研究小学教育

陈鹤琴自1927年6月出任南京市教育局教育课课长到1939年为躲避汪精卫的迫害离开上海这一时期，除了研究学前教育，他还将目光投向了小学阶段的儿童，在小学教育理论和实践方面都有所贡献。他对小学教育的研究基于三个重要的前提：热爱教育事业与研究儿童心理是他开展研究的感情基础，丰富的游学经历是他开展研究的实践基础，对中国当时小学教育发展状况的判断是他开展研究的现实依据。不得不说，陈鹤琴的小学教育思想在一定程度上也受到了杜

① 陈鹤琴.陈鹤琴全集(第二卷)[M].陈秀云，陈一飞，编.南京：江苏教育出版社，2008：23.

② 陈鹤琴.陈鹤琴全集(第二卷)[M].陈秀云，陈一飞，编.南京：江苏教育出版社，2008：41.

威的影响。他曾经说道："真正建立小学教育的是美国的教育家杜威,他有理论,也有方法,有理想的假设,也有试验的园地。"[①]而杜威在中国的演讲中也曾经提到："小学教育应比较高等教育特别注意","关于教育制度,要使小学自己能完成,不只是作高级的预备"[②]。陈鹤琴对小学教育的研究主要有以下几方面。

(一) 对教师的研究

在提到传统教育的弊病时,杜威提到,由于忽视了学校与社会生活之间的联系,"来自教师的刺激和控制太多了"。杜威认为,教育要坚持以儿童为中心、以经验为中心,但这并不代表他反对教师这个群体。杜威认为,教师是儿童成长中不可或缺的一环："认为自由的原则使学生具有特权,而教师被划在圈外,必须放弃他所有的领导权力,这不过是一种愚蠢的念头。"教师的任务就是依照自己所获得的经验和知识来引导儿童,使其"得到生活的训练"。他又进一步提出："实际上,教师是一个社会团体的明智的领导者。"[③]教师要成为真正的"领导者",首先应该有丰富的知识储备。教师所具备的知识,远要比教材中的多,这是因为教师上课除了教授知识,更多的注意力要放在学生身上,关注学生的反应。"学生的问题在教材中,而教师的问题却在于学生对待教材的心理活动内容。"[④]除此之外,教师还应该有专业知识,即教育学和心理学等相关知识。据此,教师可以通过观察到的学生的反应来解释学生的言行,并给予恰当的指导。

陈鹤琴也十分看重教师的影响。在研究中,他提出了做新时期的"新"教师应具备的条件：第一,教师要有强健的体魄和良好的心性。陈鹤琴曾写道："一个理想的教师,体格要健全","怎样立,怎样走,小孩子看了你,都会模仿你的姿势,所以教师的立与走,都要做小孩子的

---

① 陈鹤琴.陈鹤琴文集[M].陈秀云,陈一飞,编.南京：江苏教育出版社,2007：378.

② 袁刚,孙家祥,任丙强.民治主义与现代社会：杜威在华讲演集[M].北京：北京大学出版社,2004：627.

③ 〔美〕杜威.我们怎样思维·经验与教育[M].姜文闵,译.北京：人民教育出版社,1991：227-228.

④ 〔美〕杜威.我们怎样思维·经验与教育[M].姜文闵,译.北京：人民教育出版社,1991：228.

榜样，不但在教室如此，就是平常也当这样”[1]。另外，他还以美国总统林肯为例，说明相貌的美丑无所谓，关键要有良好的心性、有积极乐观的态度。他将有强健的体魄和良好的心性看作是一名小学教师的基本素质。第二，他强调教师要有慈母的性情，要热爱儿童。他认为，作为一名小学教师，“一定要有慈母的态度，热烈的心肠，对待学生如儿女一样，那么教师与学生、儿童间自然会产生情感。而儿童对于教师，自有一种信仰心，在教学训练中，一些问题容易解决”[2]。好的师生关系有利于教学活动的顺利开展，这在今天的教育中也同样适用。他还提出，教师不应差别对待学生，对所有学生都要一视同仁，要尽力了解每一个儿童的心性，在此基础上开展教育活动。第三，教师要为人师表，以身作则。教师的言行举止本就会影响学生，对于年龄较小的孩子来说，教师更是他们模仿和学习的对象。因此，他提出，教师要规范自身举止和行为，为儿童树立一个好的榜样，“不能以身作则，示范儿童、感化儿童，也很难收到教学上的成效的”[3]。第四，教师要有怀疑的态度和研究的精神。社会在发展，时代在变换，教育也要随之发生改变。怀疑并不是盲目的否定，而是要在科学客观分析的基础之上进行。教师还要有研究的精神，在教学中，不能只照搬书中的内容，还应该充分利用大自然、大社会中的素材，使其转化为教材或教具。第五，教师之间要精诚协作。陈鹤琴指出，当时学校内存在一种很不好的现象，教师间形成了很多派别，特别是新旧教师间难以融合，教师作为一个团体，应该打破这种隔阂，相互团结起来，加强彼此间的联系和沟通，共同学习、共同进步。

（二）对管理的研究

首先，陈鹤琴提出小学教育的管理应该学术化，学校应建立学术能力强的行政组织机构，以创设良好的学术氛围。其次，他还对学校

---

① 陈鹤琴．陈鹤琴全集（第四卷）[M]．陈秀云，陈一飞，编．南京：江苏教育出版社，2008：242．

② 陈鹤琴．陈鹤琴全集（第四卷）[M]．陈秀云，陈一飞，编．南京：江苏教育出版社，2008：32．

③ 陈鹤琴．陈鹤琴全集（第四卷）[M]．陈秀云，陈一飞，编．南京：江苏教育出版社，2008：33．

的校长提出了要求,认为作为学校的管理者,校长不仅仅要善于管理,还应当精通"各种功课",能够指导教师的工作。"教员在教什么、教学法如何,全然不了解,那么对于这个教员的好坏,又从何去批评呢?"[①]再次,陈鹤琴在《调查小学之方法》中详细论述了小学教育调查的目的、范围、方法等,其中还包括详细的调查项目和标准的调查表。陈鹤琴提出,小学教育管理应该从细微处入手,校园中的一草一木,均有其存在的价值,学校的布置、校工的训练,甚至对于纸篓痰盂的摆放都要注意到,争取能实现经济、适用,还能对儿童的学习成长产生积极影响。需要特别提出的是,陈鹤琴是较早研究学生桌椅的人。他认为,桌椅对于正处于生长发育阶段的儿童来说有很大影响,假如桌椅不合适,"势必至于驼其背,曲其腰,耸其肩"。[②] 基于此,他研究并提出了自幼稚园至小学六年级所适用的标准课桌椅尺寸。杜威也曾对儿童的课桌椅表示过关注,他提出,要想找到从"艺术、卫生和教育"上看完全合适儿童的课桌椅是很难的。他对传统教室的布置、课桌椅的摆放等进行了批判,认为在这样的环境中儿童只能"静听",会产生对别人的依赖性。[③] 最后,陈鹤琴认为小学教育的管理要合乎规范。例如,在校工的管理上,他提出:"许多事校工做的;但决不可听凭校工随便去做,即使有具体的规定,如甲做何事,乙做何事;甲事应何时做,乙事应何时做;但还是不够的,还要事务员随时去训练他们,督促他们。并须制成各种详细的具体表格,以便视察时记录,而作统计与考查之用。"除此之外,他还提出了教师培训等方面的具体要求。这一系列的规范化管理有利于学校教学和其他工作的稳步进行,对教育事业的发展有着重要作用。

(三) 对教学的研究

陈鹤琴贯彻了其"活教育"的思想,提出要从大自然和大社会中学习。在课程编制上,与杜威试验学校不同的是,他考虑到了中国的具

---

① 陈鹤琴.陈鹤琴全集(第四卷)[M].陈秀云,陈一飞,编.南京:江苏教育出版社,2008:46.

② 陈鹤琴.陈鹤琴全集(第四卷)[M].陈秀云,陈一飞,编.南京:江苏教育出版社,2008:51.

③ 〔美〕杜威.杜威教育论著选[M].赵祥麟,王承绪,编译.上海:华东师范大学出版社,1981:30-31.

体情况，以大单元的形式编制，贴合了中国的实际。此外，陈鹤琴还总结了小学教育的八条基本原则。

① 寓学于做，即在做中学，只有去做了，才能得到准确的知识，这也有利于教师教学和指导。

② 引发学生的动机，学生学习要有内发的动机，让其主动去做，而教师则要掌握和利用其动机。

③ 用眼的学习比用耳的学习准确，即直观的教学，客观事物本身最是生动形象，实际观察很重要。

④ 教学生相互的指导，即集体教育的原则，在道德教育上尤为显著。

⑤ 开始的学习，要特别留意，特别慎重，儿童习惯先入为主，要求注重一开始的教学。

⑥ 练习时要给予充分的注意和指导，在学习的过程中教师要注意指导，防止学生走偏。

⑦ 分类和比较，即在教学生时，要在儿童原有经验的基础上，联系所学的新事物，来帮助学生更好更快的学习。

⑧ 比赛和游戏，即注重儿童学习兴趣。儿童好胜，故要进行比赛，而游戏又是儿童所喜爱的，运用恰当有利于增进教学效果。[①]

另外，陈鹤琴还对教材的编制提出了建议。例如，在国语教科书的编制上，他提出要采用一贯制或单元制，要使课文故事化，以吸引儿童的兴趣；内容要连贯，避免将儿童的生活割裂，内容的表现形式要多样化，还应当从儿童心理出发，兼顾社会需要，而非将其颠倒；教科书内还应该有许多彩色的插图和标准的封面，在内容上，还应该特别注意“做”。在教材上，杜威认为，正是由于分出了许多与儿童实际生活无关的科目，没有遵照儿童的心理和天性，所以不能吸引儿童的兴趣，也就达不到期望的效果。因此，他提出要想使儿童学到知识，唯一的方法就是“使他去实践”。在编制教材时要尊重儿童的心理，应该“根

① 陈鹤琴．陈鹤琴全集(第四卷)[M]．陈秀云，陈一飞，编．南京：江苏教育出版社，2008：37.

据一定时期活动的主要方面的适当需要”,不能根据“现成知识领域所剁碎的断片”[①]。陈鹤琴还特别注重艺术类课程的教学,希望以此来促进儿童个性和创造力的发展。例如,在音乐教育上,他指出:“我们应当重视儿童音乐教育,用音乐来丰富儿童的生活,培养儿童的意志,陶冶儿童的情感,使儿童能够表现真实的自己,导向于创造性的发展。”[②]

以上通过对陈鹤琴教育思想的分析,我们可以发现,陈鹤琴作为接受了西方进步主义教育思想的优秀教育者,不仅吸收了杜威实用主义教育思想,而且根据中国的国情进行了进一步的试验研究,总结出了自己的教育方法、教育基本理论。他的“活教育”理论体系唤醒了中国的教育。他与陶行知等人一起,为中国的教育事业注入了一股新生的力量。他的儿童教育思想则解放了儿童的天性,尤其是他的学前教育思想,在理论和实践上为中国的学前教育开辟了道路;他的家庭教育思想也为我们后世的研究奠定了基础。

① 〔美〕杜威.杜威教育论著选[M].赵祥麟,王承绪,编译.上海:华东师范大学出版社,1981:70.

② 陈鹤琴.陈鹤琴全集(第四卷)[M].陈秀云,陈一飞,编.南京:江苏教育出版社,2008:345.

第八章　张伯苓：中国教育界的“杜威”

张伯苓是我国著名的教育家。1919 年，他集各方努力开办南开大学，学校设文理商三科，主要学习西方先进的教育方法和科学知识。之后，他不断探索高等教育发展之路，到 1928 年，以务实、服务社会的理念办学，形成了南开之路。“‘南开之路’非同寻常。如果说二十世纪中国高等教育有什么‘奇迹’的话，那么，很可能不是国立北大、清华的‘得天独厚’，也不是教会大学燕大、辅仁的‘养尊处优’，而是私立学校南开的迅速崛起。”[①]南开大学的成功，很大程度是张伯苓借鉴美国进步实用主义教育思想、立足中国现实形成的。1917—1918 年，张伯苓到美国哥伦比亚大学师范学院研修高等教育，在此期间师从杜威、孟禄、桑代克(Edward Thorndike)等，对教育学和心理学有了更深刻的理解。与此同时，他深入细致地考察美国各类大学，为南开大学的创办提供参考与借鉴。1919 年 7 月，张伯苓邀请杜威访问南开，杜威在直隶工业专门学校发表了题为“教授科学之方法”的演讲，张伯苓负责翻译。张伯苓留美期间跟随杜威学习，在杜威来华演讲中更汲取了实用主义教育思想的精髓。这对于他组织开展南开学校的教育教学活动有十分重要的影响。办学过程中，张伯苓大力提倡教育与生活相联系，注重学生自治，后来更是把杜威实用主义教育思想中的“教育即生活”“学校即社会”“教育即生长”的教育目的具象化为“三育并

① 陈平原. 中国大学十讲[M]. 上海：复旦大学出版社，2002：237.

举”,本土化为“知中国、服务中国”的办学思想。他还提出“允公允能,日新月异”的校训,形成了中国特色的南开精神,铸就了中国教育历史上南开辉煌的一页。

一、提倡德智体三育并进

1914 年,张伯苓在南开学校修身班演讲时指出:“教育一事非独使学生读书习字而已,尤要在造成完全人格,三育并进而不偏废。”[①]这时,他正式提出了“三育并进”的思想。杜威在华演讲时也曾提到:“现在学校是地方或国家设的,系谋社会幸福,不是个人的。所以学校是器具,使德育、体育、智育上发达,均得享受幸福,然后可以成健康的中国。”[②]“三育并进”中,张伯苓最看重道德教育。他提出,道德教育要从两方面进行,即个人品德和社会公德。在此基础上,他提出“允公允能,日新月异”作为南开大学的校训,为社会培养人才。智育方面,张伯苓倡导“开民智”,主张教授近代科学知识,在教学过程中反对灌输式教育,提出要让学生接受“活”的教育,重观察、实践而非讲解。此外,张伯苓还十分重视体育教育,要求学生加强体育锻炼,达到强身健体之目标,并在这一过程中培育学生的体育竞赛精神。从中不难发现杜威教育思想的内涵。杜威认为,学校道德教育的过程应体现出人性发展与社会生活的统一,在教学过程中应注重道德知识的传授和良好品格的形成,同时还要培养学生的公民品格,并且强调学生自治在道德教育中的重要性。杜威思想对张伯苓后期提出学生自治思想有重要影响。另外,杜威反对灌输,提倡从“做中学”。在华演讲时,他曾说要让学生多观察、多实践,在学习的过程中注重知行合一,最终才能实现改良社会的目标。

科学的应用,常表现于物质方面,而增高人类的生产力,对于人生

① 张伯苓. 张伯苓教育论著选[M]. 崔国良,编. 北京:人民教育出版社,1997:8.

② 袁刚,孙家祥,任丙强. 民治主义与现代社会:杜威在华讲演集[M]. 北京:北京大学出版社,2004:390-391.

固然很为重要。然又必注意精神方面的道德,方圆满无缺。欲达此目的,须要知行合一,以思想指导行为而以行为试验思想才好。[1]

除此之外,杜威还曾多次论述体育的重要性。他肯定了游戏运动在学生的生长发展和良好道德形成中的重要作用,认为游戏运动不仅可以使人保持健康,还对形成团结合作等道德精神有所助益。张伯苓与杜威在谈到体育运动时都曾涉及学生的卫生健康问题。张伯苓德智体“三育并进”的思想与杜威教育思想有着深刻的渊源,是结合中国实际情况对杜威教育思想的进一步发展。在此思想的影响下,南开大学为我国的民族独立和振兴培养了大批人才。

(一)重视道德教育

张伯苓认为,德育在学校教育中是最主要的,为此,他提出德育为万事之本,强调“教育为改造个人之工具。但教育范围,绝不可仅限于书本教育、知识教育,而应特别注重于人格教育、道德教育”[2]。张伯苓想要通过学校德育塑造学生的人格,培养“爱国爱群”的社会公德,发展学生服务社会的能力,造就具有“现代能力”的人才。杜威论述过道德教育的重要性:“因为这种知识(道德知识)能养成社会兴趣,并且授与必需的智慧,使这种兴趣在实践中生效。”“纪律、自然发展、文化修养、社会效率,这些都是道德的特性——都是教育工作所要促进的一个社会优秀成员的标志。”[3]

张伯苓十分重视道德教育中人格的培养。1925年,在南开大学商学会成立会上,他曾提出:“研究学问,固然要紧,而熏陶人格,尤其是根本,‘君子不重则不威,学则不固’,个人人格是很要紧的。”[4]同样,杜威认为,道德教育对于学生人格的塑造具有重要意义。“这种教育(道德的教育)塑造一种性格,不但能从事社会所必需的特定的行为,而且

① 袁刚,孙家祥,任丙强.民治主义与现代社会:杜威在华讲演集[M].北京:北京大学出版社,2004:273.

② 张伯苓.张伯苓教育论著选[M].崔国良,编.北京:人民教育出版社,1997:309.

③ 〔美〕约翰·杜威.民主主义与教育[M].王承绪,译.北京:人民教育出版社,1990:375,378.

④ 张伯苓.张伯苓教育论著选[M].崔国良,编.北京:人民教育出版社,1997:154.

对生长所必需的持续不断的重新适应感到兴趣。”[①]张伯苓对学生进行人格塑造时注重从生活出发，为培养学生的良好品格和行为规范，特在校门处放置一面“整容镜”，镜上有题字：“面必净，发必理，衣必整，纽必结；头容正，肩容平，胸容宽，背容直；气象：勿傲，勿暴，勿怠；颜色：宜和，宜静，宜庄。”[②]以此规约学生行为。张伯苓还于每周三召集全校学生在礼堂上修身课。在课上，他训诫学生要“敬业”，做事认真，不可马虎；要“防微杜渐”，将坏事制止在源头处，避免事情恶化；他还常以筷子为例教导学生团结合作。对于品格的养成，杜威在华演讲时也提出要对学生进行潜移默化的影响，要通过良好的习惯来养成好的品格。他曾说：

> 盖良好品格，应以良好习惯养成之，非纸上格言所能养成之也。因记许多之道德名词虽容易，而预使之实在施用于社会则甚难，故必须将道德消纳于各科之中，使无往而不在，不直接教导之，而间接教导之，不有意教导之，而无意教导之。盖道德本非直接有意所能养成，必须于间接无意之中，灌输一种无形的德育，使学生有一种极自然的道德观念，而后彼于阅有系统的道德书，及各种纸上格言时，始能如水乳交融也。[③]

张伯苓德育思想中注重对学生进行社会公德和责任感的教育，让学生以国家、民族和集体利益为重，旨在培养具有社会担当的人才。在进行社会公德教育时，一方面，张伯苓从观念上对学生进行指导，主要是通过每周的修身班和学生集会讲解道德知识。例如，他在演讲中多次提到学生要知天下事，“当常为学生言之(国耻)，以启发学生爱国之心，而激励学生忧国之感”，认为学生是“救国药”，南开要担负起唤醒国人的责任，“醒后负责任为世界发明新理论，新学说”。[④] 另一方面，张伯苓也注重将社会道德观念运用在实践当中。袁世凯签订“二

① 〔美〕约翰·杜威.民主主义与教育[M].王承绪，译.北京：人民教育出版社，1990：379.

② 张伯苓.张伯苓教育论著选[M].崔国良，编.北京：人民教育出版社，1997：309.

③ 袁刚，孙家祥，任丙强.民治主义与现代社会：杜威在华讲演集[M].北京：北京大学出版社，2004：385.

④ 张伯苓.张伯苓教育论著选[M].崔国良，编.北京：人民教育出版社，1997：31，50.

十一条”的“五七国耻日”，学校每年都会举行游行活动，师生同唱“国耻歌”，并发表相应的讲话，让学生感受到爱国情感，接受爱国教育。学校还会组织学生实地参观调查，让学生认识到当前国之危亡、国之屈辱，从而奋发图强。杜威认为，学校是社会的缩影，将社会的目的等同于教育的目的，即“养成一种人品，能在社会有益，能做社会有用的一分子”[①]。他还提到，学校的首要作用就是不按照书本格言来培育学生的道德，而是把学校看作社会，把学校生活和社会生活等同起来，让学生在学校学习社会规则，接受公民训练，养成“谋公共利益”的习惯，从而帮助学生养成社会公德。

在对学生进行社会公德教育的基础上，张伯苓于1934年正式提出“允公允能，日新月异”作为南开大学的校训。“公”“能”二字彰显着南开学校的精神，即要将学生培养成为爱国爱群，能承担社会责任并且服务于社会的人才。以“公”“能”为基础，张伯苓提出了训练学生的五项方针：① 重视体育；② 提倡科学；③ 团体组织；④ 道德训练；⑤ 培养救国力量。他解释道：“此五项基本训练，以‘公能’校训为指导原则，而‘公能’校训，必赖此基本训练，方得实现。分之为五项训练，合之则‘公能’二义。允公允能，足以治民族之大病，造建国之人才。”[②]在一次同乡会上演讲时，张伯苓曾说：

我要使你们组织这个小团体的原因，并不是使你们只在学校里，做一个好学生，也叫你到社会里做优秀的分子。不是徒让你做一个好国民，也要使你帮助旁人，都有社会分子的资格。要知道，教育不是叫你在学校里，敷衍考试就算完了，是叫你应用你所学的，做那些大事情。[③]

张伯苓以“公能”来培育建国之人才是南开大学的教育目标，源自杜威。张伯苓曾说：

约翰·杜威于其《民治与教育》(*Democracy and Education*，今译

---

① 袁刚，孙家祥，任丙强．民治主义与现代社会：杜威在华讲演集[M]．北京：北京大学出版社，2004：477.

② 张伯苓．张伯苓教育论著选[M]．崔国良，编．北京：人民教育出版社，1997：310.

③ 张伯苓．张伯苓教育论著选[M]．崔国良，编．北京：人民教育出版社，1997：95.

《民主主义与教育》)一书中,前四章论应付此种外力之法最精微。谓当一新环境之袭入,须先自定方策,即有一种“动机”,以应付外来环境之逼迫。以与之较胜负,继续不已,以至终身,始克得胜。今吾中华民族所最缺乏者,即此种有“动机”而能引领全族出此迷津之领袖。南开大学即造此领袖之所望。[①]

杜威曾不止一次地论述过大学要培养“领袖”这一观点。例如,在北京大学建校二十二周年纪念会上演讲时,他提到:大学是一个培养专门人才的场所,它所培养出来的应该是“造成和指导舆论的‘领袖’”,这样才能使人民对于政府处理事情的方法清晰明了,从而建设一个真正的民治国家。

杜威认为,教育的一个重要目的就是培养合格公民。“教育的目的——民治国家尤其如此——是要养成配做社会的良好分子的公民。详言之,就是使社会各分子能承受社会的过去或现在的各种经验,不但被动的吸收,还须每人同时做一个发射的中心,使他所承受的及发射的都贡献到别的公民的心里去,也来加入社会的活动。”[②]他认为,合格的公民要具备以下三方面的能力:一是要有共同利害的观念,即将自身与他人的利害得失统一起来;二是在关键时刻舍弃自己的小利,而顾全大局;三是要相互信任,即遇到事情要共同商榷,不能相互排挤打击。此外,在杜威看来,真正爱国的人,一定是深谋远虑、顾全大体,全心全意为社会谋进步、求改良;真正爱国的人,在做事情时均会以社会整体的利害为出发点,没有丝毫私心掺杂其中;“不仅谋一己之幸福,并求群众之乐利;非但图一己之健康,兼顾团体之安宁”[③]。

(二) 革新智育观念

在智育方面,张伯苓敢于向传统挑战。这主要表现在教学内容和教学方法两个方面。在教学内容上,区别于传统教育只传授儒家经

---

① 张伯苓.张伯苓教育论著选[M].崔国良,编.北京:人民教育出版社,1997:103.

② 袁刚,孙家祥,任丙强.民治主义与现代社会:杜威在华讲演集[M].北京:北京大学出版社,2004:427.

③ 袁刚,孙家祥,任丙强.民治主义与现代社会:杜威在华讲演集[M].北京:北京大学出版社,2004:19.

典，张伯苓大力提倡讲授近代科学知识。在回顾南开办学历程时他说：“故伯苓当办学之初，即竭力提倡科学，其目的在于开通民智，破除迷信，藉以引起国人对于科学研究之兴趣，促进物质文明之发达。今者科学与国防建设发生密切之关系，无科学无国防，无国防无国家，愈见提倡科学之重要。”[①]张伯苓提到，他所提倡的是与实际生活密切相关的科学知识。杜威也曾论述过科学知识的重要性。他在演讲中说道：“教授自然科学不是纯为增加知识，也不是因为好奇的缘故。它的唯一原因，就是不教授自然科学，就不知天然势力，就不能利用此天然的势力以利人生。”[②]但要如何应用这些科学知识呢？杜威提出：“科学之所以有价值正因为它给我们一种能力去解释和控制既有的经验。我们不应当把它们作为完全新的教材加以引入，而应当把它们作为与儿童过去经验相关的因素来加以呈现，并把它们作为更容易、更有效的控制经验的工具。”[③]同时，他也提倡要开民智，要普及教育，认为国民愚钝对于国家而言是有害的。“若是国家教育不普及——只限于少数人——是很危险的，就是少数人垄断多数人……若是群众受过教育，就是有少数人想用他的知识去愚弄群众自私自利，但是群众既受过教育，一定有识力，有能力，明白一切的事理，便能阻止他们的自私自利。”[④]可见，张伯苓的智育思想与杜威有着深刻的渊源。但与杜威不同的是，张伯苓的教育思想更加贴合中国的实际，在制定人才培养目标时也更加具体。

在教学方法上，张伯苓反对死读书。他认为，当时的学校教育是不合理的，教师只关注所教的学科，看重的是学生的分数，教课也是周而复始。于是乎，教师变成了教书匠。在这样的氛围中，教师和学生的热情消耗殆尽，教学环境沉闷不堪。因此他提出，教师要改变昔日的教学观念，将学科看作是自身与学生之间的一座桥，教学时多采用

---

① 张伯苓．张伯苓教育论著选[M]．崔国良，编．北京：人民教育出版社，1997：307.

② 袁刚，孙家祥，任丙强．民治主义与现代社会：杜威在华讲演集[M]．北京：北京大学出版社，2004：619-620.

③ 〔美〕约翰·杜威．我的教育信条：杜威论教育[M]．彭正梅，译．上海：上海人民出版社，2013：7.

④ 袁刚，孙家祥，任丙强．民治主义与现代社会：杜威在华讲演集[M]．北京：北京大学出版社，2004：144.

启发诱导，激发学生的学习兴趣。杜威在演讲中也提到，教师在教学过程中不应该只注重内容的简单传递。他把学生的大脑比作冷库，课程本位下教学过程就像把食物存放在冷库里一样，考试则是检查食物好坏的过程。要想改变这种“食而不化”的状态，根本的是要改变教学方法，培养儿童的学习兴趣。他举例：“譬如教地理，也可证明，因为地理不是教纸上的地理，必定有具体的材料。用沙堆成山、凹成河，使之具体而微；不是文字的、死的、片面的教授；须是主体的活动的。”①

同时，张伯苓也十分看重学生在学习过程中的主动性。1919 年，在南开的一次修身班演讲中，他曾指出：

这就是本校的精神，亦可说是本校教育政策。这两项就是“理解”和“自由”。所谓“理解”者，即一切事，不使学生专仗先生去推。当认清理解，自己去行。意在造出一班自动的人来。果能按照理解去自动，即完全给以“自由”。②

其中可以看出杜威实用主义教育思想的影子。杜威不赞成对学生进行教条和灌输，提倡以学生为中心，强调学生在学习过程中的主动性。他认为，学生在传统教育的机械训练过程中丧失了学习的兴趣，进而损害了他们的理性判断力。“公立学校，往往有不良之虞者，皆教授一以课本为准绳，而学者所得止于耳食故也。”“卒之使学者所受，尽成装饰，虽博闻强记，亦人云亦云，不能判其是非、正其谬误，所谓大之不能用天下国家，小之不能为天下国家所用。”③

此外，杜威在华演讲时提到，当时中国的教育是脱离社会生活的，学生不能只学习书本知识，更要走出课堂去社会中实践，让学生去实地考察，了解实际问题，并研究如何解决问题，从而能改良社会。他还提到要让学生“观察天然物象，用实验的方法，去仔细研究它。一方竭力打破被动性质的书本教授，一方就可得到儿童个人观察能力的养成

① 袁刚，孙家祥，任丙强. 民治主义与现代社会：杜威在华讲演集[M]. 北京：北京大学出版社，2004：607.

② 张伯苓. 张伯苓教育论著选[M]. 崔国良，编. 北京：人民教育出版社，1997：82-83.

③ 袁刚，孙家祥，任丙强. 民治主义与现代社会：杜威在华讲演集[M]. 北京：北京大学出版社，2004：546-547.

和独创力的具足等种种效果”[1]。张伯苓重视学生的亲身实践，在南开的教学实践中开展课外学术观摩活动，通过举办学术观摩会，邀请校外名人、学者来校演讲，开办社团与课外组织活动来增加学生课外学习生活的兴趣；在给学生布置暑假作业时提到让学生跳出学校的死格式，到各地调查，亲临自然和社会当中，将素日所学的知识与实际情况进行比较，借助自己或多人的力量帮助社会做事，实现学以致用。

（三）发展体育

在张伯苓的教育思想中，体育思想最具代表性。他认为，“德智体”三育，中国人最缺体育。因此，南开大力提倡体育运动。可以说，南开是中国近代体育革新运动的开拓者。1944年，张伯苓在回顾南开四十年的办学历程时强调“强国必先强种，强种必先强身”，认为国力渐衰，民生凋敝乃是不重体育之祸，南开自办校以来就重视体育，“对于体育设备，运动场地，力求完善；体育组织，运动比赛，力求普遍”。在杜威的著作中，直接论述体育教育的并不多见，但是细读起来能够发现，他在论述自己的教育主张时，已经包含了体育的观点。他提到“身的运动，是用心思的工具，是性行或思想实现的器械”，认为体育游戏运动的益处在于能使人“（一）感觉敏捷；（二）养成果敢决断的精神；（三）造就发动能力；（四）思想流利，不虞缺乏”。概括起来，就是游戏运动“能够使一个被动的、静穆的、无生气的人，一变而为活动的、有生气的、有用于社会的人”。他还提到，发展体育运动是促进国家进化最稳妥的办法，并以希腊、英国、日本为例进行了说明，提出“把身体上的习惯，改革一下，于中国改造前途，必有很大利益”[2]。

在提及体育运动的范围时，张伯苓认为：“我意以为运动的范围，不宜限于学校，应该推而广之，须普遍于全社会，使它有社会性才对。”[3]体育运动也不应只针对少数学生，而是要面向全体。“学生在

---

① 袁刚，孙家祥，任丙强. 民治主义与现代社会：杜威在华讲演集[M]. 北京：北京大学出版社，2004：375.

② 袁刚，孙家祥，任丙强. 民治主义与现代社会：杜威在华讲演集[M]. 北京：北京大学出版社，2004：374.

③ 张伯苓. 张伯苓教育论著选[M]. 崔国良，编. 北京：人民教育出版社，1997：215.

校,固应有良好运动习惯;学生出校,亦应能促进社会运动风气。少数学生之运动技术,固应提高;全体学生之身体锻炼,尤应注意。”[①]杜威在华演讲时也曾提及这方面的观点。他说:

> 本来学校的教育,不应该单讲体育的原理以及体育的大意;要完全注重课外运动。万不可上体育课时,才注意体育;上别的课时,就不注意体育。万不可在学校时,注重体育;离学校时,就不注重体育。[②]

这表明,杜威并不赞同将体育运动局限在体育课上、局限在学校中,他主张应该将体育运动推广到全社会,从而促进民众体育的发展。张伯苓重视体育的目的之一是使学生强身健体,更重要的是希望通过体育运动来培养学生的道德品质。“最要者学校体育不仅在技术之专长,尤重在体德之兼进,体与育并重,庶不致发生流弊。故体育道德,及运动精神,尤三致意焉。”[③]同样地,杜威提到运动游戏能够培养学生的美德精神:“果能体育健全,智德两育,自然可以圆满;因为运动的时候,如尊重他人人格,互助精神及勇毅、坚决、果敢、不懈许多美德无不俱备;所以体育和德育有密切的关系。”[④]至此可以看出,张伯苓与杜威在体育运动和体育精神上也有着共同见地。

与体育密切相关的是对身体的保健。张伯苓十分重视对学生进行卫生健康教育。他在修身班曾讲道:“苟不明其生命之原理,而妄为摧折,倒逆施行,纵人欲,疏卫生,其收恶劣之结果。”因此,他特聘请校外专家讲解生理卫生学,矫正学生的错误观念,教导学生节制欲望。“凡本校诸生有谈淫亵等语者,轻则记过,重则除名。”[⑤]学校还教授人体健康知识和饮食知识,让学生对“健康”有更深刻的理解,并且每年定期进行体检,力求学生能够成为身心健全的“干才”。杜威曾在演讲中提到:“我以为较此(治疗病人)还有更重要的事业,便是提倡公共

---

① 张伯苓.张伯苓教育论著选[M].崔国良,编.北京:人民教育出版社,1997:306-307.

② 袁刚,孙家祥,任丙强.民治主义与现代社会:杜威在华讲演集[M].北京:北京大学出版社,2004:393.

③ 张伯苓.张伯苓教育论著选[M].崔国良,编.北京:人民教育出版社,1997:306-307.

④ 袁刚,孙家祥,任丙强.民治主义与现代社会:杜威在华讲演集[M].北京:北京大学出版社,2004:393.

⑤ 张伯苓.张伯苓教育论著选[M].崔国良,编.北京:人民教育出版社,1997:44-45.

卫生。”在他看来，提倡公共卫生对于改革社会生活有所助益。“由许多强健的个人，才造成强健的社会。”“个人若精力不足，则除保持原状态以外，便无余力、无冒险的精神和企业的精神。”[①]他还曾说：“大半学生离开学校的时候，不知道卫生的方法，不知利用闲暇时间，去作些文雅的事情，只去作那些恶劣的事情，是很不对的。”[②]由此看来，杜威和张伯苓希望培养出真正身心健康的良好公民。

通过对张伯苓德智体“三育并进”教育思想的分析可以发现，作为具有先进教育理念的优秀教育家，他提出的“德育为万事之本”“提倡活的教育”“强种必先强身”等思想与杜威教育思想有异曲同工之妙。张伯苓“德智体三育并举”教育思想的最终形成是在杜威思想影响下进一步完善和发展的结果，是杜威实用主义教育思想与中国实际相结合的产物。

二、注重自动教育

张伯苓在面对当时中国人精神萎靡的现状时，深刻意识到想要改变现状，必须从精神上进行改变，这就需要自动。自动就是事事自觉，不能依赖教师和学长，而是拥有独立之思想、独立之人格。张伯苓指出：“以‘自动’二字勉励学生，冀人人可以自立，不劳教员之管理，浸久而成一完全独立之人格。”[③]张伯苓希望通过自动改善学生的精神面貌，使他们能够真正去改善社会风气，建设国家。张伯苓“自动影响社会”的思想受到杜威的深刻影响。杜威指出：“真正的自动，是有目的地动作，有意义地动作。动了就可以增进社会的文明，有关社会的进化。倘若不然，单有自动的虚名，不过耗精神、废财力，于家国社会是

① 袁刚，孙家祥，任丙强. 民治主义与现代社会：杜威在华讲演集[M]. 北京：北京大学出版社，2004：598.

② 袁刚，孙家祥，任丙强. 民治主义与现代社会：杜威在华讲演集[M]. 北京：北京大学出版社，2004：625.

③ 张伯苓. 张伯苓教育论著选[M]. 崔国良，编. 北京：人民教育出版社，1997：12.

毫无益处的。”[①]杜威肯定了自动对于社会文明和社会进化的影响，指出自动是心理上想要去做，并且这一动作是要有意义的。张伯苓在当时中国国情下对学生提出了更加具体的要求，那就是事事自觉、人格独立。

（一）重视培养自动能力

张伯苓深知自动对于学生发展的重要性，自动能够使学生养成独立思考的能力和独立之人格。他在管理南开大学时，希望学生能够自动，极其重视发挥和培养学生的主动性。

诸生当此改革时代，正值醒狮之时，幸也何如？且我南开学生，有知之机会，有作之机会，有听之机会，故应练习自动，勿只信教员，勿尽依学长。其造就之人才，须世界变化之能力，乃为真正之教育。[②]

杜威批评学校中的教师中心，指出应培养学生的自动精神，而这对于社会有着极为重要的影响。1920 年杜威在《“自动”的真义》演讲中指出：

现在的学校，讲义编得好好，书籍注得完完全全，句子圈得密密整整，真是代学生用心思，代学生用耳目，代学生用脑力，使学生如泥雕木塑。但人的本性，皆喜自动，一朝斩丧如此，厌弃教育的心，就从这里发生。因此，最快乐的读书事业，或顿生一种惨淡的情形。此种现象，自我来中国参观学校以后，常常看见，就是美国现在也还不少，课堂以内，完全是教师的讲演，学生没有思考的时间，又怎能希望社会改良进化呢？学校以儿童为中心，社会以青年为中心，所以最希望学校养成一种有生气的儿童，社会养成一种有生气的青年。要怎样能养成呢？就是从自动始。[③]

杜威指出，如果在教育过程中只注重灌输知识的被动教育，那受

---

① 袁刚，孙家祥，任丙强. 民治主义与现代社会：杜威在华讲演集[M]. 北京：北京大学出版社，2004：107.

② 张伯苓. 张伯苓教育论著选[M]. 崔国良，编. 北京：人民教育出版社，1997：53.

③ 袁刚，孙家祥，任丙强. 民治主义与现代社会：杜威在华讲演集[M]. 北京：北京大学出版社，2004：108.

教育者的思想动作肯定不如接受自动教育的受教育者。受到自动教育的人，能够清醒地认识到自己学习知识的目的，心中抱有一个目标，才能够将知识转化为实践，更加适应社会；受到被动教育的人，只求博学，而对如何使用并没有独立的思考。

杜威认为，自动应该从小开始，可以从儿童游戏入手，在游戏中培养其自动能力，并且建设公共游戏场，在学校设置手工课。同时，学校应该使学生联合起来，组成一个坚固的自治团体，团体内部相互促进，使学生们知道自己所学的知识如何应用在社会上。这样，学生还可以得到许多机会，获取课堂之外的经验，不仅锻炼自己的智慧，还能够养成自治的习惯。杜威认为，不论是什么样的学校，学生处于什么年级，都可以实行自治，教室不需要过分进行管理，而是让学生根据自己的兴趣和目标做事，就像课堂上的每个学生都有自己喜爱的学科，他们都能够认真学习，不论年级高低，都井然有序，不需要教师的管理。

张伯苓重视南开学子自动能力的训练，他鼓励学生成立社团。最早成立的学生社团就有自治励学会、敬业乐群会等，学生自动组织、自己管理，每个社团都会定期出版刊物，彼此组织竞赛等，锻炼学生的组织管理能力。他还鼓励学生进行讲演、出版刊物、编排新剧、进行体育活动等，在各方面促进学生的自主能力，希望学生有自己的思想。他在《南开学校的教育宗旨和方法》的讲话中指出：“诸位先生倡之，老学生行之，新学生效之，无须个个提耳谆嘱也。”①

(二) 自动三要素的培养

自动使人能够主动去做事，主动去面对变化的事物。关于自动的标准，杜威提出：

自动不是随便从事。它的要素有三。(一)发展精神。我们遇着一件事情，必先审度能动与否；再想动了怎样，怎样变化，怎样应变，它最后的胜利怎样，最后的胜利在哪一方面；然后从善的一方面去动。必如此动作，才能算是改良，算是创造。(二)临机应变。我们对于一

① 张伯苓. 张伯苓教育论著选[M]. 崔国良，编. 北京：人民教育出版社，1997：13.

事的规划经营,必须经过无量数的痛苦;而事理的变化不测,不能预料,全在我们通权达变,或者直达,或者旁达,终希望它成功。(三)集中力。果然认定这事不错,是应当动的,必须不折不挠,一步一步做去,不用小巧取胜,不以速达为功;果能坚持,终能有济。本着这三个要素,做自动的标准,再同向社会方面做去;那么,在个人一定成功,在社会就有进步。自动的真意义,即是如此。[①]

张伯苓在培养学生的独立人格时,也正是受到了杜威这自动三大要素的影响。杜威认为,自动的第一要素是发展精神。发展精神就是发展思考的能力。他指出,遇到事情需要考虑事情的发展,什么样是好的,再从好的一面去做,这样才能够有所改良创造。

张伯苓重视发展学生精神。他在《打破保守,努力进取,建设新中国》演讲中指出,南开精神是一种"群力","然此气有非一二人之所能为者,故端在群力以造成之耳!"[②]这当中的"此气"指的就是"南开精神"。张伯苓对南开精神的定位,不是一两个人的精神,而是团体精神、学校精神,只有整个学校都处在这样的精神氛围下,学校才能够迅速发展,为社会培养"有生气的青年"。在当时中国的国情下,张伯苓对中国人的现状非常痛心,他看到当时社会的腐败愚昧,认为中国现在最大的问题不是有形的物质问题,而是无形的精神问题。想要改变现状,就必须从根本入手。面对这种情况,张伯苓认为,南开学子应该去除当时的一切陋习,不随波逐流,振作精神,艰苦奋斗,成为具有新的精神风貌的"真国民"。而"允公允能,日新月异"作为南开精神的集中概括,是南开学子身上深刻的精神烙印。张伯苓第一次阐发"为公"是在1917年8月18日《留日南开同学欢迎会演说》一文中。

余尝曰:诸事可变,南开精神不可变:一致为公,始终不渝。常策欧尝问余曰:将来入社会做事,对于失望,有何补救?余应之曰:尽力而行,多为公,不为私,无所谓失望也。余固尝言,为己而谋,每多失望。凡作一事,第问其为己为人耳?苟其为人不,何必容心于成败之

---

① 袁刚,孙家祥,任丙强.民治主义与现代社会:杜威在华讲演集[M].北京:北京大学出版社,2004:108.

② 张伯苓.张伯苓教育论著选[M].崔国良,编.北京:人民教育出版社,1997:37.

间哉!余敢断言,将来作事能以南开精神成功者,即“为公”二字。为人须志其大,何患于冻馁。[1]

此后,南开精神中的“为公”思想进一步发展为“为社会服务的精神”,而“允能”则是“为社会服务的能力”。张伯苓指出,“能”的意思就是对于身体的锻炼与知识的培植。张伯苓的教育目的不仅是教书育人,更是培养优秀的领袖人才以救国,培养优秀、公正的政府保护国家。

杜威自动的第二要素便是临机应变。杜威认为,事情的发展是不可预测的,要根据事情的发展做出相应的改变。这种不断适应新事物的要求与张伯苓提出的“日新月异”口号极为相似。日新月异,就是每个人不但要能够接受新事物,而且还要能够成为新事物的创始者;不但要赶上新时代,而且还要能走在时代的前列。这不仅是张伯苓对学生自身的要求,更是对南开大学的要求。南开大学在他的管理下,学生们极为重视自治自省,不断反思自己处理事物的方式方法是否真正符合现有的情况,并且及时做出改变。1929 年,张伯苓肯定了学生的自省精神:“现在学风很不好。学校时有风潮发生,独南开没有,并不是没有,就近来大学、中学的两次风潮,全是学生自己引起,而自己察觉出自己的错误,能够立刻自己来补救的,这就是有自觉自治的精神。”[2]这不仅是对学生自身的要求,张伯苓在制定教育目标以及实施自己的教育理念时,也会根据当时的情况不断进行改进。他指出,教育宗旨应该根据当时的国情而定,而不是完全地模仿别国,应该知道自己的国家现在需要哪类人,应该用什么样的方法培养。在实施自己的教育理念时,他指出:办学目的不能变,但是方法应该常常变。在学校的管理上,不能满足于自己之前所取得的成绩,而是要发现自己办学当中的不足,听取各方建议,不断进行改革。从中可以看出,张伯苓不论在培养学生上,还是在他的教育宗旨上,都根据当时的国情不断进行调整改革。杜威也曾经指出:“教育制度应该因时制宜,因地制宜,不应该用机械的制度,勉强使它一致,在中国越发不应该用机械

---

① 张伯苓.张伯苓教育论著选[M].崔国良,编.北京:人民教育出版社,1997:60.

② 张伯苓.张伯苓教育论著选[M].崔国良,编.北京:人民教育出版社,1997:195.

制度。"[①]这种说法表明了杜威主张根据实际情况做出调整改革。杜威在访问中国时提出，中国应该实行平民主义之教育。在讨论平民主义教育时，杜威指出，平民主义教育的目的也是着重应变，并且也提到了自动的重要性。

贵族教育之目的为一定，而平民教育之目的则重应变。其一就个人天赋之本能而应材以教之，其二依时事之要求以谋教育之适合。总之教育是活动而应变，非划一而机械者也。故平民主义教育之目的，在发长社会上个人之才力与精神为最大之宗旨，非若贵族社会之限制人民。受良好教育者，盖因贵族社会其目的在保守，而民国社会则在进化，故民国国民必须人人能发长自动自思自立之精神，若此社会方能进步。[②]

杜威自动的第三要素是集中力。这种"不以速达为功"的精神使张伯苓提倡学生要踏实做事、踏实做人。张伯苓认为，人需要知道事有所不为，不能靠小聪明或者投机取巧获得成功，即便侥幸能够欺骗别人，也会让旁人看出你的人品，自损名誉。这与他强调的"诚""信"有莫大的关系。他认为，诚是做人的根本，靠耍小聪明获得成功，虽然获得了眼前的利益，但是在旁观者的眼中，人品已然遭到了质疑，人要有所为有所不为；而"信"则是要认定某件事，就要始终以它为目标，不半途放弃，不投机取巧去做事。杜威认为，只要认定了目标就要不折不挠，稳重前行。张伯苓与杜威重视奋斗、重视毅力精神的培养。1924 年，张伯苓指出奋斗精神的重要性：

抱定某一目的，竭毕生之精神，派刚毅之魄力，勇猛赴之。虽以身殉，不惜也，虽以利诱，不顾也。此等精神，苟能得之，无论于何种事业，其成功必甚伟大。[③]

他认为，南开师生特有的精神就是日新月异、自强不息，南开无时

---

① 袁刚，孙家祥，任丙强．民治主义与现代社会：杜威在华讲演集[M]．北京：北京大学出版社，2004：145.

② 袁刚，孙家祥，任丙强．民治主义与现代社会：杜威在华讲演集[M]．北京：北京大学出版社，2004：369.

③ 张伯苓．张伯苓教育论著选[M]．崔国良，编．北京：人民教育出版社，1997：140.

无刻不在奋斗和发展之中。他希望南开人应进行一辈子的奋斗，而不是只看一时的胜利。如果当前的事成功了也不要沾沾自喜，如果失败了也不要气馁，这会影响前进的决心。他又教导学生坚持的重要性：“西人有言：为赢易，为输难。输非难也，输而能不自馁，不尤人斯难耳。凡成事者，中途必受折磨，须胜过此种阻力，不因失败而灰心，而后始有成功之一日。此种精神，为中国少年人所最要者，汝等共勉之。”[①]目标没有那么容易达到，但是在一次次的失败中，能够吸取教训，改变心态，不折不挠地向着目标前进才是最大的收获。只有能够正确地面对失败，才终有成功的机遇。张伯苓的自动教育在指导学生的行动方面，已经给学生们指引了方向和方法，养成了学生自我管理的习惯。

张伯苓从一开始就提出：“本校教授管理亦无以异是，惟在引导学生之自动力而已。”[②]张伯苓重视对学生自动力的培养，他希望通过自动能力的培养使学生发展精神，养成独立的人格，给国家带来生气，改善社会的精神面貌。在这一过程中，他不仅受到了杜威自动三大要素的影响，更是根据中国的国情做出了相应的改革：发展精神、提倡自省、重视奋斗。

三、主张教育与生活相联系

1928 年，张伯苓亲自制定了《南开大学发展方案》，提出了“土货化”办学方针，以“知中国，服务中国”的办学理念为指导思想。“土货化”是张伯苓创造的一种符合当时中国国情的办学方针，它将中国历史、社会作为办学背景，从南开大学培养现实出发，结合中国发展现实的本土化办学理念而提出，目的是解决中国的实际问题。张伯苓“土货化”办学方针与杜威的“学校即社会，教育即生活”理念有着深刻的渊源关系，是在当时中国社会背景下对杜威教育联系生活思想的进一

① 张伯苓. 张伯苓教育论著选[M]. 崔国良，编. 北京：人民教育出版社，1997：23.
② 张伯苓. 张伯苓教育论著选[M]. 崔国良，编. 北京：人民教育出版社，1997：13.

步发展。

(一) 批评与生活相脱节的教育

张伯苓幼时在私塾读书，私塾的教育主要是传授“四书”“五经”等儒家经典，教学方法上重读不重讲，强制儿童必须把学习的内容熟悉背诵，否则会被叱责或打板子。另外，私塾中学习的内容与现实做事脱节。张伯苓在这种私塾教育中学习了中国传统文化，但非常反对这种死读书、打学生的教育方式，更反对与生活实际脱离的教育。1916年8月，他在南开修身班演讲谈学校教育宗旨时提到：

本校于课程之外，组织各种学会团体，以为学生练习作事之资助。有种学生，作事虽善，然所担任者太多，以致误其课程，此大非也；又有学生，专事读书，日夜顿首，除课程以外之事，毫不过问，此又非也。诸生今日之服务于各会，即练习将来作事之基础。若徒谓吾来求学，只知读书，其奈闭门造车出户反辄何？总言之，宜使课程与作事，互相调和。①

张伯苓强调，学生不仅要学习书本的知识，还要以社会为教材，扩充自己的知识和眼界。“到学校来念书，不单是要从书本上得学问，并且还要有课外活动，从这里学来的知识学问，比书本上好得多，所以一个人念书要念活的，不要念死的书。”②

杜威也反对读死书的教育。他认为：“这种刻板的、无用的教法，虽然所教的东西一提头就能往下背诵，但一试用到别处就没有用了。故旧的教育，无论它承认读书、写字、算学都是养成习惯的东西，而它所养成的习惯总是孤立的、死的、呆板的，而不是可以活用的。”③中国的旧教育是从被动的心理上出发的灌输教育。“以故旧教育之本色，大抵视学生心理如空白之纸，教员惟以各种教材为之设色。又视学生头脑如海绵、各种教材如水分，极力灌注，强使吸收。教员之以各项教材装入学生脑中，亦死教育耳。”灌输式的教育方法是死教育，是会随

① 张伯苓.张伯苓教育论著选[M]. 崔国良，编.北京：人民教育出版社，1997：28.

② 张伯苓.张伯苓教育论著选[M]. 崔国良，编.北京：人民教育出版社，1997:7.

③ 单中惠，王凤玉.杜威在华教育讲演[M].北京：教育科学出版社，2007:57.

着世界潮流而淘汰的。

张伯苓与杜威都指出，学校与社会脱节，产生学生不能适应社会、教育不能因材施教的弊端。杜威指出：

> 在传统的教室里，让学生活动的余地是非常少的。儿童能用以从事建造、创造和积极探究的工场、实验室、材料、工具甚至必要的空间大都缺乏的。和这些有关的事情在教育中甚至没有明确公认的地位。……在同样的基础上，可以说明方法和课程的划一性。耳朵和反映耳朵的书本构成了同样适用于一切人的媒介，几乎没有机会适应不同的能力和需要。①

杜威提出了“学校即社会”的观点，学校是学生社会生活的延续，而不是与日常生活的隔离，这样才可做到以学生为中心，重视学生个性发展。张伯苓认为，中学正是学生发展团结力和作事心的时候，如果学校与社会脱节，不能引导学生练习作事，国人“无团结力即少时无练习之故，至长或作事，于社会为软弱，见外人则摔倒，如今亡羊补牢，正当使青年顺性发达，以练达其作事心及团结力。凡无害之事，则放心使之自由发达，而于坏习惯则丝毫不容”②。张伯苓提出，教学生作事使学生适应社会，解决学校与社会脱节弊病，学生个个发展。

（二）以修身课为根本，加强教育与生活的联系

张伯苓通过自己独创的修身课，对学生进行教育。“修身”之义，来自儒家的“修身、齐家、治国、平天下”。修身课的内容为新时代的新生活，包括待人、交友、婚姻、戒赌、诚实、正直、生活中的好习惯等。这是教育联系生活的思想，使学生从认识自己出发，逐步扩大认识范围，由个人到集体，再到国家。杜威提倡“教育即生活”，认为教育应该使学生明白社会生活的需要。“学校不仅让学生读书，还要造成社会有用的公民，使他们有共同生活的习惯和能力，有注重公德公益的训练。那么，学校的生活才是一个活的社会生活；学校内培养出的儿童才是

---

① 〔美〕约翰·杜威. 学校与社会·明日之学校[M]. 赵祥麟，等译. 北京：人民教育出版社，2005：40.

② 张伯苓. 张伯苓教育论著选[M]. 崔国良，编. 北京：人民教育出版社，1997：77.

一个懂得社会需要、能加入社会作事的人物。他们组织的社会国家，才是一个兴盛的社会国家。”①这也是从个人修身到家庭，到国家发展的教育联系生活的理念。

张伯苓也认为，学校教育应该培养学生共同生活的能力。为了培养修身齐家治国平天下的人才，张伯苓对南开大学的课程进行了改革，增设了“当代中国政治问题”“应用心理学”“售货学及广告学”，文科系增加“新闻写作”“讲演术”“公文程式”等课程。同时，他还开设了与工业发展密切联系的相关院系和学科，并与天津电车电灯公司合作，让学生在课余时间到该公司实习。这些都是张伯苓根据中国社会实际需要开创的学科与课程。杜威也强调这些学科课程在教育的社会生活这一目的上的重要作用。他认为，社会是教育的目的，学校和这些学科是中间一座过渡的桥梁，如果大学的学科与实际生活脱离关系，会造成学科与真生活断绝，生活自生活、学科自学科，次变成纸上的假东西，再次不能实际应用。②因此，学科课程要与现在的社会生活联系起来，使学生有社会生活的知识、经验和能力。

张伯苓不仅在南开大学课程设置中注重与实际生活的联系，还将该教育思想运用到南开小学中。1928 年，在对南开小学的改革上，他从美国请来克伯屈教授的女弟子阮芝仪博士为实验导师，从事设计教学法的实验，打破了孤立的分科教学体制，运用实际生活的材料，让小学生获取鲜活知识，增加学习兴趣。张伯苓对小学教学做了调整，保留了设计教学法中重视实际生活、培养学生解决问题能力的部分。南开小学不仅有种植、饲养家禽的园地，还有为小学生认识社会而开办的“小商店”“小银行”。③ 这符合杜威的基本观念。杜威认为，学校的教育要完全和社会生活相联络。学校培养的是正值发展期的少年，学校应由内而外地发展儿童的信仰、观念和习惯，这就是学校的教育目的。杜威的“教育即生活”强调教育要充实人的生活，使儿童能够去适

---

① 单中惠，王凤玉. 杜威在华教育讲演[M]. 北京：教育科学出版社，2007：29-30.

② 袁刚，孙家祥，任丙强. 民治主义与现代社会：杜威在华讲演集[M]. 北京：北京大学出版社，2004：435.

③ 梁吉生. 允公允能 日新月异：南开大学校长张伯苓[M]. 济南：山东教育出版社，2003：51.

应生活、更新生活。不合乎时代精神的生活是压抑儿童天性的生活。他认为，学校生活应该呈现现在的生活，对于儿童来说应该是真实而生气勃勃的生活，就像他们在家庭里、在邻里间、在运动场上经历的生活那样。[①]

（三）注重与社会相联系的“土货化”教育

1918年6月，张伯苓在美国哥伦比亚大学师范学院进修时发表对中国教育的看法：中国新教育最要之目的，即为训练青年人以社会服务心。[②] 各大学应设科目“一切均以现在生活为准”。他几经反复比较西方后指出：“教育宗旨不可仿造，当本国情而定”，“教育注重个人的长进，更须着重社会的进步”。杜威在“教育与社会的关系”中指出，教育的基本观念、目的和方法都须为社会的，合于社会一切生活状态的。学校的设立目的不是谋个人的幸福，而是谋社会的幸福，并使每个人有机会能增进社会的幸福，学校教育就是为了使社会进化。因此，要预料他日社会的情形，且看今日所施行的教育。[③]

1924年11月28日，南开大学学生宁恩承在《南开周刊》上发表了一篇名为《轮回教育》的文章，指出了当时的教育问题。即近代教育体制实际上与社会现实严重脱节，当时的教育界形成了一个圈子，人们在这个圈子里你教育我、我教育他，所有人都在这个小圈子里转来转去。中学毕业的学生去教小学，大学毕业的学生去教中学，教师、教育不与社会生活相联系。它反映的不仅是表面上教师与学生间的矛盾，更是教育和社会相脱节的问题。

张伯苓对“轮回教育”进行了深刻思考。1928年，他制定《南开大学发展方案》，提出“土货化”办学方针，即以“土货”代替“洋货”，并以“知中国，服务中国”为指导思想。张伯苓认为，近代中国教育基本上以“洋货”为主，从书本到教师多为“西洋制造”，导致学生也置中国的历史和社会现状于不顾。办学初衷尽管是解决中国社会的问题，但最

---

① 〔美〕约翰·杜威.我的教育信条：杜威论教育[M].彭正梅，译.上海：上海人民出版社，2013:4.

② 张伯苓.张伯苓教育论著选[M].崔国良，编.北京：人民教育出版社，1997:62.

③ 单中惠，王凤玉.杜威在华教育讲演[M].北京：教育科学出版社，2007:145.

后却只能解决西方社会的问题,教学方法上亟须改革。

中国大学教育目前之要务即"土货化","土货化"必须从学术之独立入手。是故"土货化者",非所谓东方精神文化,乃关于中国问题之科学知识,乃至中国问题之科学人才。吾人所谓"土货化"南开,即以中国历史、中国社会为学术背景,以解决中国问题为教育目标的大学。①

1929 年,张伯苓再次赴欧美考察各国教育,并在回国后的一次欢迎会上指出:"此次考察与以往的不同之处在于,教育的考察以前是注意学校的组织、外形,现在的考察不应如此了,因为我看过的学校不知有多少了。现在的考察教育便是考察社会。教育是解决社会问题的,各国的情形如何?一切政治经济的状况如何?教育怎样解决他们这些问题?所以,教育与社会很有关系。"②这番话充分显示了张伯苓对于教育和社会的关系的认识。他认为,对欧美教学方法的学习,也应考虑到当时、当地的情况加以选择、汲取。这个时候的张伯苓已经将教育放在整个社会的格局下,拥有了长远的眼光。

1928 年,南开完成了从"洋"到"土"的改革。张伯苓对南开的学术研究有了更为明确的适应中国社会现状的措施。他强调,学生多接近自然和社会,让学生"以大自然为教室,以社会为教材,利用活的材料,来充实学生之知识,扩大学生之眼界"。他常组织学生进行社会实践,到乡间、工厂、企业、报社等地广泛接触自然和社会,并把它定义为"社会观察和调查",并成为一门正式课程。这门课程主要通过学校组织的各种活动来实施,而且各种活动都要与学科训练相结合。这些活动包括:野外活动;各种科学的功课用自寻原料的教学法;组织的生活的训练;领导的练习;组织外交问题研究会;增加生产技能实习的机会;社会观察及职业实习。③ 杜威强调,只有当学科和学生的社会生活

---

① 王文俊,梁吉生. 南开大学校史资料(1919—1949)[M]. 天津:南开大学出版社,1989:38-39.

② 张伯苓. 张伯苓教育论著选[M]. 崔国良,编. 北京:人民教育出版社,1997:357.

③ 梁吉生. 允公允能 日新月异:南开大学校长张伯苓[M]. 济南:山东教育出版社,2003:179.

相联系时才有教育意义。他认为，既然学校的活动是学生社会生活的延续，那么，学校的目标就是发展学生的社会能力。社会能力既是一种方法，又是一种目标。作为目标，它意味着培养学生自由而全面地参加共享或共同活动的能力；作为方法，它能使学生解决发生在其周围的共同问题的能力。①

从以上我们可以看出，张伯苓对杜威生活教育思想的认同。在教育与生活之辨上，杜威以社会生活作为学校教育的内容，反对以书本知识为主，并且学校的教育应该和校外的教育一致，学校成为一个社会的缩影，实际的教育就是要使学生明白社会的情形。② 张伯苓思想中教育与生活相联系，强调学生在学习书本知识的基础上，以学会做事为目的适应当时社会的需要，彰显着实用主义教育思想。特别是在“知中国，服务中国”的办学宗旨下，作为爱国教育家的张伯苓使学校教育随中国社会需要而变化，以解决中国社会的实际问题，这是对杜威“教育即生活”“学校即社会”教育思想的进一步发展。

① 〔美〕约翰·杜威．我的教育信条：杜威论教育[M]．彭正梅，译．上海：上海人民出版社，2013：25．

② 单中惠，王凤玉．杜威在华教育讲演[M]．北京：教育科学出版社，2007：146．

结　　语

中国在20世纪早期受日本、西方各国压迫，一些教育上的精英分子思索后认识到，西方现代教育充满着改造世界的威力，它不仅可以使国家彻底摆脱受欺压的地位，而且可以增强国家和国民的物质和精神力量。从美留学归来的中国杜威学派教育家在美国富强的影响下，认定中国社会问题主要出在教育上，而补救办法就是移植美国的教育思想，采用美国的教育制度、学校管理、教育教学方法进行现代化建设。他们相信，现代新教育可以一下子实现长期以来梦寐以求的目标——选择有才干的人充任官职，使民众接受教育，并马上能实现新式教育蕴含的深层次目标——迅速成为强大和富裕的现代国家，赶上美国、日本等国。正是怀着这样的愿望、期待，杜威思想进入中国后迅速被传播到各地。他遍及中国高等教育以及普通教育领域的弟子，从不同方面开展了中国的现代教育研究和实践。

一、杜威与中国杜威教育学派的成就

(一) 推动中国大众教育和普及教育的发展

因为政治、经济各方面条件的限制，中国杜威教育学派虽对杜威思想进行多方面实践，但当时的成效并不很大，普及教育、大众教育可算是他们实践的最大成效。虽然我们不能认为中国近现代的普及教育只有陶行知等中国杜威学派教育家在努力,但20世纪早期,中国杜威教育学派在实现这些目标方面一直是有进步的。从最初的胡适、蒋梦麟、陶行知推广的平民教育,一直到后来陶行知开展的生活教育、陈鹤琴开展的"活教育"运动,都在为中国的大众教育、普及教育而奋斗。1935年,陶行知曾发言道:"这十几年来,我有时提倡平民教育,有时提倡乡村教育,有时提倡劳苦大众教育,不知道的人以为我见异思迁,喜欢翻新花样,其实我心中只有一个中心问题,这个问题便是如何使教育普及,如何使没有机会受教育的人可以得到他们所需要的教育。"[①]陶行知的言论反映了中国杜威教育学派一直在普及大众教育。

在杜威思想中,大众教育、普及教育是迫切的。他在中国的演讲中指明:不论生活贫穷与否,平民都有平等接受基本教育的权利和可能。中国杜威教育学派受此影响,均主张教育机会均等,并提出各种方法解决大众教育问题。胡适主张白话文教学,从教学语言角度解决教育不能为民众享有、与民众生活脱节的基本难题;郭秉文提倡科学教育,从学以致用角度倡导教育与实际生活相联系,鼓励人民受教育;陶行知开展生活教育,从实际生活角度开展大众生活教育,解决教育忽视现实生活的问题。

在所有这些中国杜威教育学派的普及教育、大众教育实践中,陶行知的生活教育是特别的。它扎根于中国乡村大众教育实际,打破了教育的等级观念,使学校和社会融通起来,更易于教育的普及。1927年,陶行知在南京郊外的乡村开办晓庄师范学校,以"生活即教育""社会即学校"理论开展教育,主张晓庄的教育包罗一切生活、教育等同于生活。实行生活教育的晓庄不仅成了传统的书本学习中心,而且也成了乡村管理、防止盗匪、农业研究、经济计划、政治协商等中心。晓庄生活教育的成功,鼓舞了中国大众教育、普及教育的发展,甚至连梁漱溟等在中国大众教育方面卓有成就的人也由衷地赞扬陶行知的生活教育理论,并在自己的广东省立第一中学提倡生活即教育、社会即学

① 陶行知.陶行知全集(第二卷)[M].华中师范学院教育科学研究所,主编.长沙:湖南教育出版社,1985:718.

校,希望培养的学生能“拿出他们的心、耳、目、手、足的力量,来实做他们自己的生活,建立他们自己的团体生活,以便以后一旦遇到问题,不致茫然,总能够寻出一个应付的法子”[①]。在他们的努力下,中国的大众教育、普及教育有了前所未有的发展。仅普及教育一项,1928年的小学生数就比1912年多600万。[②] 这在当时衰败的中国是一项大的进步,也显示了杜威一派在现代普及教育、大众教育中的突出贡献。

(二)引领中国高等教育的发展

在中国教育开始全面改革的20世纪20年代,中国的教育部长、教育厅长、大学校长很多由中国杜威教育学派担任。蒋梦麟曾任教育部长和北大校长。在任教育部长期间,蒋梦麟制定并颁布了《大学组织法》,使中国高等教育走向现代化轨道。任北大校长时,他又致力于“整饬纪律,发展群治”,为使北大迈向世界一流大学而努力。胡适曾任北大教务长、校长和中国公学校长,他积极提倡北大用全力钻研高等学问与高等学术,鼓吹“提高”与“创造”。在他的领导下,北大的教育学术更趋活跃,基本上奠定了一个现代化国家大学的规模。郭秉文在南京高师以及国立东南大学进行教育改革,经由他的努力,东南大学成为中国最早的现代意义上的大学,同时为中国近代高等教育特别是理工科教育的发展打下了基础。另外,陈鹤琴曾任北京高等师范学校校长,张伯苓任南开大学校长,陶行知任南京高等师范学校教育系主任,他们身居中国教育的高位,在大学实施实用主义教育,改革传统教育,促进了中国高等教育的发展。

(三)影响教育理论界话语

杜威教育理论中的著名命题,如“教育即生活”“学校即社会”等成为当时中国教育界极为流行的语言。在杜威思想进入中国前,胡适曾作《实验主义》一文,将杜威实用主义翻译为实验主义。从此以后,实

---

① 梁漱溟.梁漱溟教育文集[M].宋恩荣,编.南京:江苏教育出版社,1987:19-20.

② 〔美〕吉尔伯特·罗兹曼.中国的现代化[M].国家社会科学基金“比较现代化”课题组,译.南京:江苏人民出版社,1988:360.

验主义、科学方法开始流行。另外，在杜威来华前，郑晓沧等还翻译《杜威教育主义》，提出杜威的“教育即生活”等概念，胡适也归纳出杜威思想的要旨为“教育即是生活”“教育即是继续不断的重新组织经验”。以后，经陶行知的生活教育实验，杜威的“教育即生活”“学校即社会”“做中学”“教育为了生活的需要”成为当时耳熟能详的语句，甚至是口头禅。也从这时期开始，教育界在解释杜威的教育含义时，基本上用这样表述，一直到现在都没有大的变动。

另外，当时的一些研究也反映了中国杜威教育学派话语的影响。孙伯才在《教育杂志》第二十卷第十一号发表《“做学教合一”之理论与实际》，张石樵在《教育杂志》第二十三卷第二号发表《立达学园高中部农村教育科工学生活底实验》，蓝梦九发表《教作用合一的教育》。他们分别以“做学教合一”“工学合一”“教作用合一”作为自己的研究主题。文中或者指明他们的思想受杜威、陶行知的影响，如“做学教合一”；或者显示了与二人思想的相关性，如“教作用合一”。

（四）奠定现代中国学制基础

1922年，我国颁布“壬戌学制”，这是中国现代教育史上具有里程碑意义的新学制。在新学制制定的过程中，胡适、陶行知等中国杜威教育学派以及俞子夷、舒新城等深受实用主义教育思想影响的学者，纷纷对新学制发表意见。新学制的最后定稿，则与胡适的努力分不开。胡适记载自己在新学制草案的起草和定稿中的关键作用：“小学大段，大致依我的草案”，“讨论师范教育，仍用我的草案做底子，略有增改，但不多”，“讨论高等教育，完全用我的底子”，“专门学校提高二年，如我原案”。由胡适负责主持制定的“壬戌学制”，奠定了我国现代学制的基本格局，这一学制在我国一直沿用到20世纪50年代。

（五）加速中国近代教科书、课程设置改革

随着新学制的确立，人们对远离生活和儿童实际的旧教材、旧课程日益不满，而且不以新教材取代旧教材、不以新课程取代旧课程，也就无法贯彻“新学制”。于是，教育界的有识之士纷纷着手改革教材、

课程。以基础教育为例,新学制前,中国传统教育基本上以修身科进行道德教育,由于杜威等来华及中国学者留学出访他国日益频繁,新学制后,全国教育会联合会刊行《新学制课程标准纲要》(以下简称《纲要》),取消中小学修身科,实行社会科和公民科。以《纲要》为指导,一些机构开始编制反映现代教育要求的教育计划,如中华教育改进社委托程湘帆编制《小学课程概论》,提出小学课程废除修身科,代之以社会生活为中心的社会公民科。

新学制的产生,也使教材编制出现了相应的变化。作为对新学制的回应,商务印书馆出版了一套大型的"新学制"教科书。中华书局则推出了"新小学教科书"和"新中学教科书"。新的教材突显贴近儿童兴趣、贴近生活、贴近社会的特点。以中华书局的《新小学教科书·社会课本》(1924—1926年)为例,第3—4册共40课,涉及生活常识和行为作法方面的内容有27课,取材也体现了基于社会生活、源于社会生活的特点,文字表述开始采用国语,力求切合儿童特点。

新学制的颁定及新课程设置、新教材编制与胡适、陶行知、蒋梦麟等一贯重视团体生活、儿童生活、社会需求的思想不谋而合。这不可不说是杜威以及中国杜威教育学派在教育现代化上的巨大影响。

作为对20世纪中国教育改革产生过广泛而深刻影响的教育家,杜威的影响几乎是全方位的。从杜威与中国杜威教育学派的工作可以看出,他们以改革传统教育主要缺陷为研究和实践主旨,从把握实验主义方法入手,通过具体的生活教育实践最终完成了对传统教育的超越。这种超越体现在高等教育、基础教育实践,以及对中国教育界话语、学制和教科书等方面的影响,为中国从传统教育走向现代教育确立了科学图景和方向。

二、杜威与中国杜威教育学派的困惑

虽然中国杜威教育学派在领悟杜威现代教育思想,开展普及教育、大众教育方面取得了成就,但中国传统以及现实情况也使他们在推广杜威教育思想时，遇到了无法克服的困难，这些困难阻碍了他们对中国现代教育的继续发展。

在20世纪早期中国内外交困的情况下，从国外留学归来的中国杜威教育学派等知识精英，被赋予了救国的重任，他们渴望通过教育的发展推动国家走向富强之路。当杜威现代教育思想在美国、在世界掀起广泛影响后，中国的知识分子们似乎看到了解决中国教育问题的希望。他们不遗余力地将杜威思想引入中国，并进行实践。但中国不同于美国，中国在军阀专制独裁下，学校经费得不到保障，学校教育屡遭镇压，中国杜威教育学派根本不能像杜威希望的那样利用宽宏的文化方式影响当权者。中国杜威教育学派在实践杜威思想时，接连遇到了诸多问题、诸多困惑。

首先，教育独立与政治干预的困惑。杜威主张教育应独立于政治之外，但中国杜威教育学派从事教育却常常受到党派干扰。杜威在其著作中以及在华演讲时多次强调，教育应有自己独立的道路，教育不能成为一党一派的工具。但中国杜威教育学派在将杜威教育改革的理想变为教育实践时，一与政治权利交锋，他们则连最起码的目标都达不到。郭秉文、蒋梦麟、陶行知等开展正规教育两三年，就碰到了中国军阀的政治势力网，结果无一不被弹回。20世纪20年代末，郭秉文、蒋梦麟成为党派竞争牺牲品，陶行知放弃学校，开始从事晓庄乡村教育。因为晓庄不参与政治纠纷，生活教育在一个时期内得到了顺利推广，但也只为三年。当它要发展时，再次面临政治权力的纠纷。

其次，教育经费严重不足的困惑。中国杜威教育学派在推行新教育之初，没有料到经费问题对他们教育改革的巨大制约作用。尽管他们知道中央政府不会给予过多支持，但仍认为新式教育有利政府，政府应该解决部分经费，但现实状况使他们彻底失望了。中央政府从没在教育上下本钱，大多时间让各省付自己的教育经费。而新式教育是一个比老式教育更费钱的教育，从初等教育一直到高等教育，它需要训练有素的教师、管理机构、特殊的教材、教学场所以及一些设备，所有这些加剧了杜威式新教育在中国普及的困难。比较太平之时，中国杜威教育学派凭借杜威以及他们的影响，从军阀政府手中争取一些经费,用于建图书馆、购买设备等。但一遇到变故,他们就不得不应付教职员索薪问题,根本不知如何发展教育。在这样的情况下,陶行知等不得不另寻教育出路:在乡村实行生活教育,解决教育经费不足的问题。但陶行知的这种努力也只能在普及教育、大众教育方面起作用,对需要更多经费、同样需要发展的中等教育以至高等教育却无帮助。

最后,现代教育本土化困惑。除面临的政治、经济问题外,中国杜威教育学派在教育实践过程中,还面临着直接来自他们实验的问题,即接受一个外来的体制并使之适应中国社会变化着的需要、资源和期望的问题。中国在被迫开放国门之后,曾先后采用过日本、德国教育模式,当美国现代教育思想进入中国后,中国教育家们再次采用美国教育模式,以期中国也能取得美国先进工业社会同样的成就。这种对美国教育怀有的热忱,使得少数熟悉新教育的人在多数漠不关心的大众中贯彻新教育,产生了生搬硬套移植的痕迹。这种生搬硬套一方面脱离了中国的实际情况,某种程度上导致了浪费、混乱和不切实际的期望;另一方面也使他们注意到中国化问题,不断对杜威思想进行取舍。中国杜威教育学派对杜威思想最有影响、意义最深远的中国化为生活教育。陶行知等在初等教育领域通过生活教育实践,将杜威现代教育思想与中国现实部分结合起来,推动了中国现代普及教育的发展。

尽管中国杜威教育学派在实践杜威思想时也想到会遇到一定阻力,但现实远比他们想的复杂。上述种种问题令他们始料不及。经历了办教育的挫折后,郭秉文、蒋梦麟等退出教育一线,陶行知、陈鹤琴、张伯苓等则将杜威现代教育思想落实到大众教育、普及教育,通过生活教育解决中国教育的困境。在实践生活教育的过程中,陶行知等逐渐走出了教育与政治的困境,开始认识到新的现代教育、生活教育需要在一种新的社会制度下实现。当时,苏联所发生的变化,使他们隐约认识到这就是未来生活教育的前景。通过苏联的实例,陶行知看到生活教育并不总是与经济发展的阶段紧密相连的。中国经济不发达,政治专制严重,但中国也可以像苏联那样,跨越美国实用主义为代表的第二个阶段,直接进入第三个时期。他将自己的"生活即教育""社会即学校”看作杜威教育与生活关系的第三个发展阶段。这种生活教育的实践使得陶行知的政治观发生了转变。此后,他在全国大力推广生活教育,在政治上倾向马克思主义。

中国杜威教育学派在推行杜威现代教育思想时,从最初对杜威现代教育思想的全面引入、移植,到初步中国化后的全面实践,到遭遇政治、经济、本土化困惑,一直到后来形成中国的生活教育理论,发展普及教育、大众教育,经历了曲折复杂的过程。在这一过程中,他们立足于生活与教育、学校与社会问题的解决,尝试找出一条融合杜威现代教育与中国传统教育的新教育之路。最终,生活教育因为符合当时中国广大农村教育的需要,渐渐成为解决中国现代基础教育发展的武器。

三、中国教育出路问题

中国杜威教育学派在对杜威教育思想进行实践的过程中,将基于杜威教育理论的生活教育看作解决贫穷落后的中国大众受教育的良方,同时也看作中国现代教育发展的出路。但 20 世纪初,中国还处在零散的乡村生活教育实验阶段,整个国家的普及教育、民众教育依然缺乏动力。

生活教育的进步性是重要的,但它也缺乏深度。当时有教育家曾批评认为,从教育与其外部制约因素看,生活教育作为中国现代教育的出路存在一定问题。杨贤江曾在《新教育大纲》中指出:“有的人论及近代教育‘能够超越政治’,还有的人相信进行教育实践,可以不问政治,这些议论最终是无法通行的。”[①]杨贤江以马克思主义观点指出了当时生活教育等实验和实践试图使教育脱离政治,表明了生活教育并不是中国教育的出路。

生活教育不像普通意义的学校教育那样作为国家施政的工具而与国家密切联系,它需要并且形成的是一种超前的社会结构、政治结构,这明显与中国现实状况不相容,带有空想性。它使政府控制和协

---

① 杨贤江.杨贤江教育文集[M].北京:教育科学出版社,1982:106.

调能力大大减弱，在某种程度上也阻碍了中国普及教育、大众教育有序、快速发展。中国现代教育是一个复杂体，尽管生活教育获得了相当大的成绩，但忽略政治、经济的约束，使得生活教育的进步没有坚实的根基，中国现代教育基础依然薄弱。

从生活教育本身来看，它也存在着一定问题。以陶行知为代表的生活教育理论适应了中国大众的要求，它“正确地提出了生活教育问题，但并没有指出如何实现生活教育的途径”。正如 1936 年《生活教育》杂志上多篇文章指出的，目前中国的学校教育处于不可救药的状态，确实只有通过实践的生活教育才能达到我们的要求，但是当时社会条件显示陶行知的“生活教育”理论是空想性的，它没有被广泛地推到其他地区、推到全国的基础。

另外，生活教育本身在实践中也产生了许多问题。它将教育的发展局限在普通大众教育上，忽视了教育的全面发展性。生活教育打破了学校与社会、教育与生活的界限，冲破了传统重视学校教育、精英教育，忽视社会教育、普通教育问题的束缚，在某种程度上使教育得到普及，为中国普通大众教育找到了一定出路，但生活教育在发展建设过程中，忽略了高等教育发展问题。而胡适、蒋梦麟等注重学校教育，重视精英教育，却与生活、与社会缺乏紧密联系，忽视民众教育。不仅中国杜威教育学派，其他教育家的理论实践也存在这一问题。现代化教育中既含有普通教育，又含有专门教育，既有大众教育，又有精英教育，它们相辅相成，缺失哪一方面，都会影响整个教育的发展。

杜威和中国杜威教育学派的成功在于他们在这两难发展的初始阶段，结合中国现实，运用杜威教育思想，抓住教育和生活、学校和社会这一主要矛盾，发展中国普通民众教育，推动了中国现代普及教育。我们在进行教育现代化建设时，一方面可以借鉴杜威现代教育理论，指导我们的现代教育改革；另一方面也要在立足国内外教育现状的情况下，对中国以往经验如中国杜威教育学派的理论实践进行研究，找出适合现今教育的可借鉴处，进行改造试验，为我们当今教育有序、顺利进行提供保障。

附录一　杜威在华讲演目录[①]

时间	题目	地点	翻译
1919 年			
1919 年 5 月 3—4 日	平民主义之教育(2 讲)	江苏省教育会	蒋梦麟
1919 年 5 月 7 日	平民教育之真谛	浙江省教育会	郑晓沧
1919 年 5 月 18—26 日	真正之爱国	南京	陶行知
	共和国之精神	南京	陶行知
1919 年 6 月 8 日，10 日，12 日	美国之民治的发展(3 讲)	北京教育部会场	胡适
1919 年 6 月 17 日，19 日，21 日	现代教育的趋势(3 讲)	北京美术学校	胡适
1919 年 7 月 19 日	与贵州教育实业参观团谈话	北京大学哲学教研室	胡适
1919 年 7 月 30—31 日	教授科学之方法	直隶工业专门学校	张伯苓
1919 年 8 月 10 日	学问的新问题	北京尚志学校	胡适
1919 年 9 月 20 日—1920 年 3 月 6 日	社会哲学与政治哲学(16 讲)	北京大学法科礼堂	胡适
1919 年 9 月 21 日—1920 年 2 月 22 日	教育哲学(16 讲)	北京教育部会场	胡适

① 参见：袁刚，孙家祥，任丙强. 民治主义与现代社会：杜威在华讲演集[M]. 北京：北京大学出版社，2004.

黎洁华. 杜威在华活动年表(上、中、下)[J]. 华东师范大学学报：教育科学版，1985(1-3).

元青. 杜威与中国[M]. 北京：人民出版社，2001.

杨旭. 杜威来中国原因及相关问题考略[J]. 当代教育科学，2017(11).

江丽萍. 1920 年名人学术讲演会述论[D]. 湘潭：湘潭大学，2010.

续表

时间	题目	地点	翻译
1919 年 10 月 9 日	世界大战与教育	山西督军署军政大讲堂	胡适
1919 年 10 月 10 日	品格之养成为教育之无上目的	山西大学校礼堂	胡适
1919 年 10 月 11 日	教育上的自动	体育会大讲堂	胡适
1919 年 10 月 12 日	学校与乡里	步十团自省堂	胡适
1919 年 10 月 12 日	教育上试验的精神	全国教育联合会	胡适
1919 年 10 月 13 日	高等教育的职务	山西大学校礼堂	胡适
1919 年 10 月 15 日—	伦理讲演(15 讲)	北京	胡适
1919 年 10 月 19 日	在祝贺六十岁寿宴上的答词	中山公园来今雨轩	胡适
1919 年 11 月 14 日—1920 年 1 月 30 日	思想之派别(8 讲)	北京大学法科礼堂	胡适
1919 年 11 月 22 日	自治演说	北京	胡适
1919 年 12 月 17 日	大学与民治国舆论的重要	北京大学	胡适
1919 年 12 月 25 日	教育原理	山东济南省议会	胡适
1919 年 12 月 29 日	新人生观	济南	胡适
1920 年			
1920 年 1 月 2 日	真的与假的个人主义	天津	胡适
1920 年 1 月 20 日	西方思想中之权利观念	中国大学	胡适
1920 年 1 月	思维术	北京高等师范学校	
1920 年 3 月 5 日至月底	现代的三个哲学家(3 讲)	北京大学法科礼堂	胡适
1920 年 4 月 9 日—5 月 16 日	教育哲学(10 讲)	南京高等师范学校	刘伯明
	哲学史(10 讲)		
	试验论理学(10 讲)		
1920 年 4 月 22 日	科学与德谟克拉西	中国科学社	
1920 年 5 月 7—8 日	社会进步之标准	南京	刘伯明
	近代教育之趋势		
	普通教育		
	教育者之天职		
1920 年 5 月 16 日	平民主义之精义	南京	郭秉文、刘伯明
1920 年 5 月 18 日	学生自动之真义	镇江	刘伯明
	教育者之天职		
1920 年 5 月 20 日	教育与社会进化之关系	扬州	刘伯明
	“自动”之真义		

续表

时间	题目	地点	翻译
1920年5月25日	学校与环境	常州教会恺乐堂	刘伯明
1920年5月26日	学生自治之真义	常州	刘伯明
	新人生观		
1920年5月27日	青年道德之修养	常州青年社	刘伯明
	智慧度量法的大纲		
1920年5月29日	教育者之天职	上海第二师范	刘伯明
	职业教育之精义	中华职业教育社	
1920年5月30日	职业教育与劳动问题	中华职业教育社	刘伯明
1920年5月31日	专门教育之社会观	上海同济学校	刘伯明
	科学与人生	上海圣约翰大学	
1920年6月1日	新人生观	中华职业教育社	刘伯明
	工艺与文化之关系	南洋公学	
1920年6月2日	国家与学生	上海沪江大学	刘伯明
	社会进化	上海青年会	
1920年6月3日	公民教育	上海浦东中学	刘伯明
	德谟克拉西之意义	中华职业学校	
1920年6月4日	普通教育与职业教育之关系	上海沪江大学	刘伯明
1920年6月6日	教育者之责任	南通更俗剧场	刘伯明
1920年6月7—9日	教育与社会的关系	江苏	徐守五等
	社会进化问题		
	工业与教育的关系		
1920年6月10日	小学教育之新趋势	杭州运动场讲演厅	郑晓沧
1920年6月11日	社会哲学与政治哲学	杭州公立法政专门学校	
	社会主义与社会进步		
1920年6月12日	德谟克拉西的真义	杭州青年会	郑晓沧
1920年6月13日	德谟克拉西的社会分子应有的性质	浙江省立第一师范学校	郑晓沧
1920年6月14日	科学与人生之关系	西湖凤舞台	郑晓沧
1920年6月16日	造就发动的性质的教育	浙江省立第一师范学校	
1920年6月17—19日	教育的新趋势	徐州	刘伯明
	教材的组织		

续表

<table>
<tr><th>时间</th><th>题目</th><th>地点</th><th>翻译</th></tr>
<tr><td rowspan="4">1920年6月22—25日</td><td>试验主义</td><td rowspan="4">无锡</td><td rowspan="4"></td></tr>
<tr><td>学生自治</td></tr>
<tr><td>学校与社会</td></tr>
<tr><td>近今世界与教育思潮</td></tr>
<tr><td>1920年6月28日</td><td>教育者的责任</td><td>苏州</td><td>郑晓沧</td></tr>
<tr><td>1920年6月29日</td><td>教育与实业</td><td>苏州</td><td>郑晓沧</td></tr>
<tr><td>1920年6月30日</td><td>学校与社会</td><td>苏州</td><td>郑晓沧</td></tr>
<tr><td>1920年7月9日</td><td>教育行政之目的</td><td></td><td>郑晓沧</td></tr>
<tr><td>1920年9月16日</td><td>学生自治的组织</td><td>北京</td><td>郑晓沧</td></tr>
<tr><td>1920年9月—1921年6月</td><td>教育哲学</td><td>北京高等师范学校教研科</td><td></td></tr>
<tr><td>1920年10月26日</td><td>教育哲学</td><td>长沙遵道会</td><td>刘树梅</td></tr>
<tr><td>1920年10月27日</td><td>学生自治</td><td>湖南省立第一师范</td><td>刘树梅</td></tr>
<tr><td>1920年10月28日</td><td>教育哲学</td><td>长沙遵道会</td><td>曾约农</td></tr>
<tr><td>1920年10月29日</td><td>教育哲学</td><td>长沙遵道会</td><td>曾约农</td></tr>
<tr><td rowspan="2">1920年10月30日</td><td>教员是领袖或指导者</td><td>湖南省立第一师范</td><td rowspan="2">曾约农</td></tr>
<tr><td>科学与近世文化之关系</td><td>长沙遵道会</td></tr>
<tr><td>1920年11月1日</td><td>教育哲学</td><td>长沙遵道会</td><td>曾约农</td></tr>
<tr><td></td><td>讨论学生毁偶像事</td><td>长沙雅礼大学</td><td></td></tr>
<tr><td>1920年11月4日</td><td>教育与社会进步</td><td>武昌高等师范学校</td><td>林卓然</td></tr>
<tr><td>1920年11月8日</td><td></td><td>江西九江</td><td>周泰瀛</td></tr>
<tr><td rowspan="3">1920年11月9—11日</td><td>国民教育</td><td rowspan="3">江西南昌顺直会馆</td><td rowspan="3"></td></tr>
<tr><td>教育与实业之关系</td></tr>
<tr><td>教育之发展</td></tr>
<tr><td colspan="4">1921年</td></tr>
<tr><td>1921年3月6日</td><td>论中国美术</td><td>北京高师美术讲演会</td><td></td></tr>
<tr><td>1921年4月6日</td><td>大学的旨趣</td><td>厦门大学</td><td></td></tr>
<tr><td>1921年4月11日</td><td>现代教育的趋势</td><td>厦门集美学校</td><td></td></tr>
<tr><td>1921年4月13日</td><td>教育者为社会领袖</td><td>福州省立第一师范</td><td>王淦和</td></tr>
<tr><td>1921年4月14日</td><td>自动的研究</td><td>福州青年会</td><td>王淦和</td></tr>
<tr><td>1921年4月15日</td><td>民治的意义</td><td>福州尚友堂</td><td>王淦和</td></tr>
<tr><td>1921年4月18日</td><td>习惯与思想</td><td>福州青年会</td><td></td></tr>
<tr><td>1921年4月20日</td><td>国民教育与国家之关系</td><td>福州青年会</td><td></td></tr>
</table>

续表

时间	题目	地点	翻译
1921年4月20—22日	自动与自治(3讲)	福建第一中学	
1921年4月21日	省立蚕业学校的讲演	福建省立蚕业学校	
1921年4月21日	美国教育会之组织及其影响于社会	福建省教育会	
1921年4月	民本政治之基本	福建私立法政学校	
1921年4月	教育与实业	福州青年会	
1921年4月	天然环境、社会环境与人生关系	福州青年会	
1921年4月29日	自动道德之重要原因	国立广东高等师范学校	韦珏君
1921年4月30日	学校与社会	广州教育会礼堂	
1921年5月2日	西洋人对于东洋人之贡献	广州教育会礼堂	
1921年5月10—11日	教授青年的教育原理	北京女子高等师范学校	
1921年6月12日	科学的教授	中国科学社	胡适
1921年6月22日	教师职业的现在机会	北京厂甸高等师范学校礼堂	
	南游心影		
1921年7月18日	教育者的工作	济南	
1921年7月19日	教育之社会要素	济南	
1921年7月20日	学校科目与社会之关系	济南	
1921年7月21日	学校的行政和组织与社会之关系	济南	
1921年7月22日	教育之心理的要素	济南	
1921年7月23日	学校与社会的关系	济南	

附录二　杜威著作及中译本(1949年前)目录①

著作名	原著出版时间	中文出版时间	译者	出版社	备注
《心理学》(*Psychology*)	1886年	—	—	—	—
《莱布尼兹关于人类理解的新论》(*Leibniz's New Essays Concerning the Human Understanding*)	1888年	—	—	—	—
《民主伦理学》(*The Ethics of Democracy*)	1888年	—	—	—	—
《数的心理学及其在算术教学法上的应用》(*The Psychology of Number and Its Applications to Methods of Teaching Arithmetic*)	1895年	—	—	—	—
《与意志有关的兴趣》(*Interest in Relation to Training of Will*)	1896年	—	—	—	—

① 根据以下书目整理：

北京图书馆. 民国时期总书目(1911—1949)[M]. 北京：书目文献出版社，1995.

中央教育科学研究所图书资料室. 解放前出版的教育图书目录(1949年以前)[M]. 北京：中央教育科学研究所，1982.

北京师范大学图书馆. 解放前中文教育书目[M]. 1989.

续表

著作名	原著出版时间	中文出版时间	译者	出版社	备注
《我的教育信条》(*My Pedagogic Greed*)	1897 年	—	—	—	—
《教育中的伦理原则》(*Ethical Principles Underlying Education*)	1897 年	—	—	—	—
《学校与社会》(*The School and Society*)	1899 年	1935 年	刘衡如	上海中华书局	—
《儿童与课程》(*The Child and The Curriculum*)	1902 年	1931 年	郑宗海	上海中华书局	译名:《儿童与教材》
《教育的情境》(*The Educational Situation*)	1902 年	—	—	—	—
《逻辑理论研究》(*Studies in Logical Theory*)	1903 年	—	—	—	—
《伦理学》(*Ethics*)	1908 年	1935 年	余家菊	上海中华书局	译名:《道德学》
《教育中的道德原理》(*Moral Principles in Education*)	1909 年	1921 年	元尚仁	上海中华书局	两个译本,译名:《德育原理》
		1930 年	张铭鼎	上海商务印书馆	
《我们怎样思维》(*How We Think*)	1910 年	1925 年	刘伯明	上海中华书局	译名:《思维术》
		1935 年	邱瑾璋	上海世界书局	译名:《思想方法论》
		1936 年	孟宪承等	上海商务印书馆	译名:《思维与教学》
《达尔文对哲学的影响》(*The Influence of Darwin on Philosophy*)	1910 年	—	—	—	—
《教育中的兴趣与努力》(*Interest and Effort in Education*)	1913 年	1923 年	张裕卿 杨伟文	上海商务印书馆	译名:《教育上兴味与努力》
《德国哲学与政治》(*German Philosophy and Politics*)	1915 年	—	—	—	—
《明日之学校》(*Schools of Tomorrow*)	1915 年	1923 年	朱经农 潘梓年	上海商务印书馆	—

续表

著作名	原著出版时间	中文出版时间	译者	出版社	备注
《民主主义与教育》(*Democracy and Education*)	1916年	1929年	邹恩润	上海商务印书馆	译名:《民本主义与教育》
《实验逻辑书集》(*Essays in Experimental Logic*)	1916年	—	—	—	—
《哲学的改造》(*Reconstruction in Philosophy*)	1920年	1933年	许崇清	上海商务印书馆	两个译本
		1934年	胡适等	上海商务印书馆	
《人性与行为》(*Human Nature and Conduct*)	1922年	—	—	—	—
《经验与自然》(*Experience and Nature*)	1925年	—	—	—	—
《公众及其问题》(*Public and Its Problems*)	1927年	—	—	—	—
《进步教育与教育科学》(*Progressive Education and the Science of Education*)	1928年	—	—	—	—
《确定性的寻求》(*The Quest for Certainty*)	1929年	—	—	—	—
《教育科学的资源》(*The Source of a Science of Education*)	1929年	1932年	张岱年 傅继良	北京人文书店	两个译本,邱瑾璋译本的书名为《教育科学之资源》
		1935年	邱瑾璋	上海商务印书馆	
《旧个人主义与新个人主义》(*Individualism Old and New*)	1930年	—	—	—	—
《哲学与文明》(*Philosophy and Civilization*)	1931年	—	—	—	—
《从教育混乱中寻求出路》(*The Way Out of Educational Confusion*)	1931年	1940年	欧阳湘	—	
《艺术即经验》(*Art as Experience*)	1934年	—	—	—	—
《一种普通的信仰》(*A Common Faith*)	1934年	—	—	—	—

续表

著作名	原著出版时间	中文出版时间	译者	出版社	备注
《自由主义与行动社会》(*Freedom and Social Action*)	1934年	—	—	—	—
《经验与教育》(*Experience and Education*)	1938年	1940年	曾昭森	长沙商务印书馆	三个译本
		1941年	李相勖 阮春芳	贵阳文通书局	
		1942年	李培囿	正中书局	
《逻辑：探究的理论》(*Logic: The Theory of Inquiry*)	1938年	—	—	—	—
《无罪》(*Not Guilty*)	1938年	—	—	—	—
《自由与文化》(*Freedom and Culture*)	1939年	—	—	—	—
《罗素案件》(*The Bertrand Russell Case*)	1941年	—	—	—	—
《人的问题》(*Problems of Men*)	1942年	—	—	—	—

附注：“—”说明该著作无中译本。

后　记

凡是过往，皆为序章，研究杜威与中国杜威教育学派的关系，将为发展中国现代教育提供思想和方法借鉴。

本书是我在博士期间关于中国杜威教育学派的研究和2019年纪念杜威来华讲学100周年的杜威教育思想研究的基础上而开辟的专题研究。衷心感谢我的恩师——北京师范大学俞启定教授和北京师范大学张斌贤教授对我的悉心指导和培养，感谢河南师范大学涂诗万副教授提供的支持和帮助，感谢纪念杜威来华100周年研究的团队专家的帮助，感谢海南省文联副主席、北京大学附属中学海口学校、北京大学附属小学海口学校理事长李福顺先生对我研究杜威教育思想的支持。我的研究生对本书贡献颇多，他们查阅大量资料，参与了修改和校对本书的工作。特别感谢北京大学出版社于娜老师，难忘2019年春节休假期间，于娜老师冒着刺骨寒风、鹅毛大雪与我相见，进行长时间的书稿修改的专业交流和指导……他们是此书研究的最终见证者。

北京理工大学　王颖

2024年5月